Elfriede Mosenthin

Über Nacht war alles anders

Die Erinnerung ist das einzige Paradies,
aus dem man nicht vertrieben werden kann.

Elfriede Mosenthin

Über Nacht war alles anders

Flüchtlingsschicksal einer Familie

rosenheimer

2., überarbeitete Auflage

www.rosenheimer.com

Titelfoto: © Bundesarchiv, Bild 183-J19568, Friedrich Gehrmann
Lektorat: Gisela Faller, Stuttgart
Satz: Carmen Oberlechner, Rosenheim
Druck und Bindung: GGP Media GmbH, Pößneck
Printed in Germany

ISBN 978-3-475-54148-3

1

Im Jahr 1942 in Polen, genauer gesagt in der Nähe von Neutal im Reichsgau Wartheland, war ich gerade 13 Jahre alt, das Nesthäkchen der Familie und entsprechend verwöhnt. Obwohl der Krieg schon drei Jahre dauerte, hätten wir dort gar nicht viel davon bemerkt, wären nicht die jungen Männer – darunter auch mein Bruder Horst – von der Wehrmacht eingezogen worden, um in diesem Krieg zu kämpfen. Wir hatten keinerlei Mangel zu leiden, denn wir besaßen ein großes Gut, Potporowo, das meine Eltern selbst bewirtschafteten. Jeden Sommer verbrachten wir in dem imposanten Gutshaus. Wenn es kälter wurde, zogen wir in unsere Stadtvilla, denn die hohen Räume des Gutshauses waren im Winter nur schwer warm zu bekommen. Die kleine Stadt, in der wir die kalte Jahreszeit verbrachten, trug den schönen Namen Birnbaum.

Bis zum Ersten Weltkrieg hatte die Provinz Posen, in der wir lebten, zu Deutschland gehört, danach war sie aber Polen zugesprochen worden. Viele Deutsche, die hier lebten, hatten deshalb gehofft, die alten Verhältnisse würden wiederhergestellt. Als wir nach dem siegreichen Polenfeldzug Hitlers dann aber wirklich wieder zum Deutschen Reich gehörten, kam für viele, darunter auch meine Eltern, die Ernüchterung recht schnell. Vor allem die Rassenpolitik widersprach den Wertvorstellungen meiner

Eltern. In unserem Haus waren selbstverständlich auch immer jüdische Freunde ein- und ausgegangen, und trotz aller Repressalien gegen die Juden hielt mein Vater diese Freundschaften weiter aufrecht. Auch mit den Polen hatten wir nie Probleme gehabt. Alle unsere Arbeiter am Gut waren Polen, und Vater war stets zufrieden mit ihnen.

Mein polnisches Kindermädchen, muss ich gestehen, trieb ich allerdings oft zur Verzweiflung. Ruscha, wie wir sie nannten, hieß eigentlich Rosalie Maitschak und diente bereits seit ewigen Zeiten auf Potporowo. Sie hatte eine verkrüppelte Hand, die so stark zitterte, dass sie sie nie still halten konnte. Sicher hätte sie nirgendwo sonst eine Arbeit bekommen, aber meine herzensgute Mutter behandelte sie fast wie ein eigenes Kind und nahm sie ständig in Schutz, vornehmlich vor meinen bösen Streichen.

Ruscha hatte es mit mir wirklich nicht leicht. Erna, die zuvor unser Kindermädchen gewesen war, war zu Servierdiensten eingeteilt worden, als meine älteren Geschwister erwachsen wurden, und an ihrer Stelle musste Ruscha sich um mich kümmern. Zwar tat sie mir zwar oft leid wegen ihrer Behinderung, andererseits grauste es mich aber vor ihren stets feuchten Händen. Mutter hatte ihr befohlen, mir beim Ankleiden behilflich zu sein, aber ich bekam Gänsehaut vor Ekel, wenn sie mich anfasste.

Wenn ich mich bei Mutter beschwerte, wurde ich zurechtgewiesen: »Sei doch nicht so herzlos! Ruscha braucht das Gefühl, noch gebraucht zu werden.« Aber das machte die Berührungen meines Kindermädchens für mich nicht weniger unangenehm.

Ruscha machte es mir aber auch sehr leicht, sie zu ärgern. Über alles regte sie sich auf.

An diesem Sommertag im Jahr 1942 genoss ich es, oben auf dem Kirschbaum frische Kirschen zu essen und von dort zu beobachten, wie Ruscha aufgeregt hin- und herlief und dabei fortwährend meinen Namen rief. Mutter hatte ihr wohl aufgetragen, mich zu suchen. Schon dreimal war sie direkt unter mir vorbeigelaufen, ohne mich zu finden. Dabei hätte sie sich ja nur an Ajax orientieren müssen. Wo er war, da musste schließlich auch ich in der Nähe sein.

Als sie das nächste Mal unter mir war, spuckte ich einen Kirschkern aus, und Ruscha blickte endlich nach oben und sah mich. Sie schäumte vor Zorn. »Wild wie Pferd, nicht gewaschen wie Ferkel, Chaare nicht gekämmt!«, rief sie zu mir hinauf.

Polen können kein »H« aussprechen. Es wird immer ein hartes »Ch« daraus.

Ich wusste, warum Ruscha mich suchte. Heute Abend würde sich meine älteste Schwester Annelies mit Leutnant Quitschorek verloben, und ich sollte dafür fein gemacht werden. Das bedeutete: Ich musste ein Kleid anziehen. Ein Kleid, das war aber das Ärgste, was man mir antun konnte. Da gab es nur eine Möglichkeit, und das war Flucht.

Ich pfiff kurz. Mein Ajax kannte diesen Pfiff, trabte unter den Baum, und ich konnte leicht auf seinen Rücken springen. Dann galoppierte ich an der erschrockenen Ruscha einfach vorbei, und fort war ich. Mutter hatte den Vorfall vom Herrenhaus aus beobachten können. Obwohl sie sich eines Lächelns nicht erwehren konnte, tat ihr mein Kindermädchen wieder einmal leid. Als Ruscha dann niedergeschlagen eintrat, tröstete sie sie und versprach, ein ernstes Wort mit mir zu reden.

Aber wann hätte sie das tun sollen? Mein Pferd nahm mich ja Tag und Nacht in Anspruch, und im Sommer war ich so viel im Freien, dass meine Sonnenbräune schon an Dunkelbraun grenzte. Das und meine ungebärdige Art hatten mir beim Personal den Namen »die wilde Comtess« eingebracht. Liebenswürdig war ich damals wahrlich nicht, und meinen Willen wusste ich durchzusetzen. Nicht einmal zum Kämmen fand ich Zeit, ich band eine Schleife um meine langen Haare, und das musste genügen. Auch zu den Mahlzeiten erschien ich nur höchst selten. Zu diesem Zweck hätte ich mich umziehen müssen, und das war mir lästig. In unserem Garten gab es ja genügend Früchte, und notfalls ging ich zur Köchin, denn die hatte immer etwas Gutes für mich. Meine Eltern waren ständig in großer Sorge um mich, weil ich für mein Alter viel zu klein und zu schmächtig war, aber meine Energie hätte auch für zwei Kinder ausgereicht.

Die Vorbereitungen des Personals hatten mir deutlich gemacht, dass es eine große Feier sein würde, die heute Abend veranstaltet werden sollte. Aus Erfahrung wusste ich, was da auf mich zukommen würde: Elegante Kleider, affiges unnatürliches Benehmen und am widerlichsten von allem, die verschiedenen Parfüms der Damen. Igitt, nur bei dem Gedanken schüttelte ich mich bereits im Voraus. Kurz spielte ich mit dem Gedanken, in den Pferdestall zu gehen und mich dort mit Dreck und

Pferdeäpfeln so zurechtzumachen, dass ich den Ballsaal genauso schnell wieder verlassen konnte, wie ich ihn betreten hatte. Aber dann fand ich, dass es wohl doch das Beste war, mich gar nicht erst blicken zu lassen.

Ich lenkte Ajax zu dem kleinen Teich inmitten des Waldes, meinem Lieblingsplatz. Außer Janek kannte niemand diesen »heiligen Fleck Erde«, wie ich ihn gerne nannte. Ich genoss die Geräusche dieses Plätzchens, das Quaken der Frösche und das Gezwitscher der Vögel. Es klang alles so ehrlich und beruhigend, dass ich sehr oft dort eingeschlafen und stets entspannt wieder aufgewacht bin.

Diesmal bekam ich aber keine Gelegenheit einzuschlafen. Schon nach ein paar Minuten vernahm ich das Getrappel von Janeks Pferd, und schon von Weitem hörte ich ihn aufgeregt rufen: »Comtesschen, Ihr Cherr Vater will, dass Sie sofort in sein Büro kommen!«

»Mein Cherr Vater kann noch etwas warten«, gab ich schnippisch zurück. »Hier ist es so ruhig und gemütlich. Außerdem hat Ajax noch nicht genug gegrast.«

Janek war unser Pferdeknecht und mir treu ergeben, obwohl er viele meiner Unarten aushalten musste. Aber nun errötete er vor Zorn, denn er konnte es nicht ausstehen, wenn ich mich über seine Aussprache lustig machte. Wie fast immer ging er aber dennoch ohne ein Wort darüber hinweg, denn er kannte mein aufbrausendes Temperament zur Genüge.

»Cherr Vater wartet, ich soll Sie gleich mitbringen«, wiederholte er stur.

»Was will Vati denn von mir?«, fragte ich, nun doch neugierig geworden.

»Cheute Abend ist großer Ball ...«

»Weiß ich schon, darum bin ich ja abgehauen!«

»Aber Ball ist für Comtess Annelies. Cheute ist Verlobung mit Herrn Leutnant Quitschorek!«

»Na und, was soll ich dabei?«, fragte ich ärgerlich.

Das verstand Janek gar nicht. »Aber Comtesschen, ist doch Familienfeier, muss man doch gratulieren großes Schwester und winschen viel Glick!«

»Da muss ich mich nur wieder in so ein enges Kleid quetschen und dummen Leuten dumme Fragen beantworten«, maulte ich. Aber dann schwang ich mich doch wieder auf Ajax und ritt zum Gutshaus.

Vater kannte mich gut genug, um zu wissen, dass ich nicht wagte, ungehorsam zu sein, wenn er mich rufen ließ. Er wartete bereits auf der Veranda und tippte mit den Zehenspitzen hin und her. Es war also Vorsicht geboten, denn das tat er nur, wenn er schlechte Laune hatte. Ich fiel ihm gleich um den Hals.

»Vati, bitte erspar mir doch den Kladderadatsch«, sprudelte ich heraus. »Du kennst mich doch, ich werde doch wieder nur unangenehm auffallen!«

Zärtlich löste er meine Arme von seinem Hals und sagte sehr ernst: »Herzblatt, heute gibt es kein Pardon. Annelies würde dir ein Fernbleiben nie verzeihen, und Hans muss morgen in aller Frühe schon wieder an die Front!«

Ungläubig starrte ich ihn an. »Hans muss morgen schon wieder nach Russland? Die sind doch verrückt mit ihrem blöden Krieg!«

»Wirst du wohl still sein!«, ermahnte mich mein Vater. »Weißt du nicht, dass man so etwas nicht sagen darf?«

»Ach, ist doch wahr«, maulte ich. Seit unsere Pferde weggeholt worden waren, war jede Hurra-Propaganda, mit der in der Bevölkerung die Kriegsbegeisterung geweckt werden sollte, an mich völlig verschwendet. Wenn ich nicht zufällig mit Ajax unterwegs gewesen wäre, dann hätten sie ihn auch mitgenommen – ein Gedanke, bei dem es mir eiskalt den Rücken hinunterlief. Janek hatte kurzerhand behauptet, wir hätten kein Reitpferd mehr auf dem Gut, sonst wäre Ajax später auch noch abgeholt worden.

»Wo ist Ruscha? Ich will mich umziehen!«

So schnell kam der Themenwechsel, dass Vati mir nur noch kopfschüttelnd hinterherschauen konnte.

Arme Ruscha, sie war nun wieder mein Blitzableiter, denn die dargereichten Kleider fanden bei mir keine Anerkennung: Eines war zu eng, das andere zu lang, an allen fand ich etwas auszusetzen. Das stimmte mich auf eine verdrehte Art und Weise sogar ganz zufrieden: Ob ich nun vielleicht doch um den Ball herumkommen würde?

»Ich kann nicht zu dem blöden Ball gehen! Ich habe nichts anzuziehen«, schleuderte ich meiner Mutter entgegen, die gerade zur Tür hereinkam, und sah im gleichen Moment, dass sie ein himmelblaues zartes Kleid in den Händen hielt, das offenbar für mich bestimmt war.

»Bitte, Elfi, benimm dich nicht wie ein Fuhrknecht«, rügte sie mich sofort.

Angriffslustig fragte ich: »Was ist an einem Fuhrknecht auszusetzen, liebste Mutti? Ist er etwa nicht salonfähig?«

Sie tat so, als hätte sie es nicht gehört. Stattdessen reichte sie Ruscha das Kleid, und zu mir sagte sie: »Lass dich jetzt bitte ankleiden.«

»Oh Gott, bis die mir den Fetzen anzieht, mache ich das lieber selber«, rief ich, bis ins Mark empört. Wie ein geprügelter Hund lief Ruscha von dannen.

»Ich bin sehr enttäuscht von dir, Kind, wie du mit der armen Ruscha umspringst«, sagte meine Mutter ruhig. »Mich rügst du, weil ich deine Kraftausdrücke mit denen eines Fuhrknechts vergleiche, du aber behandelst unser Personal, als wenn es gar keine Menschen wären. Denk bitte stets daran, Elfi: ›Noblesse oblige‹ (Adel verpflichtet)!«

Entsetzt hielt ich mir beide Ohren zu. »Bitte, Mutti, verschone mich mit diesem Satz, ich kann ihn nicht mehr hören! Allmählich müsstest du doch bemerkt haben, dass ich auf die ganze Vornehmheit pfeife. Ich bin eben aus der Art geschlagen!«

Ja, wir gehörten zu den vornehmen Kreisen, und das bedeutete, ich sollte mich Tag und Nacht an eine Unmenge komplizierter, ungeschriebener Vorschriften halten, die meine Mutter selbst mit müheloser Leichtigkeit anwandte. Aber ich scheiterte an ihnen täglich etliche Male, alleine schon deshalb, weil mir diese Vorschriften so sinnlos vorkamen. Mutters stete Bemühungen darum, sie mir beizubringen, waren deshalb von vornherein zum Scheitern verurteilt. Dass sie das nicht einsehen wollte, machte mich nur noch rebellischer.

»Jetzt sei wieder lieb, Kind, und kleide dich an«, rief Mütterchen, ohne darauf einzugehen. »Ich habe dieses Kleid extra für den heutigen Abend anfertigen lassen. Es wird dich ausgezeichnet kleiden!«

Widerwillig schlüpfte ich unter dem Blick meiner Mutter in den blauen Traum und sah den Stolz in ihren Augen aufleuchten.

»Wunderschön siehst du darin aus! Geh und sieh dich einmal selber an!«

Ich fühlte mich in dem Kleid so eingeengt wie ein Sträfling, trat aber gehorsam vor den Spiegel und meinte dann unbeeindruckt: »Na ja, für heute Abend wird es schon gehen, und morgen kann ich ja wieder meine Reithosen anziehen.«

Mit solchen Sätzen konnte ich meine Mutter nicht aus der Fassung bringen.

»Dummerle«, gab sie liebevoll zurück. »Du wirst es schon aushalten. Tu es für Hans.«

2

»Mir wäre es lieber gewesen, wenn deine Eltern von diesem Ball abgesehen hätten«, sagte Hans gerade traurig zu Annelies, als ich zu ihnen in den roten Salon hereinkam. »So sehr ich meinen Kameraden, die ja morgen auch wieder an die Front müssen, diese Abwechslung gönne, ich hätte mir doch gewünscht, mehr Zeit für uns zu haben.«

Bittend sah Annelies zu ihm auf. »Ich freue mich aber auch sehr auf diesen Ball, Hans«, beteuerte sie. »Weiß Gott, wann wir wieder einmal Gelegenheit haben werden, miteinander zu tanzen.«

Kurz darauf musste sie gehen, um sich für den Ball umzuziehen. Kaum hatte sie den Raum verlassen, stürmte ich zu Hans und fiel ihm um den Hals. »Mach doch nicht schon wieder so traurige Augen, ich pass schon auf deine Annelies auf!«

Hans lachte, aber seine Augen blieben traurig. »Habt ihr etwas von Horst gehört?«, fragte er. Er wollte wohl auf ein anderes, weniger heikles Thema ablenken.

»Ist in Norwegen«, hörte ich hinter mir meine zweite Schwester Christine an meiner Stelle antworten. Sie hatte mich wohl in den roten Salon gehen sehen und war mir gefolgt.

Christine war die drittälteste von uns vier Goldbergkindern und äußerlich ein wenig aus der Art geschlagen. Während Annelies, Horst und ich zart und feingliedrig waren, hatte sie eine etwas kräftigere Statur und ein rundes, ebenmäßiges Gesicht. Horst und Christine waren nur ein Jahr auseinander und hingen mit einer schier affigen Liebe aneinander. In seinen Briefen kam immer die Frage »Wie geht es Christine?« an erster Stelle.

Mit mir hatte er dagegen seine Schwierigkeiten. Seiner Ansicht nach war ich gar kein richtiges Mädchen. Damit lag er nicht einmal so verkehrt, denn Vati hätte gerne noch einen Sohn gehabt. Weil Horst sehr weich veranlagt war, fand er an meiner jungenhaften Art Gefallen und spornte mich damit, wenn auch sicherlich nicht mit Absicht, zu allerhand Streichen an. Ich wiederum wusste, dass Vater stolz auf mich war, und nützte es aus. Einmal hatte ich sogar mit Vaters Schrotflinte auf meinen Bruder geschossen. Vorwurfsvoll hatte er da gesagt: »Elfi darf ja hier alles!«

Sehr oft musste Horst sich Vorwürfe anhören wie: »Nimm dir ein Beispiel an Elfi, so wie sie müsste ein Junge sein, wie sie müsstest du reiten können.« Horst mochte die störrischen Reitpferde aber nicht. Ja, ich hatte sogar den Verdacht, dass er sich vor ihnen fürchtete. Heimlich nannte ich ihn eine Memme, weil er auch sonst vor vielem Angst hatte. Erst, seit mein Bruder zur Waffen-SS eingezogen worden war, begann er mir schmerzlich zu fehlen. Immer, wenn von ihm die Rede war, schossen mir Tränen in die Augen. So auch jetzt.

Aber damit hatte ich schon wieder eines dieser ungeschriebenen Gesetze übertreten, denn Gefühle zeigen, das durfte man ja auch nicht. Oh, wie ich das hasste! Unbeherrscht stampfte ich mit dem Fuß auf und rief »Scheiße!«. Anschließend lief ich hinaus.

»Lass sie nur«, hörte ich Hans drinnen zu Christine sagen, die wohl die Stirn über mich gerunzelt hatte. »Manchmal tut ein Kraftausdruck recht gut!«

Vor dem Salon wäre ich beinahe mit Vati zusammengestoßen. Vorwurfsvoll blickte er mich an: »Was rennst du denn so unaufmerksam herum? – Aber egal: Ich habe dich schon überall gesucht. Komm doch bitte mit in mein Büro!«

»Was ist denn schon wieder los?«, stöhnte ich auf.

»Elfi, Frau Franz hat mich angerufen.«

Das und sein vorwurfsvoller Blick sagten mir schon alles. Meine Klavierlehrerin hatte sich bei ihm über mich beschwert.

»Ach du lieber Himmel, diese ekelhafte Petze!«, entfuhr es mir.

»Bitte, Kind, alles Weitere im Büro. Nimm dich vor dem Personal zusammen!«

Noch eine von diesen Ermahnungen, die ich täglich mindestens ein Dutzend Mal zu hören bekam. Kleinlaut und nichts Gutes ahnend schlich ich hinter Vati her.

»Setz dich!«, befahl Vater, als er die Bürotür hinter sich geschlossen hatte. Er bemühte sich um eine strenge Miene, aber es gelang ihm nicht so richtig. Meine Stimmung verbesserte sich schlagartig. Oh, wie gut ich ihn kannte! Ich wusste genau, dass er mir nicht lange böse sein konnte.

»Also, was hat es wieder mit Frau Franz gegeben?«, forderte er mich auf zu erzählen. Dabei hatte ihm die dumme Franze – wie ich sie heimlich nannte – sicherlich haarklein alle meine Sünden vorgebetet. Aber er wollte es von mir selbst hören, denn ich war eine Wahrheitsfanatikerin. Jeder wusste, was immer ich anstellte – und es waren wirklich böse Dinge darunter –, lügen würde ich nicht. Ich stand zu meinen Schandtaten, auch wenn ich dafür bestraft wurde. In diesem Fall hatte Frau Franz die Klavierstunde abbrechen müssen, weil ich die Tasten mit Klebstoff beschmiert hatte.

»Ich mag nicht Klavierspielen lernen«, fasste ich am Ende meines Berichts zusammen.

»Den Satz kenne ich bereits, Elfi!«

Ich sah vertrauensvoll zum ihm auf. »Es ist aber wirklich so!«

»Sieh mich nicht so an, Kind, wir haben bereits öfter darüber diskutiert. Andere Kinder wären froh, wenn ihnen all das geboten würde, was du darfst!«

»Ich kann aber nicht Klavier spielen, wenn ich weiß, dass Ajax draußen auf mich wartet. Das solltest du verstehen, Vati!«

»So, sollte ich das? Gut, dann werden wir die Stunden auf den Abend verlegen!«

Stürmisch sprang ich auf und umarmte ihn. »Du bist der beste Vater aller Zeiten!«

»Aber bitte, misshandle unser Klavier nicht noch einmal mit Klebstoff«, schmunzelte er. »Und sei auch ein bisschen netter zu der armen Frau Franz.«

Ich verdrehte die Augen. »Die arme Frau Franz«, äffte ich ihn nach. »Bei jeder Kleinigkeit rennt sie immer gleich zu dir, um mich zu verpetzen, und dann wundert sie sich, dass ich sie nicht leiden kann?«

Vati bemühte sich, streng dreinzublicken. »Ja, die arme Frau Franz«, betonte er noch einmal mit Nachdruck. »Sie gibt sich nämlich wirklich Mühe mit dir, aber heute war es ihr einfach zu viel. Ich habe ihr versichert, dass du dich in Zukunft manierlicher benehmen wirst, und ich hoffe doch, dass ich mich da ganz auf dich verlassen kann!«

Vater wusste genau, wie er mit mir reden musste. Er hatte für mich sein Ehrenwort gegeben, also konnte ich ihn natürlich nicht im Stich lassen. Jetzt gab er mir einen kleinen Klaps und sagte: »So, und jetzt geh, und mach dich noch ein wenig frisch für den Ball!« An seinem Gesichtsausdruck sah ich, dass er mir nicht mehr böse war, und lief erleichtert aus dem Büro.

Als ich in meinem neuen Kleid hinunterlief, kam auch Annelies gerade die Treppe heruntergeschwebt. Sie hatte ein zartrosa Kleid an, welches durch einen betont einfachen Schnitt bestach. Allerdings war das Dekolleté etwas gewagt und entsprach sicher nicht dem Geschmack der Frau Mama. Annelies war jedoch sehr eigenwillig in puncto Mode und ließ sich dabei von niemandem dreinreden. Völlig zu Recht, denn sie sah hinreißend aus. Das sagte ich ihr auch.

»Du aber auch, Elfi«, gab meine älteste Schwester das Kompliment mit einem Lächeln zurück.

Ich lief Annelies voraus, weil ich sehen wollte, was Hans beim Anblick meiner Schwester in diesem wunderschönen Kleid für ein Gesicht machen würde. Aber in dem bewundernden Blick für seine zukünftige Braut sah ich so viel Traurigkeit, dass es mir sofort wieder ins Herz schnitt.

»Bleib doch einfach da«, rief ich aus einem Impuls heraus, ohne nachzudenken. »Fahr morgen nicht wieder an die Front, lass doch die ihren blöden Krieg alleine weitermachen!«

Einige der anwesenden Offiziere schauten befremdet zu mir herüber. Das machte mich noch wütender.

»Was glotzt ihr mich denn alle so blöd an?«, rief ich angriffslustig. »Wer von euch morgen gerne zurück an die Front fährt, der hebe jetzt mal den Finger!«

Ich hätte wohl noch mehr gesagt, aber da packte mich Christine am Arm und schubste mich unsanft hinaus.

»Sag mal, bist du verrückt geworden?«, herrschte sie mich an. »Ist dir wirklich nicht klar, dass man solche Äußerungen nicht machen darf?«

Ein Hauptmann war in den Gang hinausgetreten und unterbrach sie: »Lassen Sie die Kleine nur, es war sicher nicht böse gemeint. Ganz im Vertrauen, ich hätte meinen Finger bestimmt nicht gehoben, als sie gefragt hat, wer morgen gerne an die Front fährt! – Können Sie tanzen?«, wandte er sich dann an mich.

»Ja … natürlich …«, stammelte ich, von dem plötzlichen Themenwechsel überrumpelt. »Aber zu mir brauchen Sie nicht Sie zu sagen, ich werde ja erst 14.«

Tatsächlich tanzte ich sogar sehr gerne. Anders als die verhassten Klavierstunden versäumte ich meine privaten Tanzstunden nie und hatte gegen sie auch nichts einzuwenden. Außer den neuesten beherrschte ich inzwischen alle Tänze. So ließ ich mich von dem Hauptmann zurück in den Saal und aufs Parkett führen und zeigte, was ich gelernt hatte. Flüchtig nahm ich um mich herum Erstaunen in manchen Gesichtern wahr. Dass ich so gut tanzen konnte, hatte mir wohl so mancher nicht zugetraut.

An diesem Abend bekam ich eine Ahnung davon, was es bedeutet, eine umschwärmte junge Dame zu sein, denn die anderen Offiziere standen nun förmlich Schlange, um auch einen Tanz mit mir zu bekommen. Aus den Augenwinkeln nahm ich wahr, was für ein stolzes Gesicht mein Vater machte. Ich flog von Arm zu Arm, bis es Mutti schließlich zu viel wurde und sie mich bat, mich zurückzuziehen.

»Aber Mutti!«, rief ich empört. »So lass mich wenigstens dabei sein, wenn Vati die Verlobung bekannt gibt.«

Das war doch die Höhe! Erst wurde ich fast mit Gewalt gezwungen, an diesem Ball teilzunehmen, und nun, da es mir gefiel, sollte ich so schnell wieder gehen müssen?

Hans kam mir zu Hilfe: »Wenn ich ehrlich bin, hätte ich wirklich gerne die gesamte Familie dabei, und auf eine halbe Stunde kommt es jetzt doch auch nicht mehr an.«

Das letzte Wort hatte mein Vater, und er zeigte sich einsichtig. »Gut, noch eine halbe Stunde, aber dann ist Zapfenstreich!« Anschließend bat er die

Kapelle um einen Tusch. Mit sichtlicher Rührung in der Stimme gab er bekannt, dass Herr Leutnant Quitschorek und seine älteste Tochter sich gefunden hätten. Seine kurze Verlobungsansprache endete mit den Worten, man hoffe, dass dieser Krieg ein siegreiches Ende nehmen und die beiden ein glückliches Paar werden würden. Die Gläser wurden gehoben, und man wünschte den Verlobten alles Gute. Danach spielte die Kapelle einen Wiener Walzer. Gleichzeitig verbeugten sich schon wieder mehrere Herren vor mir und baten um den Tanz.

Aber Vati trat dazwischen und meinte lakonisch: »Den letzten Tanz hätte ich gerne selber mit meiner Tochter getanzt, meine Herren!«

Artig traten sie wieder zurück.

Vater verstand es, mich zu führen, es war ein unglaubliches Vergnügen, sich seinen Tanzschritten anzupassen.

»Vati, du bist der beste Tänzer im Saal!«, sagte ich stolz. Das konnte ich beurteilen, so viele verschiedene Tänzer hatte ich gehabt.

»Meine Kleine, dir macht hier auch keine der Damen etwas vor«, antwortete mein Vater. »Da sind die Tanzstunden nicht umsonst gewesen. Es ist ein Vergnügen, mit dir zu tanzen, Kind.«

Gott, was war ich stolz. Wir waren so versunken, dass wir gar nicht merkten, dass wir inzwischen allein auf der Tanzfläche waren. Die anderen Tanzpaare hatten einen Kreis um uns gebildet und sahen uns fasziniert zu. Ein Zauber lag über dem Saal, bis ich bemerkte, was geschehen war, und ausrief: »Was glotzt ihr denn alle so, tanzt doch selber!«

Die Herren Offiziere brachen in schallendes Gelächter aus, und die Damen waren schockiert. Mutti tat wie meistens, als hätte sie nichts von dem peinlichen Vorfall bemerkt, und ich hatte mir, wie ich fand, einen würdigen Abgang geschaffen. Beim Hinausgehen hatte ich Mühe, mir das Lachen zu verbeißen, denn ich hörte sehr wohl, was manche der aufgetakelten Damen hinter mir flüsterten! »Enfant terrible« nannten sie mich und »aus der Art geschlagenes Mädchen« und noch so manches andere.

Obwohl mir das Tanzen so großes Vergnügen bereitet hatte, atmete ich auf, als ich den Saal verlassen hatte. Die frische, unparfümierte Luft tat mir gut. Das traurige Abschiednehmen – mit einer unbeherrscht weinenden Annelies, als Hans sie ein letztes Mal in den Arm nahm – fand erst danach statt. Die Herren Offiziere sollen aber ebenfalls alles andere als mutig gewirkt haben. Jedem stand das Grauen im Gesicht. Und nachdem sich mit Herrn Hauptmann Merzbacher unter den Gästen auch noch einer gefunden hatte, der glaubte, die Hand heben und sich mit einem zackigen »Heil Hitler« verabschieden zu müssen, zog sich ein jeder mit gemischten Gefühlen zurück.

Schon vom Weitem hörte ich Frederik meckern, als ich zu meinem Zimmer lief. Frederik war ein kleiner Ziegenbock. Seine Mutter war gestorben, und ich betreute ihn nun als Ersatzmutter. Er erlaubte sich mir gegenüber einiges. Diesmal stand er vor der Tür und als er mich sah, lief er gleich auf mich zu und beschwerte sich.

»Was machst du denn hier draußen?«, fragte ich ihn, während er, sichtlich erleichtert über meine Gegenwart, den Kopf in meinen Schoß steckte, bis ich die Tür aufgemacht hatte. Dann rannte er zu meinem Bett und ließ sich hineinfallen. Dass wir so laut gewesen waren, bescherte mir einen weiteren Schlafgenossen: Emma, eine kleine Ente, die sich am Fuß verletzt hatte und die ich seither auch nicht mehr loswurde.

Es klopfte an meiner Tür. Vati wollte mir noch gute Nacht sagen.

»Oh Gott, liegst du wieder mit deinem Kroppzeug im Bett«, war alles, was ihm beim Anblick meines voll belegten Betts einfiel. »Bleibt dir denn überhaupt noch Platz zum Schlafen?«

Meine Tierliebe machte vor gar nichts Halt außer vielleicht Stechmücken. Ich musste einfach jedes lebende Geschöpf retten, das ich in Gefahr sah, und fürchtete mich vor keinem.

Als die Maler bei mir die Fenster gestrichen hatten, rettete ich sogar eine dicke Spinne, die ich Thekla nannte, nach der Spinne im Kinderbuch »Biene Maja«. Außerdem hatte ich zeitweise auch eine Fledermaus namens Karla, die mit dem Kopf nach unten an der Lampe hängend in meinem Zimmer schlief. Ruscha, die eigentlich mein Zimmer hätte sauber halten sollen, ekelte sich so vor meinen Tieren, dass sie sich weigerte, es zu betreten.

Ich versicherte meinem Vater, dass meine Tiere und ich uns durchaus arrangieren konnten. Kopfschüttelnd ging er hinaus, nachdem er mir eine gute Nacht gewünscht hatte.

3

Anfang Juli 1943 war der Krieg immer noch wie ein fernes Donnergrollen. Aber inzwischen riefen uns nicht mehr nur die Briefe meines Bruders Horst und die von Hans, des Verlobten meiner ältesten Schwester, regelmäßig in Erinnerung, dass es ihn gab. Er war nahe genug gerückt, dass auch ich eine erste Auswirkung zu spüren bekommen hatte: Meine Schulklasse hatte nur noch mit der mittleren Reife abschließen dürfen. Alle Jungen unter meinen Schulkameraden hatten sich freiwillig zur Wehrmacht gemeldet. Es war eine traurige Abschlussfeier gewesen.

Aus war nun der Traum vom Medizinstudium, den ich seither immer gehabt hatte! Mein großes Vorbild dabei war Onkel Herbert gewesen, der Bruder meines Vaters. Er war praktischer Arzt und Chirurg. Mehr als einmal hatte ich in seiner Praxis ausgeholfen, und er behauptete immer, dass ich die geborene Medizinerin sei. Dass ich stattdessen jetzt in seiner Praxis eine Ausbildung als Sprechstundenhilfe begonnen hatte, tröstete mich über einiges hinweg, denn an der Privatschule, in die mich meine Eltern geschickt hatten, hatte ich nur wenig Freude gehabt, und sie an mir auch nicht. Es war mir dort einfach langweilig gewesen.

Im ersten Halbjahr waren meine Noten immer haarsträubend ausgefallen. Ging es dann zur

Versetzung, gab ich mir ein bisschen mehr Mühe und wurde prompt Klassenbeste. Nun, damit war es jetzt vorbei.

Annelies strahlte, als ein Brief von Hans eintraf, in dem er schrieb, er werde zwei Wochen lang an einem Lehrgang teilnehmen.

»Sein Gesundheitszustand ist, wie er mir schreibt, nicht zufriedenstellend«, erzählte sie am Frühstückstisch. »Leider gibt man ihm keinen Heimaturlaub, aber ich bin schon zufrieden, wenn er nicht mehr in Gefahr ist!«

»Ich auch«, erwiderte Mutter. »Dann wirst du wenigstens mal wieder eine Nacht schlafen.«

Annelies sah erstaunt auf. Dabei hätte man schon blind sein müssen, um die Spuren durchweinter Nächte auf ihrem Gesicht nicht zu bemerken.

Dass meine Mutter sich über mich ärgerte, merkte ich auch, aber das war keine Kunst, denn mir war schon in meinem Zimmer klar gewesen, dass die Reithose, die ich angezogen hatte, nicht ihren Beifall finden würde. Die Sorgen, die mein Vater wälzte, musste ich aber nicht erraten, denn er sprach selbst davon. Es ging um einen seiner Freunde, Herrn Rothe. Man hatte ihm seine Konten gesperrt, und das nur aus einem einzigen Grund: Er war Jude.

Rothe war vor dem Krieg ein wichtiger und angesehener Mann gewesen, der in den besten Kreisen verkehrte, und er blieb wegen seiner Stellung und seiner Beziehungen lange Zeit von den Judenverfolgungen unbehelligt. Damit war er unter den Juden in Polen eine Ausnahme, aber es gab auch noch einige andere Fälle dieser Art, sogar dann noch, als andere Juden sich der Deportation nur noch entziehen konnten, indem sie sich versteckten. Aber nun schien ihn sein Glück verlassen zu haben.

»Ich muss ihm helfen, Anna«, fuhr mein Vater fort. »Zumindest werde ich ihm Geld von meinem Schweizer Konto zukommen lassen, damit er seinen Verpflichtungen nachkommen kann!«

»Wenn du nur selber nicht in Schwierigkeiten gerätst, Günther«, warnte meine Mutter besorgt.

»Aber wieso denn, meine Liebe?«, tat mein Vater ihre Warnung ab. »Davon erfährt niemand etwas. Außerdem kann ich meinen Freund doch nicht im Stich lassen.«

Er ahnte nicht, dass er ihm nicht mehr helfen konnte. Erst am nächsten Tag erfuhr er, dass Herr Rothe zusammen mit seiner ganzen Familie abgeholt und in ein Konzentrationslager gebracht worden war.

Niemand achtete während dieses Gesprächs auf das Dienstmädchen Erna, das sich im Esszimmer zu schaffen machte und aufmerksam jedes Wort meiner Eltern verfolgte.

Einen Tag später kam das verhängnisvolle Telegramm. Hans, stand darin, sei gefallen – für Führer, Volk und Vaterland, wie das damals hieß.

Meine Schwester konnte es zunächst gar nicht glauben. »Wie kann er denn gefallen sein, wenn er gar nicht an der Front ist?«, begehrte sie auf. »Er hat mir doch selber geschrieben, dass er auf einen Lehrgang musste.«

Aber am Nachmittag erschien ein Freund meines Vaters, Hauptmann Brittig, derselbe Hauptmann, der mich damals bei der Verlobungsfeier in Schutz genommen hatte. Er wusste bereits, was uns offiziell erst Wochen später bestätigt wurde: Hans war durch die schweren Kämpfe an der Ostfront so geschwächt worden, dass er auf dem Lehrgang bei einer Schwimmübung einen Schwächeanfall erlitten hatte und ertrunken war.

Gut, dass Hauptmann Brittig an jenem Tag bei uns war. Alle saßen noch trauernd beisammen, nur ich war hinausgelaufen, weil ich die Trostlosigkeit einfach nicht mehr aushalten konnte, als ein schwarzes Auto vorfuhr. Drei Herren von der SS stiegen aus. Sie waren gekommen, um meinen Vater zu verhaften, und wahrscheinlich hätten sie ihn mitgenommen, wäre Hauptmann Brittig nicht mit zornfunkelndem Blick aufgesprungen.

»Was soll das heißen, meine Herren? Geht man so mit einer Familie um, die gerade um einen Angehörigen trauert, der für den Führer gefallen ist?«

Es gab einiges Hin und Her. Die Herren der SS baten Hauptmann Brittig aus dem Raum zu einer Unterredung, dann wollten sie telefonieren, und nach einer halben Ewigkeit, in der alle wie erstarrt dasaßen, hatten sie neue Anweisung bekommen. Angesichts der traurigen Nachricht, schnarrte einer der SS-Männer, sehe man von einer Verhaftung ab, man erwarte allerdings, dass Vater sich in den nächsten acht Tagen freiwillig an die Front melde. Die Herren der SS verabschiedeten sich anschließend knapp und unhöflich.

Erst nachdem sie das Gut verlassen hatten, klärte Hauptmann Brittig meine Eltern darüber auf, warum die SS meinen Vater hatte mitnehmen wollen.

»Günther, bei dir im Haus muss es einen Schwätzer geben, wie sonst hätten die Behörden in Erfahrung bringen können, dass du den Juden Rothe finanziell unterstützt.«

Vati sprang erregt auf. »Genügt das denn bereits, um eine Verhaftung zu erwirken? Darf man denn einem Freund nicht helfen?«

»Juden sind keine Freunde, Günther, oder haben keine zu sein. Wusstest du das noch nicht?«, fragte Hauptmann Brittig verbittert.

Erregt antwortete Vater: »Ich habe noch nie danach gefragt, ob einer Jude ist. Rothe ist ein feiner Kerl, und ich beteuere noch einmal, er ist mein Freund!«

Annelies lachte auf einmal schrill und unnatürlich auf: »Dass Hans tot ist, hat Vati letztlich davor bewahrt, verhaftet zu werden?«, warf sie ein. »Was für eine Welt!«

Mitleidig sah Hauptmann Brittig meine Schwester an. »Auch wenn das für Sie kein Trost ist: So ist er wenigstens nicht ganz umsonst gestorben!«

»Sei still, Franz, bring dich nicht auch noch in Gefahr!«, warnte Vati. »Offensichtlich haben die Wände hier Ohren. Nun denn: Ich werde mich freiwillig an die Front melden. Vielleicht lässt man dann wenigstens meine Familie in Ruhe!«

Während dieser ganzen Affäre war Mutti nur stumm dagesessen. Jetzt wollte sie aufstehen und streckte die Hand nach meinem Vater aus. Dabei brach sie lautlos zusammen.

»Elfi!«, war das erste Wort, das sie sprach, als sie wieder zu sich kam. »Elfi darf nie erfahren, was hier gerade geschehen ist! Du kennst sie, Günther, sie würde mit ihrer Spontaneität noch größeren Ärger verursachen.«

»Würde sie nicht, sie ist ja nicht dämlich!«, rief ich von der Tür her.

Ich war zwar nicht im Raum gewesen, als die Herren von der SS da gewesen waren, aber es war ja laut genug gesprochen worden. Ich hatte also alles mitbekommen. Die Besucher hatte ich draußen sogar noch abgefangen und mich scheinbar begeistert mit ihnen über unseren guten Führer unterhalten.

Ich musste mich sehr beherrschen, als einer der beiden Lackaffen sagte: »Na, da hat der Judenfreund wenigstens eine anständige Tochter!« Das, dachte ich, würde uns vielleicht weitere Schikanen vom Hals halten.

Davon erzählte ich jetzt. Hauptmann Brittig konnte sich trotz der ernsten Situation eines Lächelns nicht erwehren, als er bemerkte: »Auf die kannst du stolz sein, Günther, die macht schon das Richtige!«

Inzwischen hatte ich mich besorgt über meine zarte Mutter gebeugt und lächelte sie an: »Aber Mutti, wer wird denn gleich wie ein Taschenmesser zusammenklappen?«

Das weckte ihre Lebensgeister besser als jedes Riechsalzfläschchen. »Um Himmels willen«, stöhnte sie. »Warum nur drückst du dich stets so gewöhnlich aus? So habe ich dich nicht erzogen.«

»Ich wollte doch nur, dass du tief Luft holst, Mutti«, klärte ich sie belustigt auf. »Onkel Herbert sagt immer, dass das sehr wichtig ist, wenn man aus den Latschen gekippt ist!«

Ich konnte meiner Mutter ansehen, dass sie nun etwas über Onkel Herberts vulgäre Ausdrucksweise sagen wollte, die er in meiner Gegenwart bedauerlicherweise nicht immer unterließe, da griff Hauptmann Brittig in das Gespräch ein.

»Haben Sie Lust, ein wenig mit mir auszureiten, Elfi? Ich würde gern etwas mit Ihnen besprechen.«

Wir ritten zu meinem Lieblingsplatz im Wald, wo wir abstiegen und die Pferde grasen ließen. Zögernd begann der Hauptmann mit der Unterhaltung.

»Comtess, mit dem, was ich Ihnen jetzt als Freund ihrer Familie sagen muss, können Sie mich vor das Kriegsgericht bringen. Aber im Interesse Ihrer Familie und als deren Freund bin ich verpflichtet, Sie zu warnen.«

Ich musste mir Mühe geben, ihn von der Gänsehaut, die mich überlief, nichts merken zu lassen. »Ich werde schweigen wie ein Grab«, versprach ich ihm feierlich.

Eine ganze Weile gingen wir nebeneinander her, ohne ein Wort zu sprechen. Endlich hörte ich ihn leise sagen: »Wir werden diesen Krieg verlieren.«

Ich blickte ihn an und erkannte, dass es ihm ernst damit war. Er hatte nicht einmal gesagt »vielleicht«, sondern schien sich ganz sicher zu sein. Mein Magen krampfte sich zusammen.

»Auch wenn uns die Propaganda immer wieder den Sieg vorgaukelt, es steht schlecht an der Front«, hörte ich den Hauptmann fortfahren. »Vor allem an der Ostfront. Die Wehrmacht wird sich früher oder später zurückziehen müssen, und der Feind wird nachrücken.«

»Was sollen wir tun?«, fragte ich.

»Sie werden gehen müssen.«

»Wohin?«, erkundigte ich mich. »Und für wie lange?«

»Nach Westen!« Die Antwort des Hauptmanns kam wie aus der Pistole geschossen. »Je weiter nach Westen, desto besser. Denn auch von Westen wird das Reich am Ende vom Feind überrollt werden. Aber der Feind, der uns im Westen besetzt, werden nicht die Russen sein, sondern die Amerikaner.« Er machte eine Pause und schien nachzudenken. »Und für wie lange?«, wiederholte er meine Frage und sah mir direkt in die Augen. »Das weiß ich nicht, ganz ehrlich. Aber vermutlich für immer.«

Mir wurde übel. Fortgehen, die Heimat verlassen, vielleicht sogar für immer?

»Ich weiß, dass das nicht leicht für Sie sein wird«, hörte ich den Hauptmann neben mir sprechen. »Für keinen von Ihnen. Aber Sie scheinen mir belastbarer als Ihre Mutter und Ihre Schwestern, darum wollte ich lieber mit Ihnen darüber sprechen als mit Ihrer Frau Mutter. Ihr Vater muss bald fort und wird Ihnen nicht helfen können, wenn es ernst wird.«

Ein wenig Stolz mischte sich jetzt doch in meine Angst. »Ich danke Ihnen für Ihr Vertrauen und für die Warnung«, sagte ich mit so gut gespielter Gelassenheit, als hätte ich nie über die Zumutung des »Noblesse oblige« geschimpft. »Ich werde mich um Mutti, Annelies und Christine kümmern, wenn es so weit kommen sollte … aber wann wird das geschehen? Schon bald? Und woran erkenne ich überhaupt, dass wir fortgehen müssen?«

Zu meiner Erleichterung glaubte der Hauptmann nicht, dass es schon so bald geschehen würde, wie ich es mir gerade ausgemalt hatte.

»Ein Jahr«, schätzte er. »Vielleicht ein paar Monate länger oder kürzer. Aber länger als allerhöchstens zwei Jahre wohl kaum. Ich verspreche Ihnen aber, dass ich versuchen werde, wo immer ich auch bin, mit Ihnen Kontakt zu halten, um Sie rechtzeitig zu warnen.«

Auf dem Heimritt sprachen wir kein einziges Wort. Der Hauptmann war wohl mit seinen Gedanken ebenso beschäftigt wie ich.

Wenige Tage später nahm mein Vater Abschied von der Heimat. Ihrer Erziehung getreu ließ sich die Familie vor dem Personal nichts anmerken, und die Abschiedszeremonie wirkte kühl, obwohl wir alle aufgewühlt waren. Mich belastete nach dem, was ich von Hauptmann Brittig erfahren hatte, am meisten, dass mein Vater ausgerechnet an die Ostfront musste.

Anschließend knöpfte ich mir Erna vor, die meinen Vater verraten hatte. Dass ich das erfahren hatte, hatte ich Janek zu verdanken. Er hatte, nachdem er meinen Vater zum Bahnhof gebracht hatte, Mutter davor gewarnt, in Ernas Gegenwart unbedachte Bemerkungen zu machen: »Das war Erna, wo chat verraten sie an SS. Schmust sie mit einem cherum!«

Mein gutes, ehrliches Mütterchen wusste nun gar nicht, wie sie sich Erna gegenüber verhalten sollte. Aber ich schon.

»Weißt du, Mutti«, säuselte ich am Nachmittag, als Erna gerade den Kaffee hereinbrachte, »wenn ich vorher gewusst hätte, wie schön es beim BDM ist, hätte man mich nicht holen müssen. Gerne wäre ich freiwillig hingegangen. Alle Sportarten werden da gefördert. Und was man uns über unseren geliebten Führer erzählt, ich bin total begeistert.«

Erna warf erst mir, dann meiner Mutter einen erstaunten Blick zu. Doch meine gute Mutter hatte sich ausgezeichnet in der Gewalt und lächelte sie nur an, als wäre das, was ich jetzt sagte, für sie gar keine Überraschung.

»Was glotzt du so blöd, hast du etwa irgendetwas gegen unseren guten Führer einzuwenden?«, fuhr ich die verdatterte Erna an.

»Nein, nein«, stotterte Erna und wollte den Salon verlassen. Offensichtlich hatte sie es dabei sehr eilig.

»Bleib!«, schrie ich sie an. »In Zukunft wünsche ich, dass du uns mit ›Heil Hitler‹ begrüßt. Und vergiss bloß nicht, deinen Arm dabei hochzureißen, wie es sich gehört!«

Erna errötete und lief geradezu fluchtartig aus dem Salon.

»Aber Elfi, findest du das nicht ein wenig grotesk?«, riss mich meine Mutter aus meiner stillen Genugtuung.

Aber das fand ich gar nicht. In Wirklichkeit fand ich die Treffen der weiblichen Hitlerjugend, dem Bund Deutscher Mädel, abscheulich. Seit uns dort die Judenpolitik Hitlers näher erläutert worden war, hatte ich aber begriffen, dass man sich gegen die Methoden dieses Regimes mit allen zur Verfügung stehenden Mitteln zur Wehr setzen musste, wenn man von ihnen bedroht wurde. Wenn es der Familie half, war es mir egal, ob ich für noch verrückter gehalten wurde als ohnehin schon.

4

Meine Schwester Christine hatte die Handelsschule absolviert und sogleich nach ihrem Abschluss eine Stellung in der SA-Standarte erhalten, wo man sie zur Sekretärin ausbildete. Herr Wiesner, der Standartenführer, war ein korrekter Mann, der guten Kontakt mit unserer Familie pflegte und uns ab und zu einen Besuch abstattete, bei dem er immer voll des Lobes für Christine war.

Eines Tages kam sie ganz aufgeregt nach Hause: »Mutti, stell dir vor, ich darf nach Erlangen zu einem Lehrgang fahren!«

»Nach Erlangen, das ist doch in Bayern. Um Himmels willen, da sind doch Bombenangriffe an der Tagesordnung!«, rief die Mutter ängstlich aus. Sie wollte meine Schwester erst nicht gehen lassen, aber Herrn Wiesner gelang es, sie umzustimmen.

Eine Woche später standen wir in Posen am Bahnsteig und winkten Christine zum Abschied nach.

Ein bisschen war ich neidisch auf meine Schwester, weil sie ganz alleine so weit wegfahren durfte. Aber dass sie aus Erlangen ihren künftigen Mann mitbringen würde, damit hatte ich dann doch nicht gerechnet. Hätte ich davon etwas geahnt, wäre ich der Heimkehrerin vielleicht nicht gerade barfuß und ohne Sattel entgegengeritten. So dachte ich mir nichts dabei, meiner Schwester einen, wie ich fand, würdigen Empfang zu bereiten. Gut, dass ich mir wenigstens das Indianergeheul verkniffen habe, als ich sah, dass Janek mehrere Personen kutschierte.

»Omi!«, jubelte ich stattdessen, denn meine Großmutter Waldek aus Posen – die Mutter meiner Mutter –, die neben Christine saß, erkannte ich natürlich gleich. Den blonden jungen Mann, der ihr gegenübersaß, hatte ich dagegen noch nie gesehen.

»Mutti, hier bringe ich dir meinen Verlobten«, sagte Christine schlicht, als sie meiner Mutter den jungen Mann vorstellte. Jan Seidl bekam feuerrote Ohren. Er wirkte überhaupt schrecklich nervös. Wie sich später herausstellte, hatte er keine Ahnung gehabt, aus was für einer reichen Familie seine Angebetete stammte.

»Kind, du hast ein Tempo an dir, dass es einem bange werden könnte«, sagte meine Mutter mit einem schwachen Lächeln. Sie wirkte kaum weniger aufgeregt als ihr künftiger Schwiegersohn, aber das bemerkten wohl nur wir, die sie näher kannten.

»Gnädige Frau, ich muss Sie um Entschuldigung bitten, dass ich hier so unangemeldet hereinschneie«, stotterte Jan ganz verlegen. Noch bevor meine Mutter ihm versichern konnte, wie sehr sie sich freue, ihn kennenzulernen – was man eben in solchen Situationen so sagt –, trat ich in den Salon, und ihm blieb der Mund offen stehen. Das war aber auch kein Wunder, denn zuvor hätte man mich eher für ein Zigeunermädchen halten können als für eine Tochter aus diesem guten Haus: braungebrannt, mit bloßen Füßen, das Haar vom Wind zerzaust. Jetzt hatte ich mich für die Besucher fein gemacht: Ich war nicht nur gewaschen und gekämmt, sondern trug auch ein Kleid, das manierlich genug war, um mir ein beifälliges Nicken meiner Mutter einzutragen.

»Na also«, lobte mich auch meine Großmutter, »jetzt siehst du ja wieder wie ein Mädchen aus. Man kann dich ansehen, ohne das große Grauen zu bekommen.«

Das hatte ich doch gewusst, auf welche Weise ich meiner Omi am besten eine Freude machen konnte!

Allmählich fand Jan Seidl seine Fassung wieder, und es wurde ein gemütlicher Nachmittag. Sogar Annelies, die sich seit dem Tod ihres Verlobten völlig zurückgezogen hatte, kam in ihrer schwarzen Trauerkleidung kurz herein, um den Gast zu begrüßen. Schmal und blass, geradezu zerbrechlich war sie geworden. Schon nach wenigen Minuten bat sie aber, sie zu entschuldigen, und huschte wieder von dannen.

Jan Seidl stammte aus dem Sudetenland und war 32 Jahre alt. Begegnet war er meiner Schwester gleich an ihrem ersten Abend in Erlangen in einem Vergnügungspark. Sie wollte gerade ins Riesenrad einsteigen, erzähle er, und er sei von ihrem Anblick wie vom Blitz getroffen worden. Er sprach sie an. Damit holte er sich von meiner gut erzogenen Schwester natürlich erst einmal eine empörte Abfuhr.

Aber Jan Seidl gab nicht auf. Heimlich verfolgte er sie bis zu ihrem Hotel. Am nächsten Morgen bezog er schon in aller Frühe in der Nähe des Hotels Posten, und dann sah er sie herauskommen. Sie hatte einen Brief in der Hand. Während sie durch die

Straßen ging, folgte er ihr mit einigem Abstand, und nach einiger Zeit wurde ihm klar, dass sie sich verirrt haben musste.

Er fasste sich ein Herz und sprach sie noch einmal an: »Kann ich Ihnen behilflich sein?«

»Ich kann die Post nicht finden«, antwortete Christine ganz verzweifelt.

Artig bot er ihr an, sie zur Post zu begleiten. Unterwegs erzählte er drauflos und brachte Christine ein ums andere Mal zum Lachen. Sie hatte in ihm den Soldaten vom Abend davor natürlich wiedererkannt, aber so empört sie da gewesen war, so sehr lernte sie jetzt seine Gegenwart zu schätzen. Die beiden trafen sich wieder, und dann trafen sie sich täglich, und am letzten Tag von Christines Aufenthalt war sie ganz untröstlich, sich von Jan trennen zu müssen. Für sie stand nach diesen zwei Wochen ebenso fest wie für ihn, dass sie ihn und keinen anderen heiraten wollte. Aber wann würden sie sich wiedersehen?

»Was würden Sie sagen, wenn ich Sie morgen nach Hause begleiten würde?«, fragte Jan zu ihrer großen Überraschung.

»Das geht doch gar nicht, Sie müssen doch morgen wieder zu Ihrer Einheit zurück«, erwiderte Christine.

Warum eigentlich, könnte man jetzt fragen, hatte Jan seinen Urlaub ausgerechnet in Erlangen verbracht und nicht bei seiner Familie, wie man es erwarten sollte? Das weiß ich leider auch nicht, denn nie hat ihn jemand von uns danach gefragt. Vielleicht hatte es aber etwas damit zu tun, dass er insgeheim Kommunist war, wovon wir damals natürlich nichts wussten. Hatte er vielleicht für seine Partei einen geheimen Auftrag dort zu erfüllen? Wenn ja, dann ist er bis heute geheim geblieben. Dass er sich, Hals über Kopf und ohne es zu ahnen, in Erlangen in eine Tochter aus reichem Haus verliebt hatte, war dann aber natürlich eine besondere Ironie des Schicksals.

In diesem Moment ahnte er von dieser Ironie noch nichts, und er schmunzelte. »Unter gewissen Umständen darf ich meinen Urlaub verlängern.«

Die gewissen Umstände erklärte er Christine nicht näher, aber hätte er es getan, wäre sie bestimmt nicht damit einverstanden gewesen. Jan hatte nämlich Himmel und Hölle in Bewegung gesetzt, um nicht zurück nach Frankreich, sondern anstelle eines Kameraden an die Ostfront gehen zu können und dafür noch dessen Urlaubstage zu bekommen. Erstaunlicherweise war ihm das auch gelungen.

Am nächsten Tag fuhren die beiden zusammen in aller Frühe mit dem Zug nach Posen. Christine wurde es aber während der Fahrt immer ungemütlicher bei dem Gedanken, meiner Mutter mit einem wildfremden Mann ins Haus zu fallen, und so hatte das junge Paar in Posen zunächst bei Omi Waldek angeklopft.

Jan war sprachlos, als er das Haus meiner Großmutter sah. Er dachte an sein kleines Gasthaus am Rande des Ortes Haslau im Sudetenland, von dem er Christine vorgeschwärmt hatte. Es war zwar idyllisch gelegen, aber was war das schon im Vergleich zu einem solchen Wohlstand!

Omi allerdings verstand es ausgezeichnet, ihm seine Befangenheit zu nehmen, und nachdem sie die Geschichte der beiden gehört hatte, schlug sie vor, sie nach Potporowo zu begleiten. So war es also dazu gekommen, dass sie zu dritt angereist waren.

»Mir gefällt Christines junger Mann ausgezeichnet«, hatte Omi meiner Mutter schon am Telefon gesagt, denn natürlich hatte sie vorher angerufen, um meine Mutter auf den unerwarteten Besucher vorzubereiten. »Und ich kann mir das Mädchen auch gut an seiner Seite vorstellen. Was für eine Rolle sollte es denn spielen, ob er Geld hat oder nicht, wenn sie sich lieben? Über das Tempo der jungen Leute kann ich mich zwar auch nur wundern, aber das ist wohl einfach so in solchen Zeiten.«

Das gab für Mutti vermutlich den Ausschlag.

Jan verbrachte seine restlichen Urlaubstage in Potporowo. Am letzten Tag wurde dann die Verlobung offiziell gefeiert. Dann musste Jan aufbrechen; wie Christine glaubte, nach Frankreich, in Wirklichkeit aber an die Ostfront.

5

In Potporowo kehrte wieder der Alltag ein, auch Omi war wieder nach Posen zurückgefahren. Nun wartete die gesamte Familie Tag für Tag auf den Briefträger. Von Vati hatten wir bereits seit vier Wochen kein Lebenszeichen mehr erhalten, während von Jan Seidl fast jeden Tag ein Brief kam. Es dauerte aber einige Zeit, bis Christine am Poststempel bemerkte, dass Jans Briefe gar nicht aus Frankreich, sondern aus Russland kamen.

Meine Mutter war von Jan schon während seines Aufenthalts ins Vertrauen gezogen worden. Sie wusste also Bescheid, dass er an der Ostfront war, und hatte sich vor dem Moment gefürchtet, in dem Christine auch davon erfahren würde. Nun bemühte sie sich, ihr klarzumachen, was Jan dazu bewogen hatte.

»Einem Mann, der liebt, ist kein Risiko zu groß«, erklärte sie. Aber das erschütterte meine Schwester nur noch mehr. Weinend fiel sie ihr in den Arm.

»Ach, Mutti, wie konnte Jan mir das antun? Und dass er mir nichts davon gesagt hat!«

»Er liebt dich, Kind, und darum war ihm kein Opfer zu groß! Und sei jetzt nicht ungerecht«, mahnte die Mutti, »du warst ja auch nicht aufrichtig zu ihm. Ich erinnere mich noch genau, wie peinlich berührt er war, als er hier ankam und zum ersten Mal sah, in was für Verhältnissen wir hier leben … Und wenn du ehrlich bist, musst du zugeben, dass euch die acht Tage hier näher zusammengebracht haben.«

Aber das wollte Christine nicht gelten lassen. »Nein, Mutti, wir wussten von Anfang an, dass wir für einander bestimmt sind! Es hätte dieses Opfer nicht benötigt! Und wenn ihm etwas zustößt, Mutti, dann bin ich ganz allein schuld!«

Jetzt wurde Mutti energisch: »Sprich doch nicht so einen Unsinn, Kind. Wenn ihm etwas geschehen soll, dann trifft es ihn auch in Frankreich. So viel Gottvertrauen solltest du schon haben. Wir wollen hoffen, dass alle unsere Angehörigen heil nach Hause kommen.«

Das brachte Christine schlagartig zum Bewusstsein, wie lange schon keine Nachricht mehr von Vati eingetroffen war.

»Verzeih mir bitte, Mutti«, bat sie zerknirscht. »Ich habe nur an mich gedacht und lasse mich auch noch von dir trösten, obwohl ich ja wenigstens weiß, wie es um Jan steht.«

»Dafür ist eine Mutter schließlich da«, erwiderte Mutti.

Als es kühler wurde, siedelte die Familie wie jedes Jahr wieder nach Birnbaum in die Stadtvilla über. Für Christine und mich war das günstiger, so konnten wir am Morgen etwas länger schlafen, bevor wir zur Arbeit gingen.

Alle Familienmitglieder zitterten vor dem Moment, wenn ich von Ajax Abschied nehmen musste, denn ich pflegte meinen Schmerz hemmungslos auszuleben. Auch die Arbeiter gingen mir an diesem Tag geflissentlich aus dem Weg. Ajax lief mir bis zum Portal des Herrenhauses hinterher.

»Scheiß Umzug«, schrie ich unbeherrscht und trat wütend Gegenstände um. »Ich weiß nicht, warum wir in Birnbaum keinen Pferdestall haben. Für alles ist Zeit und Geld da, nur nicht für mich. Ich bin in dieser Familie das fünfte Rad am Wagen.«

Annelies kam die Treppe herunter. »Was ist denn, Elfi, hast du dich noch nicht ausgewütet? Ein Holzhacker ist ein Lamm gegen dich. Glaubst du denn, dein Ajax würde sich ohne Auslauf wohlfühlen?«

»Natürlich würde er das! Ich könnte mit ihm an unserem See ausreiten«, wetterte ich weiter. Als ich Annelies ansah, erschrak ich aber doch. Sie wurde immer durchsichtiger und wirkte auf mich fast schon geisterhaft.

»Schau, Elfi«, fuhr meine Schwester fort. »Wir sind doch nicht aus der Welt. Jedes Jahr machst du das gleiche Theater. Wenn du willst, begleite ich dich am Wochenende wieder her. Dann kannst du dich nach Belieben austoben!«

Komisch, dachte ich, seit ihr Hans tot ist, hat sie für meinen Kummer viel mehr Verständnis. Laut sagte ich: »Bist lieb, Annelies. Ich werde mich zusammenreißen.«

»Tu das, Elfi, Mutti hat jetzt genug Kummer. Komm zu mir, wenn dich etwas bedrückt, ich werde versuchen, dir zu helfen.«

Ich riss mich also zusammen, aber blieb dennoch schlecht gelaunt, auch als man in Birnbaum in der Villa alles zum Besten fand. Meine Stimmung besserte sich erst, als ich zum Marktplatz gelaufen war.

Da wohnte meine beste Freundin Inge Puju mit ihrer Mutter in einem Zimmer in sehr ärmlichen Verhältnissen. Sie stammten aus Estland, von dort waren sie schon kurz nach Beginn des Kriegs hierher evakuiert worden. Ihr Vater war an der Front. Inge beschwerte sich aber nie über ihr Los. Sie war glücklich, mit ihrer Mutter in Sicherheit zu sein.

Jetzt hörte sie sich geduldig an, was ich ihr zu berichten hatte, und versuchte mich zu trösten: »Ach, Elfi, sei doch froh, dass du deine Heimat noch hast. Dein Pferd kannst du ja besuchen, wann immer du willst.«

Ich sah ein, dass sie recht hatte, und schämte mich, denn Inge hatte ja viel mehr Grund, traurig zu sein, als ich.

»Willst du nicht mitkommen, Inge?«, schlug ich vor. »Wir könnten im Garten Tischtennis spielen. Es ist noch nicht so kalt draußen.«

Das brauchte ich Inge nicht zweimal zu sagen. Sie war froh, aus der engen Wohnung herauszukommen. Ohne Neid genoss sie mit mir mein schönes Zuhause.

Hinter der Villa, am Ende des Gartens, befand sich ein kleines Gatter, das zum See führte. Inge und ich benutzten es oft, um zum Bootssteg hinunterzulaufen. Wir ruderten oft über den See. Selbst im Winter bot der See viel Freizeitbeschäftigung. Zu Weihnachten war er meistens bereits zugefroren. Zu diesem Zeitpunkt sanken die Temperaturen in Polen bereits auf 20 Grad unter null. Aber jetzt war es noch warm, und Inge und ich tobten uns noch einmal richtig aus.

Einige Tage später traf endlich auch ein Brief von Vati ein, und noch dazu einer mit einer guten Nachricht: In einer Woche würde er für einen kurzen Heimaturlaub bei uns eintreffen.

In unserem sonst so ruhigen Haus begann es nun fast wie in einem Bienenstock zu summen. Sogar Annelies sah man nun ab und zu wieder einmal lächeln. Ich freute mich aber wahrscheinlich am meisten. Endlich konnte ich mit meinem geliebten Vater wieder spazieren gehen und mein Herz bei ihm ausschütten. Darum holte ich ihn auch ganz allein vom Bahnhof ab. Bis zur Villa war es nicht weit, und wir genossen den kleinen Spaziergang.

»Vati, du bist schmal geworden, und deine schönen Haare gehen aus.« Besorgt sah ich meinen Vater an.

»Ach, das ist nicht so wichtig«, winkte er ab. »Das kommt sicher vom Stahlhelm. Aber erzähl mir von euch, wie geht es zu Hause? Ist es wirklich wahr, dass Christine sich verlobt hat, und wie gefällt dir ihr Verlobter?«

Wenn der junge Mann meinem Geschmack entsprach, würde er auch ihm sympathisch sein, das wusste er. Ich versicherte meinem Vater, dass Jan in Ordnung sei.

»Ist das alles, was du mir über ihn zu berichten hast?«, fragte er schmunzelnd.

»Na ja«, gab ich zu. »So viel habe ich ja nicht von ihm zu sehen bekommen. Die beiden wollten meistens alleine sein, kannst du dir doch vorstellen, Vati, oder nicht?«

Vater lachte auf: »Sei doch nicht so altklug, Elfi.«

In der Villa wurden wir schon ungeduldig erwartet. Nur mit großer Anstrengung bewahrte Mutti ihre Haltung, und in ihrem Gesicht war die Angst zu erkennen, die sie in der letzten Zeit um ihren Gatten ausgestanden hatte.

Über das, was er an der Front erlebt hatte, erzählte mein Vater nur sehr wenig. Es waren wohl keine Erlebnisse gewesen, die man einer ängstlichen Ehefrau zumuten sollte. »Hast du etwas von Horst gehört?«, lenkte er das Gespräch lieber auf ein anderes Thema.

»Ja, in der vorigen Woche kam ein Lebenszeichen von ihm. Kurz und knapp zwar, aber er lebt!«, fasste Mutti zusammen. »Er schrieb, dass man ihn nach Frankreich versetzt hätte.«

»Kann ich mir gut vorstellen«, antwortete Vati. »Dort wird jetzt tagtäglich die Invasion erwartet.«

Sie blickte ihn erstaunt und etwas besorgt an, denn davon hatte bei uns natürlich noch niemand auch nur ein Sterbenswörtchen erfahren.

»Was meinst du damit, Günther?«

»Die Amerikaner planen, die Deutschen aus Frankreich bis ins Reich zurückzutreiben ...« Er machte eine Pause und ging wohl mit sich zu Rate, ob er wirklich weitersprechen sollte. »... und dann Deutschland auch zu überrennen«, setzte er schließlich doch noch hinzu.

»Glaubst du, das – ich meine, Deutschland zu überrennen – wird den Amerikanern gelingen?«, fragte meine Mutter unruhig.

»Was haben wir ihnen denn noch entgegenzusetzen, wenn sie erst einmal ihre Bomber in Frankreich stationieren können?«, fragte er zurück. »Nein,

Anna, unsere Lage ist aussichtslos geworden. Da draußen an der Front, wo wir mit eigenen Augen sehen, was geschieht, und nicht auf die Lügen aus dem Volksempfänger angewiesen sind, weiß jeder kleine Landser Bescheid, wie es um Großdeutschland bestellt ist.«

Mutti war kreidebleich geworden.

»Aber die Amerikaner, das wäre ja noch nicht einmal so schlimm. Die Amerikaner sind immerhin relativ fair«, fuhr er fort. »Bis hierher werden sie von Westen her nur leider bestimmt nicht vordringen können. Was euch bevorstehen wird, ist wahrscheinlich ein Einmarsch der Russen.«

Verstört blickte meine Mutter ihn an, und er nahm sie liebevoll in seine Arme. »Ihr werdet hier bald fortmüssen, liebe Anna! Es ist besser, wenn ich es dir jetzt schon sage, dann trifft es dich wenigstens nicht unvorbereitet.«

Mutter schwankte. »Ja, um Himmels willen. Wo sollen wir denn hin?«

Ernst erwiderte er. »Ich hoffe, dass man zur rechten Zeit dafür Sorge tragen wird!«

Beide schwiegen einige Momente.

»Und wenn wir nach Haslau im Sudetenland gehen?«, sagte Mutter da auf einmal wie zu sich selbst. »Der Heimatort von Jan Seidl!«, erklärte sie, als Vater sie erstaunt ansah. »Meinst du, das ist westlich genug?«

Mein Vater stellte noch ein paar Fragen, dann nickte er. »Das könnte tatsächlich die Lösung sein.«

Meine Mutter atmete auf. »Es ist ja bestimmt nur vorübergehend«, versuchte sie sich selbst Mut zu machen. Aber da schüttelte mein Vater bedauernd den Kopf.

»Anna, wenn ihr hier einmal raus müsst, wird es ein Abschied für immer sein. Da brauchst du dich keinen Illusionen hinzugeben. Andererseits sehe ich gar keine andere Möglichkeit, als dass ihr zu diesem Jan Seidl geht. Gib mir in jedem Fall gleich die Adresse, damit ich nicht vergesse, sie aufzuschreiben. Dann weiß ich zumindest, wo ich euch finde, falls ich dieses heillose Schlamassel überlebe.«

Mutti brach in Tränen aus. Schluchzend sagte sie: »Ich lasse dich nicht dorthin zurückgehen, Günther! Du musst hierbleiben!«

»Ist es dir lieber, wenn man mich als Fahnenflüchtigen erschießt?«, fragte er mit nachsichtigem Lächeln. »Sei vernünftig, Anna, wir müssen jetzt da durch, ob es uns gefällt oder nicht. Und wenn Gott es will, werden wir eines Tages wieder gesund beisammen sein – wo auch immer das sein wird. Wenn ich weiß, wo ihr euch aufhaltet, ist alles halb so schwer für mich!«

Erschüttert fragte sie: »Was macht dich so sicher, dass du uns nicht einfach hier finden wirst, da, wo wir hingehören?«

»Liebe Anna, ich weiß nun einmal, mit welcher Geschwindigkeit die russischen Panzer vorwärts rollen!«

Als Vater wieder zurück an die Front musste, ahnte ich nicht, wie lange es dauern würde, bis ich ihn wiedersehen würde.

6

Es war schon Winter geworden, als Annelies eines Tages eine schriftliche Aufforderung der Behörden erhielt, sich in der am Ort befindlichen Munitionsfabrik zu melden.

Als sie wiederkam, war sie verpflichtet worden, dort für Volk und Vaterland zu arbeiten. Auch unser gesamtes Personal wurde uns entzogen – Volk und Vaterland, sprich: die Munitionsfabrik, benötigten auch sie.

So stand Mutti ganz allein mit den Weihnachtsvorbereitungen da – etwas, was sie noch nie gemacht hatte. Mit einer großen Schürze ausgestattet, hantierte sie in der großen Küche. Annelies saß nun abends viel mit ihr zusammen und blätterte in Kochbüchern. Und was niemand für möglich gehalten hätte: Es war Annelies, die sich nach der schweren Arbeit in der Fabrik dann auch noch vorbildlich um den Haushalt kümmerte.

Weihnachten 1943 ohne Vati und Horst und unter all diesen Begleitumständen, das war eine traurige und trostlose Angelegenheit. Feststimmung wollte auf diese Weise natürlich nicht aufkommen.

Aber dafür kam Ende Januar Jan Seidl für drei Wochen auf Urlaub. Als guter Gastronom übernahm er sofort die Arbeiten in der Küche und begeisterte mit seinen Kochkenntnissen die ganze Familie. Christine allerdings hätte er auch angebranntes

Essen vorsetzen können, bestimmt hätte sie nichts davon gemerkt. Sie war im siebten Himmel.

Das galt umgekehrt aber auch für Jan. »Am liebsten würde ich meine Christine heiraten, noch bevor ich wieder an die Front muss«, sagte er schon am zweiten Abend.

»Aber das geht doch nicht so rasch«, wandte Mutter ein.

Aber Jan ließ sich nicht entmutigen. »Ich werde mich morgen bei den zuständigen Behörden erkundigen. Vielleicht kann man doch etwas machen!«

Jans plötzliche Eile hatte ihren Grund: Die Wiedersehensfreude hatte die beiden Liebenden überwältigt, und jetzt machte Jan sich Sorgen, dass die glückliche gemeinsame Nacht Folgen haben könnte. Bereits am nächsten Tag leitete er alles Nötige ein. Aber so schnell, wie er das gehofft hatte, ging es dann eben doch nicht, und so konnten sie nur abwarten und hoffen. Man vertröstete ihn, dass im Notfall eine Ferntrauung vorgenommen werden könnte. Davon wollte Christine allerdings nichts wissen.

»Es wird schon nichts geschehen sein«, tröstete sie ihren Verlobten. Aber es blieb eben nicht bei dieser einen glücklichen Nacht. Die drei Wochen vergingen für die beiden wie ein einziger Liebestraum. Jedoch die Heiratspapiere kamen nicht rechtzeitig.

Am letzten Tag seines Aufenthaltes bat Jan mich um eine Unterhaltung unter vier Augen.

»Bitte pass auf Christine auf!«, bat er mich.

In seiner Stimme lag so viel verzweifelte Sorge, dass ich ihn fragte: »Was hast du denn nur? Böse

Vorahnungen? Du kommst schon zurück, glaub mir. Einer wie du schlägt sich überall durch.«

Jan stöhnte auf. »Um mich geht es doch gar nicht, Elfi. Es ist Christine, um die ich Angst habe. Es besteht nämlich die Möglichkeit, dass ihr eure Heimat verlassen müsst!«

Ich unterbrach ihn, indem ich von meinem Kinn einen unsichtbaren Bart wegzog und meinte: »Mensch, Jan, das hat doch schon so einen langen Bart, ich weiß schon länger darüber Bescheid als du ahnst.«

Der Verlobte meiner Schwester machte große Augen. »Ja, hast du denn gar keine Angst?«, fragte er.

»Doch, schon«, gab ich zu. »Mutti, Vati und Ajax darf nichts passieren. Na, und meinen Geschwistern natürlich auch nicht«, fügte ich schnell noch hinzu. »Aber ansonsten ist mir so ziemlich alles egal.«

»Ja, und euer Wohlstand und euer Gut?«, fragte Jan.

»Pff, der ganze Tinnef ist mir egal, so was kann man ersetzen«, sprach ich ein großes Wort viel gelassener aus, als ich die Sache in Wirklichkeit sah, und ohne zu ahnen, was für einen Respekt der heimliche Kommunist Jan Seidl auf einmal vor mir bekommen hatte.

Jetzt riskierte er ein schwaches Lächeln. »Ich habe Angst gehabt, du würdest in Panik geraten, aber du machst es mir wirklich leicht.«

»Wieso, hast du mich vielleicht für 'ne Memme gehalten?«, tat ich tapferer, als ich war. »Es genügt mir schon, dass meine Geschwister so verweichlicht sind!«

»Das kannst du von Christine nicht behaupten, Elfi!«

»Na ja …« Ich sah ein, dass es viel verlangt war, dass ein bis über beide Ohren Verliebter irgendwelcher Kritik am Objekt seiner Gefühle zustimmen sollte. »Zarter in ihrem ganzen Denken und Handeln ist sie schon als ich«, milderte ich die Sache ab.

»Gott sei Dank«, rutschte es Jan heraus. »Du bist mir viel zu burschikos.«

Ich lachte auf. »Mich sollst du ja auch nicht heiraten, im Übrigen wärst du gar nicht mein Typ. Ich habe eine andere Vorstellung von meinem Traummann!«

Jetzt war es Jan, der lachen musste. »So, so, spukt in deinem Köpfchen also auch schon die Vorstellung eines Traummannes umher?«

»Na sicher doch, darf doch sein, oder?«

»Schon … aber du hast ja noch Zeit damit.«

»Ach Jan, das geht manchmal schneller, als man denkt«, sagte ich altklug. »Schließlich bin ich im November bereits 15 geworden.«

»Was? So alt bist du schon?«, scherzte Jan. »Na, dann wird es wirklich Zeit, dass du dich nach einem Mann umsiehst. Sonst bleibst du womöglich noch übrig.«

»Wäre auch kein Weltuntergang, solange es nur Pferde gibt. Die sind treu.«

Dieser schnodderige Umgangston war bei Gesprächen zwischen Jan und mir ganz normal. Nun wurde er aber schlagartig wieder ernst.

»Aber nun Spaß beiseite – ich habe noch andere Sorgen um Christine«, gestand er zögernd. »Ich weiß aber nicht, ob ich mit dir darüber schon reden kann.«

»Na los, spuck's schon aus«, ermunterte ich ihn.

Leise sagte er: »Weißt du, es besteht die Möglichkeit, dass Christine ein Kind bekommt.«

»Quatsch!«, rief ich mit der vollen Überzeugung der Unbedarften aus. »Das ist doch nicht möglich. Ihr seid doch noch gar nicht verheiratet.«

Jan lächelte traurig. »Dazu braucht man nicht verheiratet zu sein, Elfi.« Er stützte seinen Kopf so verzweifelt auf, dass ich diese neue Information sofort als Wahrheit akzeptierte.

»Jetzt hab dich nicht so dämlich, sag mir lieber, was ich tun kann, damit du nicht so verzweifelt bist!«

»Falls es geschehen sollte, wenn ihr also fliehen müsst«, meinte er, »dann fahrt zu meiner Schwester nach Haslau in den Sudetengau. Es liegt etwa sieben Kilometer von Franzensbad entfernt. Dort seid ihr zunächst sicher. Meine Schwester weiß Bescheid über Christine und mich. Sie erwartet euch, wenn es so weit ist.«

Ich beobachtete Christine in diesen bitterkalten Januar- und Februartagen ganz genau, vor allem ihren Bauch. Obwohl ich damals noch so unschuldig war, dass ich mich mit meinem Unwissen vor Jan Seidl blamiert hatte, wusste ich doch: Eine Frau, die ein Kind bekam, deren Bauch wurde dick. Aber an Christines war keine Veränderung zu sehen. Stattdessen erhob sie sich eines Morgens leichenblass vor Übelkeit vom Frühstückstisch und rannte hinaus. Ich dachte, meine Schwester hätte etwas Unrechtes gegessen. Es ging ihr auch rasch wieder gut und sie ging sogar zur Arbeit. Aber da sich dies nun fast jeden Morgen wiederholte, erkannte Mutti wenigstens, was geschehen sein musste. Was sie mit Christine daraufhin beredete, weiß ich nicht.

Einige Tage darauf sagte sie beim gemeinsamen Frühstück: »Ich würde euch bitten, mit Christine in der nächsten Zeit besonders rücksichtsvoll umzugehen, denn sie bekommt ein Baby!«

Ich sprang so aufgeregt auf, dass der Stuhl hinter mir umfiel. »Weiß Jan schon Bescheid?«

»Woher denn?«, schluchzte Christine. »Ich habe seit acht Tagen keine Nachricht mehr von ihm.«

Annelies weinte jetzt ebenfalls still vor sich hin.

»Warum heulst du denn jetzt?«, fuhr ich Annelies gereizt an. Dass mir Christines Schwangerschaft entgangen war, obwohl ich auf sie aufgepasst hatte wie ein Schießhund, hatte mich ziemlich aus der Fassung gebracht.

»Bitte, Elfi, könntest du dich nicht etwas manierlicher ausdrücken«, mahnte Mutti. »Annelies trauert immerhin noch um Hans, und die Munitionsfabrik zehrt an ihren Nerven!«

Ich sah ein, dass ich ungerecht gewesen war. »Entschuldige bitte, Mutti, aber diese ewige Heulerei hier ist doch einfach nicht auszuhalten«, sagte ich, aber in versöhnlichem Ton. »Annelies, lass dir doch von Doktor Kubtschak ein Attest geben, dass du der Arbeit in der Munitionsfabrik nicht gewachsen bist. Gegen ein ärztliches Attest kommen auch diese Ausbeuter nicht an!« Doktor Kubtschak war unser Hausarzt.

Annelies lachte schrill und unnatürlich auf. »Ach, Elfi, du hast ja wirklich keine Ahnung. Wir haben in der Fabrik unseren eigenen Betriebsarzt. Der hat mich schon untersucht und er findet, dass ich zwar zierlich, aber vollkommen gesund bin. Ein Attest von unserem Hausarzt würden die überhaupt nicht zu Kenntnis nehmen! Noch dazu von einem polnischen Arzt!«

»Na, dann sei immerhin froh, dass du gesund bist«, konterte ich, denn das letzte Wort wollte ich ihr doch nicht lassen. »Das ist ja besser als nichts, oder?«

7

So kurz nach Jans Urlaub war natürlich nicht daran zu denken, dass er schon wieder herkommen durfte, also willigte Christine wohl oder übel doch in eine Ferntrauung ein. Ein bisschen traurig war sie darüber schon, denn was war das für eine Hochzeit, wenn sie ohne Jan an ihrer Seite getraut werden würde? Ein Trost für sie war, dass Jan zur gleichen Zeit nahe der Front ebenfalls sein Jawort geben würde.

Von ihrer Seite aus war alles erledigt, und dann hieß es warten auf den Termin, den ihr die Behörden nach Regelung aller Formalitäten mitteilen wollten.

Endlich, an einem schönen Frühlingsmorgen, erhielt sie die Nachricht, dass am 5. Mai um 9 Uhr die Ferntrauung vorgenommen werden sollte.

Am 1. Mai kam ein Telegramm. Christine öffnete es hastig und voll freudiger Erwartung, denn sie dachte, Jan hätte vielleicht doch noch kurzfristig Urlaub bekommen. Als sie es gelesen hatte, brach sie lautlos zusammen.

Wir betteten sie auf die nahestehende Chaiselongue im roten Salon, dann hob ich das Telegramm vom Boden auf und las es. Woher ich die Kraft nahm, der gerade wieder zu sich kommenden Christine nun fröhlich ins Gesicht zu lachen, wusste ich nicht.

»Wenn Jan vermisst ist, dann bedeutet das, dass er in Sicherheit ist«, behauptete ich. »Der ist ein Tausendsassa, der ist nicht tot.«

»Meinst du?«, fragte Christine unsicher, aber schon wieder mit etwas Hoffnung in der Stimme.

»Er kommt wieder«, behauptete ich. »Schließlich weiß er doch, dass er ein Kind bekommt.«

»Du bist ein Kindskopf, Elfi!« Aber sogar Mutter riskierte jetzt ein Lächeln. »Christine bekommt doch das Baby!«

»Ja schon, aber er auch«, blieb ich hartnäckig. »Er wird Vater! Und das ist ein guter Grund, am Leben zu bleiben, oder etwa nicht?«

Der Sommer rückte näher, aber Mutti machte keine Anstalten, unsere alljährliche Übersiedlung nach Potporowo vorzubereiten. Als ich sie eines Morgens danach fragte, meinte sie: »Es ist für euch doch bequemer, wenn wir im Ort bleiben, weil ihr es hier näher zu euren Arbeitsstellen habt. Das gilt vor allem für Christine.«

Eigentlich war das einzusehen, obwohl es mir nicht gefiel, denn ich hatte mich schon wochenlang auf das Wiedersehen mit Ajax gefreut. Deshalb konnte ich gar nicht schnell genug eine Möglichkeit finden, auf Potporowo selbst nach dem Rechten zu sehen.

Das ließ sich am einfachsten mithilfe von Onkel Herbert bewerkstelligen, der mir noch nie einen Wunsch hatte abschlagen können. Ich fragte ihn, ob er am Wochenende zusammen mit mir nach Potporowo fahren wolle, und er war damit einverstanden.

Als wir am Gutshof das Auto abstellten, rannte ich sofort zu den Stallungen und riss die Stalltür auf. Er war leer.

»Ajax!«

Mein Schrei muss markerschütternd gewesen sein, denn auf einmal stand Janek vor mir.

»Janek, wo ist Ajax?« Ich zitterte am ganzen Körper.

»Soldaten haben Ajax weggeholt, Comtesschen.«

Ich schrie und trommelte auf Janeks Brust. »Nein, du lügst!« Tränen liefen über mein Gesicht, ich konnte es nicht verhindern. Dann zog mich jemand behutsam von dem Pferdeknecht weg und nahm mich in den Arm – Onkel Herbert.

Betroffen sah ich erst jetzt Janek richtig an.

»Janek, warum weinst du?«

»Comtesschen sein so unglücklich, da muss ich weinen!«

Beschämt senkte ich den Blick.

»So beruhige dich doch, Kind«, versuchte der Onkel mich zu trösten. »Der Krieg wird bald zu Ende sein. Warum sollte dein Ajax ihn dann nicht überleben?«

Hart lachte ich auf. »Du glaubst doch nicht im Ernst, dass die mein Pferd zurückbringen«, stieß ich zornig hervor. »Für die sind doch sogar Menschenleben nicht mehr wert als Dreck. Kanonenfutter sind sie, mehr nicht! Schau dir an, was mit Hans geschehen ist! Und mit Jan! Was bedeutet dann schon ein Pferd! Wer weiß, ob Ajax überhaupt noch am Leben ist! Wäre ich nur da gewesen, als sie ihn geholt haben. Mit eigenen Händen hätte ich sie umgebracht!«

»Elfi«, rief Onkel Herbert erschrocken. »Die Soldaten, die deinen Ajax abgeholt haben, haben nur einen Befehl ausgeführt. Mit Sicherheit leiden sie unter diesem Krieg mehr als du. Was ich in der Praxis oft zu hören bekomme, das kannst du dir gar nicht vorstellen. Immer wieder kann ich mich nur wundern, was Menschen alles ertragen können.«

Ich begriff, dass er recht hatte. Niemand hatte diese Soldaten nach ihrer Meinung gefragt. Wenn sie nicht gehorchten, war das Befehlsverweigerung, und das wurde streng bestraft. Plötzlich hatte ich niemanden mehr, auf den ich meine ohnmächtige Wut richten konnte.

»Verzeih mir, Janek«, sagte ich zu dem verblüfften Pferdeknecht. »Ich habe die Beherrschung verloren, aber das wird nie wieder vorkommen.« Zum Abschied reichte ich ihm die Hand. Dann ging ich zu Onkel Herberts Auto und wartete geduldig, bis er zu mir herankam.

»Willst du wirklich auf der Stelle heimfahren?«, erkundigte sich der Onkel. »Willst du dich nicht doch noch ein wenig am Gut umsehen? Jetzt, wo alles noch grün und frisch ist und die Sommerhitze erst noch bevorsteht, ist es hier doch besonders schön.«

Ich schüttelte den Kopf. »Sei mir bitte nicht böse, Onkel Herbert«, bat ich. »Aber ich habe jetzt keinen Sinn für Naturschönheiten, ich muss erst einmal mit dem Gedanken fertigwerden, dass man meinen Ajax erschießt!«

Es war eine schweigsame Fahrt, denn mir war nicht zum Sprechen zumute und ich kämpfte ständig mit den Tränen. Onkel Herbert bemerkte es und sagte: »Wein dich nur aus, Kind, das erleichtert.«

»Aber Onkel Herbert«, tat ich erstaunt. »Man zeigt doch keine Gefühle, so etwas macht man nur in seinen vier Wänden, wenn es niemand sieht. Noblesse oblige, lieber Onkel, vergiss nie deine gute Erziehung. Aber ich sage dir, manchmal pfeife ich auf die gute Erziehung und möchte meine Gefühle laut herausschreien. Ich sehe es Janek an, dass wenn er in der Wut seine ordinären Sprüche und Flüche losgelassen hat, er sich danach wohler fühlt.« Wild und ungestüm, wie es zu mir passte, schluchzte ich auf.

Geduldig hatte Onkel Herbert mir zugehört. »Ich verstehe dich gut, Kleine!«, gab er zu. »Auch ich knirsche manchmal mit den Zähnen, etwa wenn jüdische Patienten von den Vertrauensärzten als Menschen letzter Klasse behandelt werden. Erst letztens wäre mir ein junger Mann fast unter den Händen an einer Blinddarmoperation weggestorben, weil er seine Beschneidung verbergen wollte. Aber weil ich nie gegen das Regime meutere, kann ich vielen Juden helfen. Ich habe aber großes Glück, dass man mich noch nie ertappt hat, sonst wäre es mit meiner Praxis am Ende. Ich darf dir das alles eigentlich gar nicht erzählen, Elfi, aber vielleicht tröstet es dich ein wenig!«

Es half mir tatsächlich. »Ich danke dir für dein großes Vertrauen, Onkel Herbert!«, sagte ich. »Das hast du nicht umsonst erzählt. Es hat mir geholfen, und ich werde schweigen!«

Onkel Herbert kam mit mir noch ins Haus, um ein paar Worte mit meiner Mutter zu wechseln, und wurde von ihr sofort zu einem Kaffee eingeladen.

»Na, wie hat Elfi es verkraftet, dass ihr Ajax in den Krieg ziehen musste?«, fragte ihn meine Mutter.

»Wusstest du denn Bescheid, Anna?«

»Ja, Herbert, ich wusste es«, gestand sie. »Ich war nur zu feige, es Elfi zu sagen.«

»Wenn du es wenigstens mir gesagt hättest«, brummte er vorwurfsvoll.

»Gerade dir!«, rief sie aus. »Weißt du denn nicht, wie feinfühlig Elfi ist? Und du kannst dich sowieso nicht verstellen. Sie hätte dir sofort angesehen, dass irgendetwas nicht in Ordnung ist. Und das hätte sie dir nie verziehen.«

»Glaubst du denn, dass sie dir verzeiht, Anna?«

»Wieso? Ich stelle mich einfach dumm. Ich hoffe sehr, dass du mich nicht verraten wirst, Herbert!«

Mein Eintreten unterbrach das Gespräch.

»Mutti, Ajax ist von den Soldaten weggeholt worden«, berichtete ich im Plauderton. »Jetzt sind nur noch die Zugpferde am Gut. Aber du kannst beruhigt sein, Janek hat alles im Griff. Darf ich mit euch Kaffee trinken?«

Ich gab mich eiskalt und wollte auf keinen Fall Gefühle zeigen, wusste ich doch, dass Mutter das nicht mochte.

Erstaunt sah Mutter ihren Schwager an.

»Was hörst du von Günther, Anna?«, fragte Onkel Herbert, um das Thema zu wechseln.

»Kämpft für Großdeutschland, was denn sonst?«, warf ich spöttisch dazwischen. »Und hier der weitere

Frontbericht: Von Horst haben wir seit Wochen keine Nachricht mehr. Jan ist vermisst, Christine bekommt ein Kind und Annelies hat total zerschundene Hände von der Arbeit in der Munitionsfabrik, aber so ist sie wenigstens zu beschäftigt, um weiter um Hans zu trauern. Alles für Großdeutschland und den Scheiß-Führer!« Meine Stimme wurde immer lauter, während ich sprach. Ich sprang auf, rannte hinaus und schlug die Tür hinter mir zu. Dann riss ich sie gleich wieder auf. »Verzeih, liebste Mutti, das Wort Scheiße ist dir vielleicht zu gewöhnlich, aber es gefällt mir in letzter Zeit immer mehr.«

Mutti holte tief Luft, als wollte sie etwas sagen, aber Herbert legte seine Hand beruhigend auf ihre Schulter.

»Lass sie«, hörte ich ihn im Hinausgehen noch sagen. »Sie muss mit diesem großen Kummer erst einmal fertigwerden.«

Wie üblich, wenn mir das Herz wehtat, lief ich zu meiner Freundin Inge. Als ich in deren ärmliche Behausung eintrat, fand ich sie und ihre Mutter schier aufgelöst vor Schmerz, denn sie hatten gerade die Nachricht erhalten, dass Inges Vater gefallen war. Zum ersten Mal musste ich trösten, wo ich eigentlich selber getröstet werden wollte. Es gelang mir, darüber meinen eigenen Schmerz zu vergessen.

Ab dem Sommer in diesem Jahr, 1944, fingen die Ereignisse an, sich zu überschlagen. Der Flüchtlingsstrom aus dem Osten wurde immer stärker. Alle Männer bis sechzig wurden, sofern sie gerade noch eine Waffe in der Hand halten konnten, zum

Volkssturm eingezogen. Alle Schulen wurden zu Lazaretten umfunktioniert.

Drei Monate später wurde ich auf einem Lazarettschiff dienstverpflichtet, welches auf der Warthe lag. Ich erlebte unglaubliche Schicksale mit und kam Abend für Abend deprimiert von all diesem Elend nach Hause. Ich war erst 15, aber nach Jugendschutz fragte damals natürlich niemand. Die Lage war ja bereits verzweifelt. Totaler Kriegseinsatz war erklärt worden, und jeder musste sein Letztes geben.

Onkel Herbert rannte den Behörden die Türen ein, weil er mich ja auch dringend in der Praxis benötigt hätte, aber gleichzeitig natürlich auch, um mich von der enormen Belastung dieser Arbeit zu befreien. Er blieb erfolglos.

In der Nacht zum 4. Oktober setzten bei Christine die Geburtswehen ein, und am 5. Oktober um 10 Uhr gebar sie einen gesunden Sohn, Peter – oder Peterle, wie wir uns rasch angewöhnten, ihn zu nennen. Kaum dass Christine wieder einigermaßen auf den Beinen war, wurde sie von der SA-Standarte schon wieder zum Dienst geholt. Mutter versorgte Peterle, während sie arbeitete. Das hatte sein Gutes, denn sie blühte dabei förmlich auf.

Das Weihnachtsfest rückte näher. Monatelang war keine Nachricht von Horst und Jan mehr gekommen, und auch Vater meldete sich nicht mehr. Aber eines Abends kurz vor Weihnachten kam Hauptmann Brittig zu Besuch. Er wirkte fahrig und nervös und bat Mutti um eine Unterredung.

»Sehr geehrte gnädige Frau«, begann er zögernd, »ich sehe es als meine Pflicht an, Sie darauf hinzuweisen, dass die Ostfront immer näher rückt. Es wäre das Beste, wenn Sie alsbald zu Ihren Verwandten in den Westen fahren würden!«

Aber Mutti schüttelte energisch den Kopf. Sie hatte seit Vaters Urlaub viele schlaflose Nächte wegen dieser Frage gehabt. Alles Mögliche war ihr dabei durch den Kopf gegangen: Was sollte aus dem Gut werden, wenn wir flohen? Wie schlimm konnte es kommen, wenn wir hier blieben? Wir hatten schließlich niemandem etwas getan. Und bestand überhaupt irgendeine Gefahr, dass der Feind hierher kommen würde? Fast schon verzweifelt klammerte sie sich an die Propagandalügen, nach denen kein Grund zur Sorge bestehen sollte.

Hauptmann Brittig wurde aschfahl.

»Eigentlich wollte ich Ihnen die gräulichen Geschichten, die ich mit eigenen Augen gesehen und erlebt habe, nicht erzählen«, sagte er erregt. »Aber Sie zwingen mich dazu. Wollen Sie, dass man Ihre Töchter vergewaltigt?«

Ungläubig betrachtete Mutti ihn. »Jetzt übertreiben Sie wohl etwas, lieber Hauptmann.«

»Wollen Sie mir unterstellen, dass ich die Unwahrheit sage?«, erwiderte er fast grob. »Das Gegenteil ist der Fall. Ich habe sogar noch untertrieben, um Ihnen die grausamen Einzelheiten zu ersparen! Mädchen, jünger als Elfi, habe ich verbluten sehen, nachdem mehrere Russen über sie hergefallen waren. Was die Russen auch noch gerne tun, sie binden deutsche Mädchen, nachdem sie sie missbraucht haben, nackt auf einen Panzer und fahren so in die deutschen Stellungen. Welcher deutsche

Soldat, glauben Sie, würde seine vom Feind so gefürchtete Panzerfaust auf so einen Panzer richten?«

»Hören Sie auf«, Mutti hielt sich entsetzt beide Ohren zu. »Das kann man ja nicht mitanhören! Ich bitte Sie um Entschuldigung, Hauptmann Brittig. Ich glaube Ihnen und danke Ihnen für die Information. Ich werde alles Nötige veranlassen, dass wir alsbald abreisen können.«

»Was heißt bald?«, blieb der Hauptmann hartnäckig. »Heute ist es besser als morgen.«

»Wir wollen wenigstens das Weihnachtsfest noch zu Hause feiern.«

»Nein!«, schrie der Hauptmann auf. »Das ist zu spät.«

In diesem Moment kam ich herein. Ich war gerade erst nach Hause gekommen und hatte die lauten Stimmen gehört.

»Ihr müsst hier so schnell wie möglich raus!«, rief er mir entgegen.

»Ist es so weit?«, fragte ich ruhig.

Ernst sah der Hauptmann mich an. »Ja, Comtess, es ist so weit.«

Erschrocken sprang Mutter auf. »Um Gottes willen, weiß Elfi etwa Bescheid über diese schrecklichen Dinge?«

»Ach, Mutti!«, rief ich aus. »Glaubst du denn, ich lebe auf dem Mond? Dass dieser Tag kommen würde, wusste ich schon lange. Wir müssen dafür Sorge tragen, dass Christine mit ihrem Peterle zuerst hier rauskommt, und zwar zusammen mit dir. Annelies und ich sind doch widerstandsfähiger, wir schlagen uns schon durch.«

Hauptmann Brittig gab mir einen Wink, und wir gingen hinaus.

»Elfi«, begann der Hauptmann. »Ich habe Kurzurlaub und werde morgen noch einmal wiederkommen. Dann werde ich Ihnen genauestens Bescheid geben, wie wir das Unheil am besten bewältigen und vor allem, wie viel Zeit uns noch bleibt.«

Er verabschiedete sich, aber am nächsten Tag warteten wir vergeblich auf ihn. Man hatte ihn kurzfristig aus dem Urlaub geholt und wieder an die Front geschickt.

Einen Tag später wurde eine Sondermeldung im Radio bekannt gegeben: »Der Reichsgau Wartheland ist sicher. Die russischen Truppen wurden erfolgreich zurückgeschlagen. Wir werden siegen.« Und so weiter. Propaganda, die ich längst nicht mehr glaubte. Aber Mutti war guten Mutes und feierte das Weihnachtsfest sorglos, wenn auch in aller Bescheidenheit, zu Hause.

8

In der Nacht zum 21. Januar 1945 wurden wir durch lautes Gepolter am Portal geweckt. Drei SS-Männer stürmten in die Villa und forderten uns auf, uns zum Bahnhof zu begeben.

»Die Russen sind durchgebrochen«, lautete die Erklärung. »Sie werden aus Sicherheitsgründen alle evakuiert. Aber in einigen Stunden können Sie schon wieder zurück, Sie brauchen also nichts mitzunehmen. Der Führer hat neue Verstärkung versprochen. Schnell jetzt! Sie da, und Sie da« – er deutete auf mich und Christine, die Peterle im Arm hatte – »Sie fahren mit uns zum Marktplatz. Die anderen müssen leider zu Fuß zum Bahnhof gehen.« Sie ließen mir nicht einmal mehr Zeit, mich anzuziehen.

Wir hätten schon längst fort sein können. Dass seit Wochen fertig gepackte Koffer ständig für den Notfall bereitstanden, das wenigstens hatte ich bei Mutter durchgesetzt. Aber ansonsten biss ich bei ihr auf Granit, wenn es darum ging, uns endlich nach Haslau aufzumachen, bevor es zu spät war. Die Radiopropaganda, die immer behauptet hatte, bis hierher würden die Russen nicht kommen, war mir auch keine Hilfe gewesen.

Und nun war es zu spät, wie es schien.

Rasch zog ich einen Mantel über das Nachthemd, schlüpfte in ein Paar warme Stiefel, ergriff meinen Koffer, und los ging es. Christine hielt ihr Peterle fest in den Armen. Er war unruhig, da er es nicht gewohnt war, um diese Zeit aus dem Schlaf gerissen zu werden.

Am Marktplatz wimmelte es nur so von Menschen, und wie viele von ihnen auf einem einzigen Lastwagen untergebracht werden konnten, darüber konnte ich mich nur wundern. Sämtliches Gepäck wurde aber unter Protest der Eigentümer hinuntergeworfen, um noch mehr Menschen mitnehmen zu können. Christine und ich waren scheinbar nicht die einzigen, die trotz der Propaganda gewusst hatten, dass uns früher oder später nichts anderes mehr übrigbleiben würde, als vor den Russen zu fliehen.

Eng zusammengekauert saßen Christine und ich auf dem Lastwagen, und ich fühlte, wie meine Schwester vor Kälte zitterte. Mit beiden Fäusten trommelte ich gegen das Führerhaus, in dem ein Feldwebel und ein Leutnant saßen.

»Was ist los da oben, warum machen Sie so einen Lärm?«, rief der Leutnant barsch von drinnen.

Genau so grob rief ich von draußen zurück: »Meine Schwester erfriert hier oben mit ihrem kleinen Sohn. Rücken Sie ein wenig zusammen, dann haben die beiden in der Kabine auch noch Platz!«

Erstaunlicherweise hielt der Laster an, und die beiden ließen Christine mit dem Baby tatsächlich zu sich einsteigen. Dann fuhren wir weiter, aus der Stadt heraus und dann immer weiter Richtung Westen. Aber nur einige Kilometer, dann ging es nicht mehr weiter, denn es hatte sich ein hoffnungsloser Stau von Wehrmachtsfahrzeugen, die ostwärts wollten, und Flüchtlingen, die westwärts gebracht werden sollten, zusammengeballt. Offiziere versuchten, das Autoknäuel zu entwirren.

Das feindliche Kanonengedannere klang nun so bedrohlich nahe, dass man meinen konnte, selber unter Beschuss zu stehen, und ich begrub meine Hoffnung, dass wir, wie versprochen, im Laufe des Tages wieder in unsere Wohnung zurückkehren würden. Dabei hatten wir nichts, aber auch gar nichts mitnehmen können, weder Geld noch Papiere, geschweige denn Kleidung. Wenn wir nur unsere Koffer noch gehabt hätten! Ich dachte an Mutti und Annelies und hoffte, dass sie nicht den Russen in die Hände gefallen waren.

Aus einer Seitenstraße kam ein Lastwagen mit verwundeten Soldaten. Eng zusammengepfercht lagen sie da. Ihre Schmerzensschreie übertönten sogar das Getöse der laufenden Motoren.

Nach Stunden erreichten wir ein großes Sammellager des Roten Kreuzes in der Nähe eines Bahnhofs, von dem ich bis heute nicht weiß, zu welcher Stadt er eigentlich gehörte. Irgendein Ort westlich von Birnbaum, denn in Richtung Westen waren wir ja gefahren. Alle mussten schleunigst den Lastwagen verlassen, der gleich wieder zurückfuhr, um noch mehr Flüchtlinge aus dem Kampfgebiet zu holen.

Meine Ahnung hatte mich nicht getrogen: Nun war auf einmal keine Rede mehr davon, dass wir bald wieder zurückgebracht werden sollten. Im Gegenteil, weitertransportieren wollte man uns von diesem Bahnhof aus. Die Evakuierung meiner Heimatstadt hatte wohl zu schnell gehen müssen, um alle Einwohner von dort aus mit dem Zug fortzubringen.

Im Sammellager gab es warmen Tee für die Erwachsenen und Nahrung für die Säuglinge. Ich erkannte einige meiner früheren Klassenkameradinnen, die auf dem Boden saßen, manche hatten ein paar wenige Habseligkeiten bei sich. Die meisten weinten. Dann fiel mein Blick auf meine Freundin Inge, die mit ihrer Frau Mama, bescheiden wie immer, in der Ecke auf eine Tasse warmen Tee wartete. Wir fielen uns in die Arme. Rasch schrieb ich ihr Jan Seidls Adresse auf, Papier und Stift hatte ich von einer Rotkreuzhelferin bekommen.

»Über diese Anschrift können wir uns wiederfinden. Heb sie gut auf.« Inge schob die Anschrift in ihr Täschchen.

Durch den Lautsprecher wurde bekanntgegeben, dass ein Sonderzug nach Berlin eingesetzt werde, der in cirka einer Stunde eintreffen würde. Säuglingen mit ihren Müttern solle man den Vortritt gewähren. Alles setzte sich sofort in Richtung Bahnsteig in Bewegung.

»Bitte bewahren Sie Ruhe, falls Sie mit diesem Zug nicht mitkommen«, versuchte die Stimme aus dem Lautsprecher die aufgeregte Menschenmasse zu beruhigen. »Sofort nach diesem Zug wird ein neuer eingesetzt werden. Niemand wird zurückgelassen.«

Als der Zug endlich einfuhr, stürmten die Menschen wie eine wilde Horde auf den Zug zu und rannten dabei rücksichtslos alles über den Haufen, was sich ihnen in den Weg stellte. Es ging so rasend schnell, dass wir nicht einmal in die Nähe des Zugs gelangt waren, als er sich schon in Bewegung setzte. Bis zum Bersten war er mit Menschen vollgestopft. Sogar auf den Dächern der Waggons saßen etliche.

Christine weinte, als der Zug davonfuhr und wir zurückbleiben mussten. Aber immerhin war jetzt auf dem Bahnsteig wieder einigermaßen Platz. In den nächsten Zug, nahm ich mir vor, würden wir als Erste einsteigen. So zog ich Christine mit mir ganz nach vorne auf den Bahnsteig, bis knapp vor die Gleise.

Wieder ertönte die Stimme aus dem Lautsprecher. »Der Zug, der in den nächsten Minuten eintreffen sollte, fällt leider aus. Wir werden den nächsten Zug rechtzeitig ankündigen.« Meine Schwester brach wieder in Tränen aus.

»Sicher ist er bombardiert worden«, sagte eine alte Dame neben uns, als wäre dies das Normalste auf der Welt. Das brachte meine Schwester völlig um ihre Beherrschung. Sie beruhigte sich erst wieder, als erneut die Stimme des Bahnhofssprechers aus dem Lautsprecher erklang, der einen Zug für die nächste Stunde ankündigte.

Nach unserem Erlebnis wichen wir keinen Millimeter von unserem Platz ganz vorne am Bahnsteig. Schließlich fuhr der Zug ein, und wir hatten das Glück, dass direkt vor uns eine Abteiltür war, als er zum Stehen kam. Die Menschenmenge schob uns rücksichtslos in den Zug hinein, und schließlich standen wir in der Mitte eines Abteils, das so voll war, dass wir keinen Fuß mehr bewegen konnten.

Noch während wir am Bahnhof gewartet hatten, war die Morgendämmerung hereingebrochen, es wurde Tag, und damit zog eine neue Bedrohung herauf – im wörtlichen Sinne, denn nach kaum mehr als einer Stunde Fahrt gab es Fliegeralarm. Es gab eine Durchsage, und der Zug bremste. Unglücklicherweise hielt er genau an einem Bahnhof. Unglücklicherweise deshalb, weil Bahnhöfe besonders häufig bombardiert wurden. Kaum war der Zug zum Stehen gekommen, rannten die Menschen wie gejagt in alle Richtungen davon. Christine und ich lagen an einer Böschung, Christine hatte das Peterle mit ihrem Körper geschützt. Als das Getöse nach einer halben Stunde vorbei war und die Sirenen entwarnten, hörte man überall Menschen weinen und klagen.

Unserem gesunden Menschenverstand gehorchend, liefen wir von dem demolierten Zug weg zu einem Gleis, welches noch nicht beschädigt war. Anschließend wurden laufend Züge an- und wieder abgesagt. Nach schier endlos langem Warten in der Eiseskälte lief endlich wieder ein Zug ein. Wieder gab es das gleiche Gedrängel wie zuvor.

Ich weiß nicht mehr genau, wie oft wir während unserer ungefähr achttägigen Irrfahrt den Zug wechseln mussten und wie oft wir dabei die Richtung änderten. Der erste Zug war noch nach Berlin unterwegs gewesen, aber bald schien es völlig nebensächlich, wohin ein Zug fuhr, Hauptsache, weg!

Nach mehreren Tagen standen Christine und ich, alle beide völlig am Ende wegen des Schlafmangels, des Hungers und der Kälte, an einem Bahnsteig einer Stadt, deren Namen ich beim besten Willen nicht mehr sagen kann, wo aus dem Lautsprecher gerade ein Zug nach Leipzig angekündigt worden war. Mit diesem Zug, das wusste ich, würden wir in die Richtung unterwegs sein, in die wir eigentlich wollten. Denn von Leipzig aus gab es eine Verbindung nach Hof, und von dort aus konnten wir nach Haslau weiterfahren.

Kritisch ließ ich meinen Blick über die Menschenmenge gleiten, die sich auf dem Bahnsteig drängte. Auf den ersten Blick erkannte ich, dass es schwierig sein würde, in diesen Zug hineinzukommen, geschweige denn einen Sitzplatz für die vor Übermüdung schwankende Christine zu bekommen, damit sie sich endlich hinsetzen konnte. Wenigstens hatte sie noch ein Fläschchen Nahrung für den Kleinen vom Roten Kreuz bekommen. Ich hatte es unter mein Nachthemd gesteckt, um es warmzuhalten. Das einzige, was ich bei der albtraumartigen Flucht in wirklich dankbarer Erinnerung behalten habe, sind tatsächlich die gut organisierten Rotkreuzstationen, die es an jedem Bahnhof gab.

Nein, nahm ich mir vor. Diesmal sollte Christine nicht eine stundenlange Fahrt im Stehen, das Kind im Arm, ertragen müssen.

»Warte hier auf mich, egal was passiert! Geh auf gar keinen Fall, wirklich unter gar keinen Umständen hier weg, verstanden?«, schärfte ich meiner Schwester ein, dann zwängte ich mich aus dem Gedrängel heraus und rannte wie gejagt zu einem anderen, völlig menschenleeren Bahnsteig. Dort begann ich heftig zu winken und zu rufen.

»Christine, komm schnell!«, rief ich. »Was tust du denn dort drüben? Der Zug fährt doch hier ein!« Die Leute auf dem anderen Bahnsteig wurden sichtlich unruhig. Die ersten liefen los, und nachdem sich der Bahnsteig, auf dem ich stand, etwas gefüllt hatte, hatten es auf einmal alle eilig, zum anderen Bahnsteig zu kommen. Nur ich drängte mich in die Gegenrichtung durch, denn ich hatte mein Winken und Schreien sofort eingestellt, als ich den Zug einfahren sah, und wollte so rasch wie möglich wieder zurück zum richtigen Bahnsteig.

Bis die Menschenmenge am falschen Bahnsteig ihren Irrtum erkannte und wieder in Bewegung geriet, war ich schon fast wieder zurück und schaffte es, noch vor dem schlimmsten Ansturm in den Zug hineinzukommen. Was mich aber besonders zufrieden stimmte: Im Herankeuchen konnte ich dabei zusehen, wie Christine von dem halbleeren Bahnsteig aus in aller Ruhe in den Zug einstieg.

Christine bekam ihren Sitzplatz, und ich konnte sogar den Platz neben ihr noch ergattern. Während sich der Zug nach und nach füllte, wartete ich beklommen darauf, dass irgendjemand mich als diejenige erkennen würde, die alle auf das falsche Gleis gelockt hatte. Erst als der Zug schon seit einigen Minuten fuhr und immer noch niemand anklagend mit dem Finger auf mich zeigte, begann ich mich zu entspannen. Peterle hatte inzwischen jämmerlich zu schreien begonnen, und Christine gab ihm das Fläschchen, das er gierig bis zum letzten Tropfen austrank. Wir beide hatten ebenfalls großen Hunger. Ein Soldat, der sich uns gegenüber hingesetzt hatte, reichte uns ein Stück hartes Kommissbrot. Es war kaum zu glauben, wie gut uns das schmeckte, die wir doch bis vor wenigen Tagen immer nur das Beste auf den Tellern gehabt hatten.

Die Wärme und das monotone Geräusch des fahrenden Zuges zeigten bald bei uns Wirkung: Fast zur gleichen Zeit schliefen wir ein. Christine bemerkte gar nicht, dass Peterle ihren kraftlosen Armen entglitt, doch sein Fehlen ließ sie sofort hochschrecken. Aber der Soldat, der ihr gegenüber saß, hatte den Kleinen geistesgegenwärtig aufgefangen und gab ihn ihr nun mit einem Lächeln wieder zurück. Obwohl ja gar nichts passiert war, brach sie wieder in Tränen aus.

Plötzlich wurde die Abteiltür aufgerissen. Mehrere SS-Männer stürmten herein, nahmen Christine das Baby aus dem Arm, betrachteten es kurz und gaben es ihr dann wieder.

Im Nebenabteil hörten wir eine Frau jämmerlich aufschreien: »Mein Baby, bitte lassen Sie mir mein Baby, ich will es wenigstens selber beerdigen!« Einer der SS-Männer hatte den toten Säugling aus dem inzwischen wieder fahrenden Zug geworfen. Er hatte selber Tränen in den Augen, als er sagte: »Es muss sein, gute Frau, sonst kommen zu allem Unglück auch noch Seuchen hinzu!«

In Leipzig fuhr der Zug kurz nach einem Bombenangriff ein. Dementsprechend herrschte ein heilloses Durcheinander. Zwischen den Trümmern lagen und standen die Leichen, ein schauriger Anblick.

Verzweifelt suchten wir nach einer Rotkreuzstation, um für den Kleinen wieder neue Nahrung zu bekommen. Ich lauschte immer erst an jeder Tür, bevor ich sie öffnete, aber überall erlebten wir eine Enttäuschung. Überall hatten wir aber auch Menschen vorgefunden, die auf dem Boden lagen oder saßen. Plötzlich standen wir aber vor einer Tür, hinter der nichts zu hören war.

Ich gab Christine ein Zeichen, näher zu kommen. »Du Christine, da scheint niemand drin zu sein. Es ist totenstill.« Totenstill – hätte ich nur geahnt, wie recht ich damit hatte! Ich öffnete die Tür, und fast wäre ich umgefallen. Der Raum war voller Leichen. Man hatte sie wahrscheinlich nach dem Angriff gesammelt und buchstäblich aufgestapelt, um sie dann später in einem Massengrab beizusetzen. Wieder fing Christine zu weinen an, und diesmal weinte ich mit.

Gerade hatten wir uns ein wenig beruhigt, als durch den Lautsprecher eine Meldung zu hören war: Mit dem nächsten Zug würde eine weibliche Leiche gebracht. Verzweifelt brachen wir erneut in Tränen aus. Jetzt war ich es, die durchdrehte.

»Das ist Mutter, Christine. Du wirst sehen, das kann nur unsere schwache Mutter sein. Sie hat die Strapazen nicht verkraftet und ist gestorben.«

Wie war ich darauf nur gekommen? Wir hatten ja nach der mehrtägigen Irrfahrt keine Ahnung, wo Mutter sich aufhalten mochte. Aber es musste so überzeugend herausgekommen sein, dass Christine keinen Moment daran zweifelte, dass ich recht hatte. Beide standen wir am Bahnsteig, an dem der Zug mit der Toten eintreffen sollte, und weinten hemmungslos. Als der bewusste Zug eingetroffen war, rannten wir sofort zu einem Schaffner. Der erkundigte sich nach dem Namen unserer Mutter, und dann warteten wir eine halbe Ewigkeit, bis er kopfschüttelnd zu uns zurückkam.

»Wie seid ihr nur auf die Idee gekommen, dass es sich bei der Toten um eure Mutter handeln könnte?«, fragte er.

Wir sahen uns an. »Es war so ein Gefühl«, sagte ich.

»Seid wohl schon lange unterwegs und nicht mehr ganz klar im Kopf, was?« Er machte eine unmissverständliche Bewegung um seinen Kopf herum. Wie auf Kommando fingen wir beide zu lachen an.

Der nächste Zug, den wir nahmen, fuhr in Richtung Hof. Weil er noch etwas Aufenthalt hatte, rannte ich mit Peterles Fläschchen, das ich inzwischen besorgen konnte, zur Lokomotive und wärmte es an dem heißen Dampf. Inzwischen war es völlig erkaltet, und wir hätten wir es dem Kleinen so nicht zu trinken geben können. Ganz nah hielt ich das Fläschchen an den heißen Dampf, bis sich der Zug wieder in Bewegung setzte, und ich im letzten Moment aufsprang. Dass ich solche Kunststücke fertigbrachte, hatte ich Ajax zu verdanken. In der Eile hatte ich nicht einmal bemerkt, dass ich mir meine Hände verbrüht hatte, aber das machte mir nichts aus. Die Hauptsache war doch, dass der Kleine wieder ein warmes Fläschchen hatte.

Ich war darauf gefasst, diesmal auf einen Sitzplatz verzichten zu müssen, aber wundersamerweise war dieser Zug weniger überfüllt, und ich konnte mich neben meiner Schwester hinsetzen. Freudig hielt ich ihr das gewärmte Fläschchen hin, als aus dem

Gepäcknetz auf einmal ein zusammengerolltes, verschnürtes riesengroßes Etwas herunterrollte und geradewegs auf dem Baby landete. Christine schrie laut auf. Sie war wie gelähmt und völlig unfähig, das große Ding von dem Kleinen herunterzunehmen. Ein verwundeter Soldat, der uns gegenübersaß, rollte es weg. »Es ist federleicht«, beruhigte er uns.

Es war nur ein eingerolltes Federbett gewesen, und dem Kleinen war nichts passiert. Vor lauter Erleichterung fingen wir beide wieder zu weinen an. Dann plötzlich bäumte sich etwas in mir auf.

»Jetzt komm, Christine«, sagte ich. »Es ist ja noch einmal gut gegangen. Wir wollen uns jetzt zusammenreißen und nicht immer gleich losheulen.«

Wir kamen mit dem Soldaten ins Gespräch. Er erzählte uns, dass er gerade aus dem Lazarett käme. Jetzt dürfte er nach Hause zur Erholung. Man hatte ihm ein Bein amputiert, und er litt offensichtlich unter großen Schmerzen. Neben ihm saß eine Bäuerin, die pausenlos damit beschäftigt war, in ihren Habseligkeiten herumzukramen. Von ihr stammte auch das eingerollte Federbett. Nun schien sie den Koffer gefunden zu haben, den sie gesucht hatte, und sie stellte ihn wahrhaftig auf dem einen Oberschenkel des verwundeten Soldaten ab. Der wurde ganz blass und verzog das Gesicht vor Schmerzen. Die Bäuerin schien das nicht zu stören. Seelenruhig begann sie, die unglaublichsten Köstlichkeiten auf dem Schoß des Verwundeten auszubreiten – Brot, Butter und geräucherten Schinken –, und das lenkte mich einen Moment ab. Nur deshalb fiel mir das schmerzverzerrte Gesicht des jungen Soldaten erst nach einigen Sekunden auf. Mit einem Wisch fegte ich das Köfferchen zu Boden.

»Was fällt Ihnen ein, Sie dummes Ding!«, beschwerte sich die Bäuerin. »Darf man nicht einmal mehr etwas essen?«

»Fressen Sie sich von mir aus dumm und dämlich, aber doch nicht auf den Beinen eines verwundeten Soldaten!«, giftete ich zurück.

»Es ist doch sonst nirgends Platz, und der Herr Soldat hat sich nicht beschwert«, nörgelte die Bäuerin.

»Freilich nicht, wer vor Schmerz beinahe ohnmächtig wird, der kann sich ja nicht beschweren.«

»Aber geh, das ist doch ein Soldat, der darf nicht empfindlich sein«, behauptete die Bäuerin.

Angriffslustig baute ich mich vor ihr auf. »Versuchen Sie es doch noch einmal, den Koffer auf seine kaputten Beine zu stellen, dann schmeiße ich Ihre ganzen Fressalien aus dem Fenster hinaus, und Sie können sie dann draußen aufsammeln!«

Meine Stimme war sehr laut geworden, und Christine mahnte mich ängstlich: »Ich bitte dich, Elfi, sei doch still!«

»Nein!«, wütete ich, völlig am Ende mit meiner Beherrschung. »Ich bin nicht still! Soll sie doch ihren dämlichen Koffer auf ihre eigenen Beine stellen.«

Vom Soldaten war nichts zu hören, es schien ihm gar nicht gut zu gehen.

Die Bäuerin sah mich mit bösen Blicken an, wagte aber nicht, den Soldaten noch einmal zu belästigen, und stellte den Koffer auf ihre eigenen Beine. Dann nahm sie ihre Mahlzeit wieder auf, nicht ohne ab und zu Seitenblicke auf die anderen Menschen im Abteil zu werfen. Alle hatten beim Anblick ihres Proviants Stielaugen bekamen. Das gefiel ihr sichtlich.

Ich erinnerte mich auf einmal an die Zeit in Potporowo, als die Angestellten uns mit dem Essen bis in den Garten nachgelaufen kamen, weil wir nie Hunger hatten. Jetzt schämte ich mich dafür. Es war uns nie etwas gut genug gewesen, und wie herrlich wäre es doch gewesen, jetzt all diese Köstlichkeiten hier zu haben!

Mitten in meine trüben Gedanken hinein reichte mir jemand plötzlich ein Schinkenbrot, und ich schreckte hoch.

Ein großgewachsener SS-Mann war durch die laute Auseinandersetzung auf die Bäuerin aufmerksam geworden, hatte ihr trotz ihres Protests den Koffer mit den Lebensmitteln weggenommen und alles im Abteil verteilt. Nicht nur ich, jeder hatte ein Schinkenbrot in der Hand und kaute mit vollen Backen.

»In der heutigen Zeit, weiß man nie, ob man in den nächsten Minuten noch am Leben ist«, sagte der SS-Mann scharf zu der Bäuerin. »Darum sollte man sich nichts aufheben, wenn andere Hunger haben!«

»Unverschämtheit!«, giftete die Bäuerin. Mehr traute sie sich nicht zu sagen, denn der SS-Mann sah sie drohend an.

Kurz vor Hof stürmten erneut mehrere SS-Männer in den Zug. Grob zogen sie ein altes Mütterchen aus dem Abteil, in dem wir saßen, und gingen so brutal mit ihr um, dass ich nicht anders konnte, als mich einzumischen. Christines Hand schüttelte ich ab, als sie mich zurückhalten wollte, baute mich vor den SS-Männern auf und fragte sie, ob sie sich gar nicht schämten, mit der alten Frau so umzugehen. Sie lachten nur, rissen ihr die Kleider vom Leib – und darunter tauchte eine Wehrmachtsuniform auf. Ein Deserteur! Der Mann tat mir schrecklich leid, und ich hätte ihn gerne geschützt. Aber in diesem Fall war auch der verwundete Soldat gegen mich.

»Mischen Sie sich nicht ein, Fräulein«, sagte er. »Für was hätten wir denn unsere gesunden Knochen hingegeben, wenn andere sich so einfach feige vor ihrer Pflicht drücken könnten! Hätten wir alle so gehandelt, dann hätten Sie schon viel früher aus Ihrer Heimat fliehen müssen!«

Der junge Mann wurde hinter den Zug geführt. Wir hörten einen Schuss und kurze Befehle. Dann war der Spuk vorbei.

In Hof gerieten wir noch einmal in einen Bombenangriff, gerade als der Zug eingefahren war. Wieder stoben die Leute ins Freie und rannten in alle Richtungen davon. Aber das erwies sich dieses Mal als genau das Falsche. Es wurden nämlich Phosphorbomben geworfen, die jeden, den sie trafen, in eine lebende Fackel verwandelten. Markerschütternde Schreie waren zu hören. Ich hatte gerade erst ein paar Schritte aus dem Zug getan, und blieb nun wie angewurzelt stehen. Nein, so wollte ich nicht sterben! Dann doch lieber durch einen Bombentreffer zerfetzt werden! Kurz entschlossen zog ich meine Schwester mit dem Baby in der Hand zum Gleis zurück. Dort krochen wir unter den Zug, blieben regungslos liegen und deckten den Kleinen mit unserem Körper.

Als der Angriff vorüber war und wir es wagten, wieder hervorzukriegen, bot sich uns ein grässlicher

Anblick. Außer uns waren nur eine Handvoll Zuginsassen am Leben geblieben, und von denen, die tot waren, sah man buchstäblich nur noch Aschehäufchen. Nie hätte ich mir träumen lassen, dass irgendeine Waffe einen Menschen so restlos auslöschen konnte! Wie betäubt ließen wir uns auf den kalten Straßenboden sinken.

Dort saßen wir noch, als nach etwa einer Stunde ein Aufräumungskommanda kam und alle Überlebenden aufforderte, zur Rotkreuzstation hinüberzugehen. Apathisch trotteten wir dorthin und ließen uns an einem der Holztische nieder, die in einer großen Halle aufgestellt worden waren. Nachdem eine Rotkreuzschwester uns das Baby abgenommen hatte, ließen wir unsere Köpfe auf den Tisch fallen und schliefen vor Erschöpfung ein.

Wie lange wir geschlafen haben, weiß ich nicht. Geweckt wurden wir von einem erneuten Fliegeralarm. Die Rotkreuzschwester kam mit Peterle auf dem Arm und forderte uns auf, in den Luftschutzkeller zu gehen. Aber gleichzeitig wurde auch trotz des Alarms durch den Lautsprecher ein Zug Richtung Eger gemeldet – die Richtung, in die wir weiter mussten!

Wir zögerten keinen Moment, liefen hinaus und erreichten den einlaufenden Zug gerade noch. Später erfuhren wir, dass dies der letzte Zug gewesen war, der über Hof fahren konnte, denn bei dem anschließenden Luftangriff wurde der Bahnhof total zerstört.

9

Noch eine ganze Nacht brauchten wir, bis wir endlich den kleinen Ort Haslau erreicht hatten. Christine wollte die Schwägerin zunächst alleine aufsuchen und ließ mich mit Peterle allein am Bahnhof zurück. Es dauerte eine Stunde, bis sie völlig deprimiert zurückkam. Als ich sie ganz erschrocken fragte, was sie denn Schlimmes erlebt habe, winkte sie nur ab.

»Ach nichts … du wirst schon selber sehen«, sagte sie müde. »Die Hauptsache ist, dass Peterle endlich in ein warmes Bettchen kommt.«

Vom Bahnhof aus waren es etwa fünf Kilometer bis zu dem kleinen Gasthaus, das idyllisch in einer leicht hügeligen Landschaft lag. Als wir zehn Minuten unterwegs waren, kam uns Hilde, die Schwester von Jan, entgegen. Eine einfache, freundliche Frau, die mich herzlich begrüßte und Christine gleich das Baby abnahm. Unterwegs erzählte sie munter drauflos, im selben Dialekt, den ich schon von Jan kannte, nur etwas schwerer zu verstehen.

Behagliche Wärme empfing uns im Haus, als Hilde uns in einen großen Raum brachte, in dessen Mitte ein alter, mit Holz und Kohle zu beheizender Herd stand. Ich fand, es wirkte hier ganz gemütlich, und wollte mich gerade zu Christine umdrehen und ihr das sagen, als mein Blick auf eine Frau fiel, die in einer Ecke in einem Rollstuhl saß. Ihre Hände flatterten vor Erregung, und sie stotterte etwas, das klang wie: »no manne manne he.« Ich hatte den Eindruck, eine Irre vor mir zu haben, und das muss man mir angesehen haben, denn Hilde sah sich veranlasst, uns aufzuklären.

»Das ist Gertrud, meine jüngste Schwester«, erklärte sie. »Sie hatte einen Unfall und ist seitdem gelähmt.«

Ein wenig eingeschüchtert ließen wir uns an dem großen Tisch nieder, der schon für uns gedeckt war, und genossen die einfache, aber deftige Brotzeit, die Hilde uns zubereitet hatte. Nach den Strapazen dieses Tages schmeckte sie uns wie ein Festmahl.

Während wir aßen, kümmerte sich Tante Hilde, wie wir sie von nun an nannten, um Peterle. Ihren Mann, Onkel Rudalf, lernten wir erst am nächsten Abend kennen. Tante Hilde behielt Peterle auch über Nacht bei sich, damit wir uns gut ausruhen konnten.

Sie brachte uns in einen Raum im Obergeschoss, und wir wären am liebsten einfach in die Betten gekrochen. Aber nach so vielen Tagen, in denen wir pausenlos unterwegs gewesen waren, ohne uns waschen zu können, war es uns ein Bedürfnis, uns vorher noch ein wenig frisch zu machen. Erst dann fielen wir auf die Betten und schliefen einen ganzen Tag und eine Nacht durch.

Erschrocken sah ich mich in dem ärmlich wirkenden Raum um, als ich wieder aufgewacht war, und ich brauchte ein paar Momente, bis ich mich wieder daran erinnerte, wie ich hier hergekommen war. Christine schlief noch, und ich rüttelte sie wach. »Du, Christine, lass uns nach Peterle sehen!«

Christine setzte sich auf und musste sich auch erst einmal orientieren.

»Was denkst du über Gertrud?«, fragte ich. »Findest du sie nicht auch ein bisschen unheimlich?«

Vor allem sei sie enttäuscht, dass Jan ihr gar nichts von ihr erzählt hatte, meinte meine Schwester. »Warum nur?«, fragte sie. »Meinst du, er hat sich für sie geschämt? Das wäre nicht recht, denn für eine Krankheit kann doch niemand etwas!«

Aber nun war sie nicht mehr zu halten, denn sie wollte unbedingt nach Peterle schauen. So zogen wir die Kleidung an, die uns Tante Hilde herausgesucht hatte, und gingen hinunter.

»Schau, Christine, in demselben Laufstall hat dein Jan auch schon gespielt«, sagte Hilde mit einem Lächeln und wies mit der Hand auf Peterle, als wir in die warme Küche kamen. »Habt ihr gut geschlafen? Hoffentlich habt ihr euch jetzt ein wenig von den Strapazen erholt.«

Wir kamen nicht zu einer Antwort, denn Gertrud meldete sich energisch zu Wort.

»Sagt's halt zu mir ein Grüß Gott. I bin doch auch eine Schwester von deinem Jan.«

Das kam langsam und stockend heraus, aber deutlich genug, dass wir sie verstanden. Schüchtern und noch immer ängstlich gingen wir beide zu ihr hin.

»Grüß dich Gott, Gertrud«, sagte Christine und reichte ihr die Hand.

»Hast einen schönen Buben, bloß ein bisserl schwach ist er«, stotterte Gertrud mit ihrer schwer verständlichen Sprechweise. »Vielleicht hat ihn die Flucht ein wenig mitg'nommen!«

Erschrocken wandte sich Christine an Hilde: »Sag, was meint sie damit, geht es Peterle nicht gut?«

»Er scheint wirklich nicht ganz wohl zu sein, er wollte sein Fläschchen nicht trinken«, sagte Hilde.

Christine beugte sich prüfend über den Kleinen. »Hoffentlich hat er nichts Unrechtes von der Rotkreuzschwester erwischt oder sich erkältet.« Dann drehte sie sich zu mir um, und ich sah die Angst in ihrem Blick. »Habt ihr einen Arzt im Dorf, den wir rufen könnten?«, fragte sie Tante Hilde. Ihre Stimme zitterte bedenklich, so als wäre sie schon wieder nahe daran, loszuweinen.

»Schon, aber ins Haus kommt der nicht, da wirst du mit dem Kleinen schon hingehen müssen!«

Wieder etwas Neues. Dr. Kuptschak war wegen der geringsten Kleinigkeit zu uns gekommen. Christine nickte aber nur, ließ sich von Tante Hilde den Weg beschreiben und machte sich auf den Weg.

Erst nach Stunden kam sie total niedergeschlagen zurück.

»Was war denn los?«, fragte ich sie.

Christine schüttelte sorgenvoll den Kopf. »Ich will ja dem Doktor nichts Böses nachsagen, aber von Säuglingen scheint er nicht allzu viel zu verstehen.«

»Vielleicht solltest du auch noch zu einem anderen Arzt gehen?«, schlug ich vor.

Christines Augen füllten sich schon wieder mit Tränen. »Es gibt aber nur den einen hier im Dorf!«

»Gib ihm das Medikament, und dann hoffen wir, dass es gut wirkt«, versuchte ich sie zu trösten. »Wann sollst du wiederkommen?«

»Er will morgen selber vorbeisehen, aber nur, weil er von Tante Hilde erfahren hat, dass ich Jans Verlobte bin. Du hättest mal sehen sollen, wie der um mich herumgeschwänzelt ist. Richtig ekelerregend!«

»Hast du denn unbedingt sagen müssen, wer du bist?«

»Ich habe nur Goldberg gesagt. Wahrscheinlich hat Tante Hilde Reklame gemacht. Jedenfalls hat er sofort Bescheid gewusst. Und auch die anderen in der Praxis.«

»In einem so kleinen Dorf weiß doch jeder alles vom anderen«, versuchte ich sie zu beruhigen.

»Am liebsten würde ich irgendwo anders hingehen«, gestand Christine.

»Mutti und Annelies kennen diese Adresse, und wenn wir uns wiederfinden wollen, dann müssen wir hierbleiben«, erinnerte ich sie.

Das Medikament half leider nicht. Peterle wurde von Tag zu Tag teilnahmsloser, obwohl der Arzt nun sogar täglich vorbeischaute. Christine schlief keine Nacht mehr, sondern wachte an Peterles Bettchen.

»Wenn doch nur Mutti hier wäre«, klagte sie. »Die wüsste schon, wie sie ihn wieder gesund kriegt!«

Einige Tage später, der Doktor hatte das Haus gerade mit sorgenvoller Miene wieder verlassen, bemerkte Tante Hilde draußen vor dem Gasthausfenster zwei ungepflegte Frauen auf der Straße, die vor dem Gebäude stehen geblieben waren und herüberschauten.

Sie öffnete das Fenster und rief hinaus: »Was wollt ihr Zigeuner hier? Geht nur weiter, wir haben schon genug Flüchtlinge im Ort.«

Schüchtern sagte die Jüngere der beiden: »Entschuldigen Sie die Störung. Ich suche nach meinen beiden Schwestern. Wir wollen Sie nicht belästigen.«

Tante Hilde hatte eine scharfe Bemerkung auf den Lippen, aber sie kam nicht mehr dazu, sie zu äußern, denn zum Glück war ich neben sie getreten und sah hinaus.

»Mutti, Annelies!« Ich stürmte hinaus und fiel meiner weinenden Mutter um den Hals. Auch Christine kam nun nach draußen, und die Tränen liefen ihr über das Gesicht.

Aber wie sahen die beiden, wie sah vor allem mein sonst so gepflegtes Mütterchen nur aus! Es tat mir so weh, dass Tante Hilde sie Zigeunerin genannt hatte. Wenn auch Mutti niemals ein Wort darüber verlor, ich konnte es nie mehr vergessen. Aber auch Annelies sah mit ihren 24 Jahren wie eine uralte Frau aus.

Sobald sich die beiden etwas erholt hatten, bat Christine Mutti, sich das Peterle näher anzusehen.

»Ich wollte dich bereits die ganze Zeit fragen, wie es ihm geht. Ich habe mich nicht getraut, weil ich dachte, es könnte ihm etwas geschehen sein«, gestand meine Mutter. »Wenn ihr nur einen Bruchteil von dem mitgemacht habt, was wir hinter uns haben, dann kann ich mir nicht vorstellen, dass der Kleine das ausgehalten hat.«

Mehr als das habe ich von Mutter nie über das erfahren, was sie und Annelies hinter sich hatten.

Wenn man sie darauf ansprach, presste sie nur die Lippen zusammen und schwieg.

Schluchzend umarmte Christine die Mutter. »Er lebt, Mutti, aber er ist sehr krank. Der Doktor meint, dass er sich eine Lungenentzündung geholt hat. Er sagte heute, er kann mir wenig Hoffnung machen!«

»Bring mich zu dem Kleinen, das wäre doch gelacht, wenn ich den Jungen nicht wieder gesund bekomme!« sagte Mutter entschlossen.

Nachdem sie sich das Kind angeschaut hatte, bat sie Tante Hilde um etwas Schweinefett und ging mit ihm in den oberen Raum. Sie erwärmte das Fett und rieb dem Kleinen stündlich die Brust damit ein.

Am Nachmittag kam der Dorfarzt wieder, untersuchte das Kind und schüttelte bekümmert den Kopf: »Da müsste schon ein Wunder geschehen, damit der Kleine es noch schafft!« Trotzdem ließ er sich von meiner Mutter beschreiben, was sie gemacht hatte, und gab ihr selbst noch einige Anweisungen, die von ihr getreu befolgt wurden.

Am neunten Tag trat wider Erwarten eine Besserung ein. Peterle trank zum ersten Mal wieder sein Fläschchen aus und lächelte jeden an, der sich über sein Bettchen beugte. Aber in der darauffolgenden Nacht fing er plötzlich zu schreien an. Das Schreien ging allmählich in ein klägliches Wimmern über.

In aller Früh rannte Christine zum Arzt, ließ ihn erst gar nicht zu Wort kommen, sondern forderte ihn auf, sofort mit ihr mitzugehen. Inzwischen standen Mutti, Annelies und ich machtlos vor dem Kleinen und mussten zusehen, wie er langsam starb.

Als Christine mit dem Doktor eintraf, war es bereits zu spät.

Die derbe, sicher nicht böse gemeinte Art der Familie Seidl wurde uns nach all dem, was wir hinter uns hatten, schier unerträglich.

Dass am Abend Onkel Rudalf kam, um das arme Peterle ein letztes Mal anzusehen, und dann sagte: »Ihr habt vergessen, dass ihr ihm das Maul hochbindet!«, gab wahrscheinlich den Ausschlag dafür, dass wir uns entschlossen, gleich nach der Beerdigung aus Haslau fortzugehen. Vor Tante Hilde begründeten wir es damit, dass es für Christine notwendig sei, den Ort dieses schmerzhaften Erlebnisses so rasch wie möglich zu verlassen, damit sie sich davon erholen konnte. Christine übergab ihr einen Brief für Jan, den sie ihm weitergeben sollte, falls er zurückkehre, und versprach, ihnen ab und zu einen Besuch abzustatten.

10

Viele Habseligkeiten hatten wir nicht zusammenzupacken, also stand einem Aufbruch nichts mehr im Weg, nachdem wir Peterle zur letzten Ruhe begleitet hatten. Auch ein Ziel hatten wir, zu dem wir gehen konnten: In Franzensbad, wenige Kilometer von Haslau entfernt, waren Flüchtlinge aus den östlichen Gebieten untergebracht worden, das hatte Mutter erfahren, und da wollten wir zunächst hin.

Franzensbad war als Kurstadt, in der im Moment verwundete Soldaten wieder auf die Beine gebracht wurden, auf die Versorgung von Flüchtlingen gut eingestellt, und alles war bestens organisiert. Die eintreffenden Flüchtlinge wurden bereits am Bahnhof in Unterkünfte eingewiesen. »Hotel Belgischer Hof« stand auf dem Zettel, den Annelies bei unserer Ankunft in die Hand gedrückt bekommen hatte.

Kaum hatten wir uns auf den Weg gemacht, wurde wieder einmal Fliegeralarm gegeben. Das durchdringende Geräusch der Sirenen ließ uns erschrocken nach dem am nächsten liegenden Luftschutzkeller Ausschau halten. Ein des Weges kommender Soldat beruhigte uns aber.

»Sie brauchen keinen Luftschutzkeller aufsuchen. Franzensbad ist zur Lazarettstadt erklärt worden. Hier darf nicht bombardiert werden. Vorsicht ist nur geboten, wenn die Tiefflieger angreifen, die schießen mit ihren Bordwaffen auch auf Passanten und auf verwundete Soldaten, die auf den Balkonen sitzen.«

Christine und ich schickten Mutti und Annelies trotzdem in den Bunker. Wir beobachteten die Bomber und wunderten uns darüber, dass sie Franzensbad ungehindert überfliegen konnten. Anscheinend gab es keine deutsche Abwehr mehr.

Plötzlich konnten wir sehen, wie die Bomben ausgeklinkt wurden. Erschrocken glaubten wir, dass wir nun doch bombardiert würden, aber das Ziel der amerikanischen Air Force war Eger. Etwa eine Stunde dauerte der Angriff, bei dem der Bahnhof von Eger mit Bomben zugepflastert wurde. Anschließend roch es lange penetrant nach Zucker. Später erfuhren wir, dass Hunderte von Waggons mit für die Ostfront bestimmten Lebensmitteln vernichtet worden waren.

Das Hotel Belgischer Hof war mit Flüchtlingen überbelegt. Wir erhielten zu viert ein Zimmer Tür an Tür mit einer streitbaren Uhrmacherfamilie. Pünktlich am Morgen um 5 Uhr begann das Gezeter der drei Schwestern, in welches sich kurze Zeit danach die Eltern einmischten. Ich amüsierte mich köstlich über die allmorgendlichen Zänkereien der Familie Schuster.

Ansonsten verging mir allmählich der Humor immer mehr, denn das Essen wurde bald so knapp, dass selbst Kartoffelschalen Mangelware wurden. Mit Hunger wachten wir auf und gingen mit Hunger zu Bett. Jeder Gedanke drehte sich nur noch darum, wo wir etwas zu essen herbekommen konnten. Was der

Hunger aus einem Menschen macht, ist für diejenigen, die ihn nicht erlebt haben, kaum vorstellbar.

An einem Morgen wurde bekannt gegeben, dass eine Bäckerei am Ende der Stadt Brot ausgeben würde, was nur ab und zu vorkam. Über derlei Dinge wurde bei uns nicht mehr diskutiert, das musste immer ich erledigen, weil ich mich am besten behaupten konnte. Alle anderen Bewohner der Stadt dachten ja auch an nichts anderes mehr als an das Essen, und mit Rücksichtnahme konnte man da nicht rechnen. Darüber, dass Luftalarm gegeben wurde, noch bevor ich mich auf den Weg machte, regte ich mich schon lange nicht mehr auf. Mit Tieffliegern hatte ich bereits genügend Erfahrungen gemacht und wusste, wann ich in Deckung musste. Also ging ich los.

Als ich bei der Bäckerei ankam und die Menschenmenge sah, die davor stand, sank mir der Mut. Mehr als einmal war es schon vorgekommen, dass ich trotz stundenlangem Anstehen leer ausgegangen war, und die enttäuschten Gesichter der Familie standen mir noch lebhaft vor Augen. Als auf einmal zwei Tiefflieger hintereinander heranrasten, und die Menschen sich zu Boden warfen, sah ich nur eines: Die Schlange mit den wartenden Menschen löste sich auf! Ohne zu zögern sprang ich nach vorne und drückte mich so eng wie möglich an die Tür der Bäckerei. Das Geratter der Bordwaffen hinter mir klang gefährlich nahe, und ich wagte mich erst umzudrehen, als der Angriff wieder vorbei war. Von den Maschinengewehren durchsiebte Menschen lagen tot oder verletzt am Boden, und dass ich unbeschadet davongekommen war, war reines Glück gewesen. Aber als sich die Tür der Bäckerei öffnete, war ich die Nächste, und dass ich meinen Angehörigen Brot heimbringen konnte, war in diesem Moment alles, was für mich zählte.

Das Brot wurde bei uns in vier gleiche Teile geschnitten, einen für jede von uns. Gierig aßen wir drei Mädchen unseren Teil sofort auf. Mutti ließ ihren Teil jedoch liegen und klagte: »Ich kann nicht so viel auf einmal essen. In der letzten Zeit haben wir zu viel gehungert. Ich glaube, mein Magen hat sich verkleinert.«

Wir waren es bereits gewohnt, dass sie, wenn es Brot gab, ihren Teil am nächsten Tag wieder in vier Teile schnitt, um uns noch einmal etwas geben zu können. Wir glaubten ihr, wenn sie sagte, es sei ihr zu viel – oder jedenfalls wollten wir es glauben, denn wir waren ja von unserem Teil nicht satt geworden. Der große Hunger ließ uns viel zu sehr nach diesem kleinen Stück Brot gieren, das wir zusätzlich bekommen würden, als dass wir uns gefragt hätten, warum Mutti mit so wenig Brot auskam.

In der darauffolgenden Nacht wurde ich durch ein Geräusch geweckt und beobachtete, wie Mutti am Tisch saß und weinte. Ihr Stück Brot lag vor ihr. Ich sah, wie sie mit sich kämpfte. Sie stand auf, wankte zur Wasserleitung und trank viel Wasser. Nach etwa einer Stunde wiederholte sich das Drama noch einmal. In meinem ganzen Leben hatte ich mich noch nie so geschämt wie in diesem Moment, als ich begriffen hatte, dass meine Mutter auf fast ihr ganzes Essen verzichtete, um uns ein bisschen mehr geben zu können. Ich war so aufgewühlt, dass ich nicht mehr einschlafen konnte.

Scharf beobachtete ich Mutti am nächsten Morgen. Mit dunklen Augenringen saß sie an dem kleinen Tisch im Hotelzimmer und hatte ihr kleines Stück Brot in drei Teile geteilt.

Ich fragte sie: »Isst du heute nicht, Mutti?«

Sie schüttelte den Kopf und versicherte, keinen Hunger zu haben. Das hätte sicher auch für mich überzeugend geklungen, wenn ich die Szene in der Nacht nicht beobachtet hätte. Ich hielt also Annelies und Christine zurück, die sich daranmachen wollten, das trockene Brot zu verzehren, und bat sie, kurz mit mir hinauszukommen. Dort erzählte ich ihnen von meiner Beobachtung. Christine fing sofort wieder an zu weinen, und Annelies lief rot an. Wir gingen in das kärgliche Hotelzimmer zurück und zwangen Mutti, ihr Brot selber zu essen.

Am Nachmittag gingen Christine und ich in die Anlagen Franzensbads und sammelten Brennnesseln. Angeblich konnte man daraus einen guten Spinat kochen. Unsere Unterhaltung drehte sich nur um den fast nicht zu ertragenden Hunger.

»Jetzt muss sich langsam etwas ändern«, sagte ich. »Hoffentlich marschieren die Amerikaner bald ein. Vielleicht normalisiert sich dann die Lage etwas.«

»Du vergisst die Tschechen«, sagte Christine. »Die warten doch nur darauf, sich an den Deutschen rächen zu können. Wirst sehen, es wird dann noch schlimmer als jetzt.«

Das ärgerte mich. Konnte sie denn immer nur das Negative sehen? Ich wollte auf etwas hoffen können, darauf, dass der Hunger bald ein Ende haben würde.

Wenige Tage später, am 26. April, fuhren amerikanische Panzer in Franzensbad ein. Endlich!, dachte ich. Aber wie die gesamte deutsche Bevölkerung hielt ich mich ängstlich zurück. Wir waren nur erleichtert, dass es die Amerikaner waren, denn am Ende hatten wir doch noch befürchten müssen, nicht weit genug nach Westen gegangen zu sein. Einige Kilometer weiter in Karlsbad waren es die russischen Truppen, die einmarschiert waren, und man hörte von Gräueltaten und Vergewaltigungen, die dort begangen worden waren.

Die Tschechen jubelten den Siegern zu, in Franzensbad und sicher auch in Karlsbad. Wenige Tage später gab es unter ihnen erneuten Jubel, als Hitlers Selbstmord bekannt gegeben wurde, und dann dauerte es nicht mehr lange, bis das Deutsche Reich endlich kapitulierte. Für uns in Franzensbad war der Krieg aber schon am 26. April vorbei gewesen, und nun mussten wir wenigstens keine Angst mehr vor Tieffliegern haben. Auch wenn es sich seltsam anhört, aber die beiden weltgeschichtlichen Ereignisse interessierten uns damals so gut wie gar nicht. Unsere Gedanken kreisten nach wie vor um den Mangel an Essen, denn an ihm hatte sich bislang nichts geändert.

Eine Sperrstunde mit sofortiger Wirkung wurde erlassen: Ab 20 Uhr durfte kein Deutscher mehr auf der Straße sein. Christine und ich gingen aber weiterhin in den herrlichen Anlagen des Parks von Franzensbad spazieren, um nach Brennnesseln zu suchen und das frische Wasser der Quellen zu trinken, um wenigstens etwas im Magen zu haben. Jeden Tag mehr fiel mir bei diesen Spaziergängen auf, wie viele Mädchen sich den Amerikanern förmlich an den Hals warfen, nur um ein Stückchen Brot oder eine Tafel Schokolade zu bekommen. Schämten die sich gar nicht? Christine und ich unterhielten uns lange darüber und waren uns einig: So sehr wir auch hungern mussten, das würden wir jedenfalls nie tun.

An einem lauen Frühlingsabend hatten wir zu viel Zeit vertrödelt und waren so spät dran, dass wir Sorge hatten, nicht mehr vor Beginn der Sperrstunde im Hotel zu sein. Kurz bevor wir das Hotel erreicht hatten, kamen uns prompt ein Offizier und ein Sergeant entgegen. Die Amerikaner gingen nämlich grundsätzlich zu zweit und mit Maschinenpistolen bewaffnet.

Höflich sprach der Offizier mich an und fragte, warum wir uns so spät noch auf der Straße befänden. Ich kramte mein Schulenglisch zusammen und antwortete abweisend: »Wir haben Brennnesseln gesucht und Wasser von Quellen getrunken, weil wir sonst vor Hunger nicht einschlafen können.«

Der Offizier sah mich mitleidig an. Dann zog er eine Tafel Schokolade aus seiner Tasche und hielt sie mir entgegen. Ich sah den Mann zornig an und hörte noch Christines leisen, erschrockenen Aufschrei, dann schleuderte ich ihm, ohne zu zögern, mit einem einzigen Hieb die Schokolade aus der Hand.

»Nicht alle deutschen Mädchen lassen sich für eine Tafel Schokolade kaufen«, fauchte ich ihn an.

Der Sergeant richtete die Waffe auf mich, und das brachte mich noch mehr in Wut.

»Schieß doch«, schrie ich. »Wir fürchten uns nicht mehr vor euch, wir haben eure Bomben lange genug erlebt. Im Übrigen ist es immer noch besser, erschossen zu werden, als zu verhungern!«

Dem Offizier hatte das scheinbar Respekt eingeflößt. Er machte ein beschwichtigende Geste zum Sergeanten, dann wandte er sich mir zu und sagte freundlich:

»Gehen Sie jetzt bitte nach Hause. Wir werden Sie begleiten, damit Sie nicht von einer anderen Wache aufgehalten werden.«

»Aber bitte halten Sie Abstand«, gab ich zurück. »Niemand soll glauben, wir würden mit Ihnen spazieren gehen.«

Christine gab mir einen Rippenstoß und zischte: »Bist du verrückt geworden? Jetzt halt dich doch zurück!«

Zornig sagte ich: »Ach, du warst und bleibst immer eine Memme. Daran wird sich nie etwas ändern.« Im nächsten Moment tat es mir schon wieder leid. Was mich besonders erbitterte: Warum musste ausgerechnet dieser feindliche Offizier genauso aussehen, wie ich mir immer meinen Traummann vorgestellt hatte – groß, braungebrannt, und dann auch noch diese gütigen, blauen Augen?

Erst als wir fast am Hotel angekommen waren, standen die beiden Amerikaner wieder neben uns. Der Offizier sah mich mit seinen stahlblauen Augen an und sagte: »Wir werden Sie beide morgen abholen und zum Gouverneur mitnehmen. Sie sollen ihm darüber Bericht erstatten, wie es der deutschen Bevölkerung geht. Es wird Ihnen geholfen werden.«

Aggressiv antwortete ich: »Wenn Sie den Säuglingen und Kleinkindern in unserem Hotel helfen wollen, dann gehe ich gerne zu Ihrem Gouverneur! Ich allerdings würde lieber verhungern, bevor ich etwas von Ihnen annehme.«

»Auch dann nicht, wenn es sich um eine gesetzliche Regelung handeln würde?«, fragte er freundlich.

Ich antwortete nicht, sondern verdoppelte mein Tempo, sodass die beiden Amerikaner Mühe hatten, mir zu folgen. Dabei rief ich Christine zu: »Beeil dich bloß! Das fehlt noch, dass die Leute im Hotel glauben, dass auch wir uns für eine Tafel Schokolade kaufen lassen!«

Christine war das so peinlich, dass sie sich für mein Benehmen entschuldigte. »Nehmen Sie es ihr bitte nicht übel«, bat sie den Offizier. »Meine Schwester ärgert sich immer, wenn sie sieht, wie sich Mädchen Soldaten an den Hals werfen. Und Sie wissen ja sicher, dass so etwas überall zu sehen ist, also ärgert sie sich jedes Mal, wenn wir auf der Straße sind. Das hat sie ein wenig ungerecht gemacht.« Zu mir gewandt sagte sie: »Du kannst doch nicht alle Amerikaner über einen Kamm scheren. Sicher gibt es auch unter ihnen anständige Menschen.«

Als wir endlich vor dem Hotel angekommen waren, verabschiedete sich der Offizier höflich von uns. Vorher stellte er sich uns noch in einem eigenartigen, aber verständlichen Deutsch vor:

»Ich heiße William Morten Jackson und komme aus Chicago, Illinois. Meine Eltern stammen aber ursprünglich aus Deutschland, sie hatten vor ihrer Einwanderung einen anderen Namen. Ich bin also ebenfalls Deutscher, wenn Sie so wollen.«

Ich wurde verlegen und wusste nicht, warum. Wahrscheinlich, weil William mir besser gefiel, als mir lieb war. In der darauffolgenden Nacht lag ich wach und bemühte mich vergebens, diesen Mann aus dem Kopf zu bekommen.

Am nächsten Morgen um 9 Uhr fuhr ein großer amerikanischer Lastwagen vor dem Hotel vor, begleitet von einem Jeep, in dem William und der Sergeant saßen. Das gesamte Hotel wurde mit Lebensmitteln versorgt. Nichts war vergessen worden, und Baby- und Kleinkindernahrung war besonders reichlich enthalten.

Ich sah mir das Spektakel an und hatte William hatte längst bemerkt und ebenso, wie sein Blick suchend umherschweifte.

Als er mich entdeckte, kam er freudestrahlend auf mich zu und sagte: »Ich möchte mich für gestern entschuldigen. Ich wollte Sie sicher nicht beleidigen.« Dann griff er nach hinten in den Jeep und überreichte mir einen Strauß roter Rosen. Zögernd nahm ich die Blumen an und wusste nicht, was ich tun sollte. Weglaufen? Aber er schien meine Gedanken erraten zu haben, denn er hielt mich fest und sah mich bittend an.

»Ich habe Order erhalten, Sie und Ihr Fräulein Schwester zum Gouverneur zu bringen.«

Das fachte meinen Zorn wieder an. »Bevor Sie mich wieder mit Ihrer Waffe bedrohen, komme ich lieber freiwillig mit«, gab ich patzig zurück.

William lachte nur, und das machte mich noch fuchtiger.

Während der Fahrt saß Christine vorn neben dem Fahrer, und William hatte sich auf den Rücksitz neben mich gesetzt. Ich konnte seinen Blick förmlich spüren, und das machte mich ganz nervös.

»Wie weit ist es denn noch zum Gouvernement?«, fragte ich.

»Noch weit«, entgegnete William lächelnd. »Ich hoffe, dass John langsam fährt, damit ich noch eine Weile das Vergnügen habe, neben Ihnen sitzen zu dürfen.«

Ich konnte sein Vergnügen nicht teilen. »Wenn es nicht für diese armen Kinder im Hotel wäre, dann wäre ich nie mit Ihnen mitgefahren«, fauchte ich ihn an.

»Ich weiß, ich weiß, nur für die armen Kinder«, schmunzelte er, und ich ärgerte mich noch mehr.

Als der Jeep vor dem Gouvernement anhielt, zitterten mir die Knie. War es die Gegenwart Williams, oder hatte ich doch mehr Angst vor dem Zusammentreffen mit dem wichtigen Mann, als ich zugeben wollte?

William fühlte meine Unsicherheit und sagte: »Nur keine Angst, ich bin ja bei Ihnen.«

»Sie brauche ich nicht«, rief ich, aber weil sich auf einmal alles um mich drehte, musste ich mich kurz an ihm festhalten, was die Wirkung des Satzes ziemlich verdarb. Am Morgen hatte ich nichts gegessen und nicht einmal, wie sonst, Wasser getrunken, und von den Lebensmitteln, die von den Amerikanern gebracht worden waren, hatte ich nichts angerührt, um William zu beweisen, dass ich nichts von ihm annehmen wollte. Mein Magen war völlig leer.

William schien zu ahnen, warum ich so blass war. Er bedeutete uns, vor dem Zimmer des Gouverneurs zu warten, klopfte selbst an die Tür und verschwand für einige Momente. Als er wieder herauskam, teilte er uns mit, dass wir noch etwas Geduld haben sollten, weil der Gouverneur gerade Besuch habe.

Statt mich zu fragen, wandte er sich nun an Christine und fragte sie höflich, ob er die Damen zu einem kleinen Frühstück einladen dürfe. Zu meinem Ärger war sie einverstanden, und so trottete ich grämlich neben ihr her, als William uns in die Snackbar führte, in der mir von dem Duft von frischem Kaffee und Gebäck geradezu schwindelig wurde. Wie ich mir fest vorgenommen hatte, rührte ich aber nichts an: weder den Kaffee noch das Gebäck, das unser Begleiter vor uns hinstellen ließ. So viel Beherrschung hatte William mir nicht offenbar zugetraut, und ich sah ihm an, dass er sich unbehaglich fühlte. Das war mir eine kleine Genugtuung, aber auf einmal begann sich wieder alles zu drehen, und dann wurde es um mich schwarz. William konnte mich gerade noch auffangen. Wie aus weiter Ferne bekam ich mit, dass Christine schon wieder weinte.

»Mit ihrem Stolz wird sie sich eines Tages noch umbringen!«, schluchzte sie.

Dann spürte ich jemanden über mein Gesicht streicheln und hörte William flüstern: »Du wunderbares Mädchen!« Ich öffnete die Augen und sah ihn an.

»Können wir jetzt endlich zum Gouverneur gehen, oder genießen Sie es, wenn mir übel wird?«, fragte ich schwach.

Plötzlich wurde William sehr ernst. »Bevor wir gehen, möchte ich Ihnen gern noch eine Frage stellen: Was in aller Welt ist so schrecklich an mir, dass Sie nicht einmal eine Tasse Kaffee von mir annehmen wollen? Glauben Sie mir, ich will nichts von Ihnen dafür.« Und dann flüsterte er wie zu sich selbst: »Sie haben mir hinreichend bewiesen, dass Sie für mich unerreichbar sind, und mit Gewalt würde ich nie ein Mädchen nehmen. Auch die Schokolade gestern wollte ich Ihnen nur geben, weil Sie uns gesagt hatten, dass Sie beide wegen des großen Hungers zu den Quellen gegangen waren. Ich hatte keinerlei Hintergedanken dabei!«

Um keinen Preis wollte ich ihm zeigen, dass mich seine Worte berührt hatten. Darum sagte ich wieder viel zu schroff: »Lassen wir das Thema jetzt«, und versuchte vergeblich, meine Übelkeit zu unterdrücken. Ich holte tief Luft, fühlte aber schon wieder, wie sich alles zu drehen begann. Bevor ich umfallen konnte, nahm William mich nun aber einfach auf den Arm und trug mich zum Gouverneur hinein. Christine ging bedrückt hinterher.

Höflich erhob sich der Gouverneur von seinem Stuhl, als William mit uns eintrat. Kurz berichtete William, was geschehen war. Er sprach sehr schnell, aber ich verstand trotzdem jedes Wort. Sofort erklärte ich auf Englisch, dass ich nur gekommen sei, um das Verhungern der Säuglinge und Kleinkinder zu verhindern. Für mich persönlich wolle ich nichts. Der Gouverneur kannte offensichtlich bereits von William die Vorgeschichte und schien zu begreifen, was in mir vorging. Er flüsterte noch etwas mit William und bat ihn, etwas für ihn zu erledigen.

Als William hinausgegangen war, wandte er sich Christine und mir zu. Mit formvollendeter Höflichkeit, die mich an die Herren zu Hause denken ließ, und einer Selbstverständlichkeit, die selbst mich entwaffnete, bat er uns, mit ihm ein kleines Frühstück einzunehmen.

»Oder sind deutsche Ladies unhöflich?«, fragte er mich lächelnd.

Peinlich berührt gab Christine mir einen Schubs, und so nickte ich schließlich mein Einverständnis. Das Frühstück wurde gebracht, und schon nach den ersten Bissen fühlte ich mich wohler.

Da der Gouverneur den Eindruck hatte, dass auch ich etwas zugänglicher geworden war, sagte er: »Wir werden jetzt ein Protokoll aufnehmen. Bitte schildern Sie mir aufrichtig, wie die allgemeinen Lebensbedingungen der deutschen Bevölkerung sind!«

Wir berichteten ausführlich.

Von dem Tag an wurden die Deutschen, vor allem die Flüchtlinge, von den Amerikanern versorgt, bis ein neues Gesetz herauskam, das besagte, dass auch Deutsche Lebensmittelmarken erhalten sollten, und wenn auch sehr wenig, aber immerhin einkaufen durften.

William wurde in der darauffolgenden Zeit zu einer Art Schatten, der mich pausenlos heimlich zu begleiten schien. Bei den unmöglichsten Gelegenheiten stand er plötzlich wie aus dem Boden gewachsen vor mir, und manchmal fragte ich mich ernsthaft, wie er eigentlich seinen militärischen Aufgaben nachkommen wollte, da er sich ständig im Hotel oder wenigstens ganz in dessen Nähe aufhielt. Er besuchte uns auch täglich im Hotel. Jeden Nachmittag auf die Minute genau kam er und brachte mir Blumen oder eine kleine Aufmerksamkeit mit. Dass ich ihm gegenüber reserviert blieb, schien er zu akzeptieren, dafür unterhielt er sich stundenlang mit Mutti. Meistens auf Englisch, das meine Mutter gut sprechen konnte, aber zuweilen auch in dem sonderbaren Deutsch, dem Erbe seiner deutschen Herkunft. Ich hörte zwar den Unterhaltungen aufmerksam zu, hielt mich aber zurück.

Meine Mutter hatte natürlich gleich bemerkt, dass William sich für mich interessierte, und übernahm ihre Rolle in seinem Werben bereitwillig. Ihr gefiel der junge Mann außerordentlich gut. Nicht, weil er ein Amerikaner war und uns in Vielem hätte helfen können, wenn ich es nur zugelassen hätte: Sie hatte sofort bemerkt, dass er aus guten Familienverhältnissen stammen musste, denn sein Benehmen war stets tadellos und erinnerte – genau wie das des Gouverneurs – an die Umgangsformen der jungen Männer, die bei uns in Potporowo ein- und ausgegangen waren. Mit seinen 28 Jahren war er außerdem kein Jüngling mehr, sondern verfügte über eine gewisse Reife. Aus Sicht meiner Mutter war William ein ernstzunehmender Bewerber um meine

Hand, obwohl ich doch noch nicht einmal 17 war. Aber so viel älter war Christine ja auch nicht gewesen, als sie sich mit Jan verlobt hatte.

Meine eigenen Gefühle hingegen waren sehr verworren, und ich hatte oft das Bedürfnis, alleine zu sein, um über alles nachdenken zu können. Weil das in dem mit Menschen vollgestopften Hotel beim besten Willen nicht möglich war, gewöhnte ich mir lange, einsame Spaziergänge in den Parkanlagen an, und dahin folgte William mir zu meiner Erleichterung nicht, denn wie hätte ich einen klaren Gedanken fassen sollen, wenn ich wusste, dass er mir hinterherschlich?

Bei einem dieser Spaziergänge war es dann aber ein anderer, mir unbekannter amerikanischer Soldat, der mich verfolgte. Ich bekam es mit der Angst zu tun, denn weit und breit waren keine anderen Menschen zu sehen. Jetzt hätte ich William doch gerne in meiner Nähe gewusst! Ich fing an zu laufen, und hinter mir konnte ich hören, wie auch mein Verfolger in den Laufschritt fiel. Dann wurde ich von hinten gepackt und zu Boden geworfen. Mit einem hässlichen Geräusch zerriss der Stoff meines Kleids unter seinen Händen.

Es war ohnehin niemand in der Nähe, also vergeudete ich meine Kraft nicht damit, um Hilfe zu schreien, sondern versuchte, den Angreifer abzuwehren. Doch er schien wahre Bärenkräfte zu haben, und ich hatte ihm nichts entgegenzusetzen. Gut, dass ich ähnliche Situationen schon kannte, und zwar aus den Schulhofraufereien, an denen ich mich als Kind beteiligt hatte! Ich war ein wildes

Mädchen gewesen, aber dennoch hatte ich damals niemals Bedenken gehabt, weibliche List anzuwenden, wenn mein Gegner mir zu sehr überlegen war. Dann stellte ich mich für einige Momente noch schwächer, als ich war, und wenn die Aufmerksamkeit des vermeintlichen Siegers nachließ, biss ich im richtigen Moment zu.

Ich hörte also auch jetzt auf, mich zu wehren, und ließ den Angreifer, scheinbar meinem Schicksal ergeben, ganz nah an mich heran kommen. Dann biss ich mit aller Kraft in seinen Hals. Vor Schmerz und Überraschung schrie er laut auf, und ich nutzte diese Gelegenheit, mich aus seiner Umklammerung zu befreien und davonzurennen, so schnell ich konnte. Aber der Soldat hinter mir rappelte sich ebenfalls wieder auf und lief nun laut schimpfend hinter mir her. Ich konnte ihn nicht abschütteln, auch als ich mich dem Hotel schon näherte, hörte ich ihn immer noch hinter mir keuchen. Mit letzter Kraft stürmte ich in das Hotel und raste die Treppe hinauf, wo ich mir am defekten Geländer, aus dem ein rostiger Nagel herausragte, die Schulter aufriss. Blutend stürzte ich in das Zimmer und drehte sofort den Schlüssel herum.

Erschrocken fragte Mutti: »Um Gottes willen, Elfi, was ist denn geschehen?«

Ich wurde einer Antwort enthoben, denn draußen wurde energisch an der Tür geklopft. Mutti wollte öffnen.

»Nein, Mutti! Willst du, dass man mich vor deinen Augen vergewaltigt?«, rief ich verzweifelt.

Draußen hörte ich noch laute, streitende Stimmen, dann nahm ich nichts mehr wahr, denn ich fiel in Ohnmacht. Als ich wieder erwachte, befand ich mich in einem fahrenden Auto.

»Mein Gott, wo bin ich?«, fragte ich benommen.

»Auf dem Weg zum Doktor. Diese Wunde an Ihrer Schulter muss genäht werden«, hörte ich eine vertraute Stimme, und erst jetzt sah ich, dass William am Steuer saß.

Ich lehnte mich entspannt zurück und flüsterte: »Gott sei Dank, du bist bei mir.« Ein glückliches Strahlen huschte über Williams Gesicht.

Was für ein Glück, dass William sich wie so oft in der Nähe des Hotels aufgehalten und so die wilde Verfolgungsjagd mitangesehen hatte. Er hatte meinen Verfolger direkt vor unserer Zimmertür verhaften und der Militärpolizei übergeben lassen.

»Was geschieht mit ihm?«, fragte ich beklommen.

»Das kommt darauf an, was genau passiert ist«, antwortete William. »Aber bevor du mir das erzählst, muss erst einmal deine Schulter versorgt werden.«

Erst jetzt wurde mir bewusst, dass wir zum Du übergegangen waren, und ich wusste nicht, ob ich deshalb verlegen sein sollte. Aber da waren wir schon angekommen, und William trug mich ins Behandlungszimmer des Arztes.

Nachdem ich versorgt und wieder aus der Narkose erwacht war, musste ich ihm genau erzählen, was passiert war. Wie ein aufgeregtes Tier lief er während meiner Erzählung hin und her.

»Zehn Jahre lass ich den Kerl einsperren«, knurrte er grimmig. »Und die Armee wird ihn ebenfalls unehrenhaft entlassen. Unsere Soldaten werden sehr streng bestraft, wenn sie ein Mädchen vergewaltigen oder auch nur unsittlich berühren.«

So im Zorn hatte ich ihn noch nie gesehen, darum beruhigte ich ihn. »Es ist doch nichts geschehen, und der kleine Riss an der Schulter heilt bald wieder. Die Hauptsache für mich ist, dass er mir nicht mehr antun konnte.«

Um Williams Beherrschung war es nun geschehen. Er zog mich in die Arme.

»Und es soll dir auch nie wieder jemand etwas antun«, versprach er mir. »Ich lass dich nie wieder allein. Ich liebe dich, ich kann ohne dich nicht mehr leben. Ich werde dich mit mir nach Amerika mitnehmen als meine Frau. Willst du mich heiraten?«

11

Dass ich Williams Frage »Willst du mich heiraten?«, zwar nicht spontan und ohne Zögern, aber noch am selben Tag mit »Ja« beantwortet habe, klingt sicher etwas merkwürdig, weil ich ja so lange und hartnäckig gegen meine Gefühle für ihn angekämpft hatte. Aber seine Frage hatte bei mir plötzlich eine Erkenntnis ausgelöst: Ja, ich liebte ihn wirklich. Nur, war es auch richtig, ihn zu heiraten? Ich war ja ein bettelarmes Flüchtlingsmädchen und besaß nichts mehr außer dem, was ich auf dem Leib trug. William tat solche Bedenken aber mit einem Lachen ab und versicherte mir, ich sei sein Leben, und er brauche nichts außer mir. So war es zu meinem Ja gekommen.

In einem Märchen wäre damit alles in Ordnung gewesen, aber in unserem Fall war das nicht so einfach, denn William wurde kurze Zeit später ganz unerwartet versetzt. Am letzten Tag seines Aufenthalts in Franzensbad brachte er zwei goldene Ringe mit, und wir hatten eine Verlobungsfeier, die in gedrückter Stimmung stattfand. Denn, obwohl er mir seine Heimatadresse und die seiner Einheit gegeben hatte, fühlte ich mich, als er fort war, einsam und verlassen. William hatte uns so manche Schikane der tschechischen Behörden vom Leib gehalten, die sonst mit den Deutschen nicht gerade zimperlich umgingen.

Schon wenige Tage nach seiner Abreise standen tschechische Ordnungshüter vor der Hotelzimmertür. Annelies, Christine und ich mussten mit ihnen zur Stadtverwaltung gehen, wo bereits mehrere deutsche Mädchen und Frauen anwesend waren. Ein tschechischer Beamter machte uns klar, dass nun die Deutschen die Aufräumungsarbeiten übernehmen müssten, die zuvor die Kriegsgefangenen verrichtet hatten.

Ich verzog keine Miene, um ihm nicht den Triumph zu gönnen, unsere Demütigung zu genießen.

»Wo müssen wir hin und was müssen wir tun?«, fragte ich knapp. Sichtlich verärgert über mein arrogantes Benehmen schickte er uns in ein altes, verwahrlostes Hotel, das zu Büros der tschechischen Behörden umfunktioniert werden sollte. Dort mussten wir die Treppen reinigen.

Manche Räume des Gebäudes waren bereits von tschechischen Beamten besetzt. Einer der Herren hatte uns bemerkt, holte uns zu sich ins Büro und fragte, woher wir kämen. Er gab sich sehr freundlich, aber wir begriffen sofort, worauf die Sache hinauslaufen sollte, als er Annelies und mich aufforderte, wieder nach draußen zu gehen und unsere Arbeit zu verrichten, während Christine bei ihm im Zimmer bleiben sollte.

Der flehende Blick meiner Schwester wäre gar nicht nötig gewesen, um mich wie einen sturen Bock stehenbleiben zu lassen.

»Wollen Sie nicht gehorchen?«, brüllte der Tscheche mich an.

»Nein, ohne meine Schwester verlasse ich diesen Raum nicht!«, antwortete ich. Ich hatte ebenfalls sehr laut gesprochen, denn im Nebenraum hatte ich zuvor einen amerikanischen Offizier sitzen sehen. Und wirklich öffnete sich einige Momente später die Tür.

»What's going on here?«

Der Tscheche blickte den Amerikaner sehr unangenehm berührt an.

Ich erklärte dem Amerikaner, was sich zugetragen hatte und dass ich nicht gewillt sei, meine Schwester mit diesem Mann alleine zu lassen. Der Amerikaner schickte uns alle drei hinaus. Was hinter der geschlossenen Tür gesprochen wurde, erfuhren wir nie. Der Tscheche ließ uns fortan in Ruhe, aber die Arbeiten, die wir verrichten mussten, wurden von Tag zu Tag unangenehmer.

Das war aber nicht das Schlimmste für uns. Viel mehr zerrte es an unseren Nerven, dass wir damit rechnen mussten, bald aus dem Land gejagt zu werden. Das galt aber nicht nur für die Flüchtlinge, sondern für alle Deutschen, obwohl im Sudetenland schon immer viele Deutsche gelebt hatten. Es gab dort eine ganz ähnliche Vorgeschichte wie bei uns im Wartheland:

Nach dem Ersten Weltkrieg war die Tschechoslowakei selbständig geworden, zuvor hatte es Österreich-Ungarn angehört. Die Deutschen, die dort lebten, hatten sich wie wir Deutschen in Polen nach den alten Verhältnissen zurückgesehnt und deshalb Hitler unterstützt und ihm bei seinem Einmarsch zugejubelt. Den Tschechen dagegen war es anschließend schlecht ergangen. Nun bekamen die Deutschen von den Tschechen die Quittung dafür, und ob man das nun gerecht fand oder nicht, die Amerikaner waren nicht bereit, sie daran zu hindern. In Polen erging es den überlebenden Deutschen, die nicht geflüchtet waren, übrigens ganz ähnlich. Vater behielt recht: Wir würden niemals in unsere Heimat zurückkehren.

Einen Glücksmoment gab es aber doch in all dieser bedrückenden Trostlosigkeit: Eines Abends stand Jan Seidl, aus russischer Gefangenschaft entlassen, leibhaftig in unserem Hotelzimmer, und Christine fiel ihm mit einem Aufschrei in seine Arme. Es war für uns keine Überraschung, als Christine uns schon kurze Zeit nach dem ersten Wiedersehen mitteilte, sie wolle Jan nun endlich heiraten und mit ihm in Haslau bleiben.

Es war schon ein bisschen geheimnisvoll mit Jan Seidls Rückkehr. Wie kam es nur, dass er schon so kurz nach Kriegsende entlassen worden war? Hing das nur damit zusammen, dass er als langjähriger und überzeugter Kommunist – jetzt endlich erfuhren wir davon – in der Gefangenschaft das Wohlwollen der Russen gewonnen hatte, oder war er vielleicht sogar an der Ostfront zu den Russen übergelaufen? Fest stand jedenfalls, dass Jan Seidl früher als fast alle anderen deutschen Kriegsgefangenen nach Hause kam und dass er zu den wenigen Deutschen gehörte, die in der Tschechoslowakei bleiben durften.

Christine als seine Frau blieb die Vertreibung auch erspart. Uns anderen drei Frauen half das aber leider nichts. Eines Tages bekamen wir schriftlich Bescheid: Am 20. August um 8 Uhr sollten wir uns mit Hab und Gut am Bahnhof einfinden, um in den Westen nach Bayern gebracht zu werden. Regensburg würde unser Ziel sein.

Christine und Jan brachten uns zum Bahnhof. Nur wenige Habseligkeiten hatten wir nach der Flucht erworben, die hatten wir in einem Bündel zusammengepackt. Aber auch die sollten wir am Ende nicht mitnehmen dürfen, denn die Tschechen nahmen den Flüchtlingen am Bahnhof auch noch die letzte Habe weg. Verzweifeltes Weinen war zu hören, und wir konnten im Grunde sogar noch von Glück reden, dass es in unserem Besitz nichts gab, woran unser Herz besonders hing. Ohne Aufforderung warf Mutti den Tschechen ihr schmales Bündel mit den verbliebenen Kleinigkeiten zu.

Nachdem diese Enteignung abgeschlossen war, fuhr ein endlos langer, offener Güterzug vor, in welchen wir wie Vieh verladen wurden. Ich sorgte mich um Mutti. Wie sollte die zarte, geschwächte Frau eine vielleicht lange Fahrt im Stehen nur überstehen? Doch meine Bedenken schienen unnötig. Gestützt von der schluchzenden Christine stieg sie ein, so stolz, als würde sie eine Staatskarosse betreten.

Als dann der Zug endlich anfuhr, lief Christine weinend hinterher. Schon nach wenigen Kilometern blieb er allerdings stehen und stand die ganze Nacht auf freier Strecke. Es regnete in Strömen, und bald standen wir bis zu den Waden im Wasser. Man hörte kleine Kinder herzzerreißend schreien und Erwachsene stöhnen. Abwechselnd verbargen wir das

Brot, welches man uns als Wegzehrung mitgegeben hatte, unter unserer Kleidung, damit es nicht nass wurde. Zu allem Überfluss bekam ich auch noch Fieber und zitterte nach einiger Zeit am ganzen Körper. Nur mit Mühe konnte ich mich auf den Beinen halten, und doch wollte ich mir vor meiner Mutter nichts anmerken lassen, um sie nicht nach all den Strapazen noch mit weiteren Sorgen zu belasten. Aber sie fühlte, dass es mir nicht gut ging, darum fragte sie besorgt: »Was ist mit dir, Kind?«

»Ich weiß es nicht, Mutti«, behauptete ich. »Ich bin so müde und müsste dringend einmal austreten.« Das entsprach der Wahrheit, wenn es auch nicht die ganze Wahrheit war.

Es war Annelies, die nun aktiv wurde – das hätte ich ihr eigentlich nicht zugetraut. Resolut rief sie nach draußen: »Wir müssen alle austreten, können Sie den Zug nicht für eine kurze Zeit öffnen?«

Ein farbiger amerikanischer Soldat hörte die Rufe und öffnete die Waggons. Die Menschen stürmten hinaus, und es war ihnen ganz egal, ob jemand zusah: Sie verrichteten ihr Notdurft auf offener Strecke. Fassungslos sah der amerikanische Soldat zu.

Tschechische Ordnungshüter eilten herbei und trieben die Menschen wieder zurück in den Zug, der sich nun wieder langsam in Bewegung setzte. Allerdings nur wenige Kilometer, danach blieb er mehrere Stunden stehen. Den Flüchtlingen war längst klar, dass das mit voller Absicht geschah. Die Tschechen wollten die Deutschen quälen, solange es möglich war. Nachdem die tschechisch-deutsche Grenze passiert war, ging es endlich zügig voran.

Gefreut hat sich in Bayern über unsere Ankunft niemand, und das war eigentlich auch verständlich, denn Bayern war ja bereits mit Flüchtlingen überfüllt. Oft mussten wir böse Beschimpfungen wie »Flüchtlingspack« oder »Habenichtse« hinnehmen, und das schmerzte uns schon. Es dauerte noch viele Jahre, bis Flüchtlinge nicht mehr damit rechnen mussten, schief angesehen zu werden.

In Regensburg angekommen, wurden wir in große Auffanglager gebracht. In einer großen Fabrikhalle fanden wir unsere erste Unterkunft. Ein Stand mit heißem Tee und trockenem Brot bot uns eine kleine Stärkung, anschließend wurde uns in der großen, mit Stroh gefüllten Fabrikhalle ein kleines, abgegrenztes Plätzchen zugewiesen. Erschüttert betrachtete Mutti die mit Brettern und Stroh errichtete Schlafstelle. Aber keine von uns verlor ein Wort darüber. Entkräftet ließen wir uns auf dem Strohlager nieder und schliefen ein.

Am nächsten Morgen wurden wir namentlich erfasst, und danach hatten wir einen neuen Familiennamen. Meine Mutter schämte sich nämlich ihrer Herkunft, und deshalb behauptete sie, wir hätten unsere ganzen Papiere verloren. Das war keine Seltenheit, also wunderte sich darüber niemand. Mit einer eidesstattlichen Erklärung gab sie dann ihren richtigen Namen an, nur das kleine »von« ließ sie weg. Von nun an, hatte sie beschlossen, wollte sie nur noch Frau Goldberg sein. Was sie dazu bewogen hatte, ist aus heutiger Sicht gar nicht so leicht zu erklären. Was die Flucht und unsere späteren Lebensumstände für meine Mutter bedeutet haben, kann wohl nur ermessen, wer das Leben gekannt hat, das wir zuvor geführt hatten, und wer auch die Wertvorstellungen kannte, die damit verbunden waren. Man trat dem Leben mit einer Haltung entgegen, die diesen Wertvorstellungen entsprach. Dieselbe Haltung stand auch hinter dem pausenlosen Wahren der Form, das mir als Kind so gekünstelt erschien und deshalb von mir abgelehnt wurde. Bei meiner Mutter hatte diese Haltung nichts Künstliches, und aus ihr heraus kam es für sie gar nicht in Frage, ihrer Trauer um das Verlorene freien Lauf zu lassen. Sie sprach deshalb auch ihr ganzes weiteres Leben lang nur selten über unser Leben vor der Flucht, denn natürlich trauerte sie innerlich doch, und das sollte ihr niemand anmerken.

Dieselbe Haltung war es auch, die es ihr nun erträglicher erscheinen ließ, ihren Namen zu verändern, damit er sie selbst nicht ständig an das erinnerte, was sie verloren hatte, aber auch andere Leute nicht darauf hinwies oder sie gar dazu brachte, Fragen zu stellen, auf die es zu schmerzlich gewesen wäre, eine Antwort zu geben.

Dass die seelische Belastung alle an die Grenzen ihrer Belastungsfähigkeit gebracht hatte, zeigte sich am Tag darauf, als eine der drei Töchter der streitsüchtigen Uhrmacherfamilie plötzlich wahnsinnig wurde. Sie tobte mit einer solchen Wut, dass sie in eine Regensburger Nervenheilstätte eingewiesen werden musste. Man war bereits so abgestumpft, dass diese Angelegenheit sogar von den Eltern des Mädchens gelassen hingenommen wurde.

Eine Woche später gab es niemanden mehr im Sammellager, der nicht von Ungeziefer befallen war. Wir blieben aber nur noch eine weitere Woche in diesem Auffanglager, dann wurde uns mitgeteilt, dass wir nach gründlicher Entlausung in ein kleines niederbayrisches Städtchen gebracht werden würden.

Das erforderte eine weitere Bahnfahrt, nur eine Stunde zwar, aber schon das überforderte meine Kräfte, und ich war nach der Ankunft nur noch in der Lage, aus dem Zug auszusteigen. Danach ließ ich mich einfach auf den kalten Steinboden des Bahnhofs fallen und war nicht mehr imstande, mich zu erheben. Die ganze Zeit schon, seit dem Transport im Güterzug, hatte ich mich nur noch mit Aufbietung aller Kräfte aufrecht halten können. Die Bahnfahrt hatte mir dann den Rest gegeben.

Wieder war es die sonst eher passive Annelies, die die Sache in die Hand nahm. Sie ließ Mutter und mich am Bahnhof zurück und machte sich auf den Weg, um in der kleinen Stadt eine Unterkunft für uns zu finden.

Als sie nach einer mir endlos lang erscheinenden Zeit zurückkam, strahlte sie und umarmte Mutti voller Freude.

»Heute Nacht könnt ihr wieder einmal in einem richtigen Bett schlafen!«, verkündete sie stolz. Die freundlichen Inhaber einer Glockengießerei hatten uns, wie sich herausstellte, für diese Nacht ein Gästezimmer zur Verfügung gestellt. Sie wollten uns am kommenden Tag auch behilflich sein, Behörden ausfindig zu machen, die für eine weitere Unterkunft sorgen würden.

Nach dieser erholsamen Nacht wurden wir am nächsten Morgen in die raue Wirklichkeit zurückversetzt. Die Behörden schickten alle neu angekommen Flüchtlinge zunächst in einen großen Saal, ehemals ein Polizeilehrsaal. Da man hier auch die Erfahrung gemacht hatte, dass sich im Stroh besonders schnell Ungeziefer einnistete, mussten die Flüchtlinge auf dem blanken Fußboden schlafen. Wer keine Decke hatte, war selber schuld und musste frieren.

Davon, dass ich fror, merkte ich aber rasch nichts mehr, denn mein Fieber verschlimmerte sich nun so sehr, dass ich das Bewusstsein verlor. In dieser Lage war es mit Mutters stolzer Haltung und ihrem festen Willen, von niemandem etwas zu erbitten, dann doch vorbei. Sie rannte auf die Straße und hielt den ersten Polizisten an, den sie sah.

»Meine Tochter stirbt, wenn ihr nicht geholfen wird, sie braucht dringend einen Arzt.«

Auf dem schnellsten Wege wurde ich in das nächste Krankenhaus gebracht. Dort stellten die Ärzte Scharlach fest, und sie machten Mutti angesichts meiner Entkräftung wenig Hoffnung.

»Wir werden unser Möglichstes tun, aber das Mädchen hat keine Widerstandskräfte mehr.«

Mutti und Annelies mussten weiter auf dem blanken Fußboden im Polizeilehrsaal schlafen, aber meine Schwester nur noch eine weitere Nacht, denn auch sie hatte sich infiziert und wurde in das gleiche Krankenhaus wie ich eingeliefert. Wer weiß, wie viele Menschen ich außerdem noch angesteckt habe, da ich ja zwei Wochen lang mit dieser Krankheit herumgelaufen bin.

Erschüttert kehrte Mutti in die armselige Flüchtlingsbehausung zurück und schrieb gleich einen ausführlichen Brief an William, in dem sie ihm schilderte, wie schlecht es um mich stand und wie gering die Hoffnung der Ärzte sei.

Annelies und ich lagen im Erdgeschoss des Krankenhausgebäudes, wo uns Mutti wegen der Ansteckungsgefahr nur durch ein geschlossenes Fenster sehen durfte. Bei meiner Schwester nahm die Krankheit einen leichteren Verlauf, sie war zu keiner Zeit in Lebensgefahr. Aber ich rang eine ganze Woche lang um mein Leben. Daran habe ich gar keine Erinnerung mehr, aber ganz genau weiß ich noch, wie ich zum ersten Mal wieder richtig wach war. Da sah ich durch das Fenster geradewegs in zwei Gesichter, die mir lieb und teuer waren: das von Mutti und das von William. Die Tränen liefen ihm über das Gesicht.

Dann brachte mir die Krankenschwester einen Brief von meinem Verlobten herein. Ich las darin seine Schilderung, wie er sich unser gemeinsames Leben vorstellte, und währenddessen schaute William mich unverwandt an. Am Ende weinte ich ebenfalls. So lieb ich William nämlich auch hatte, als ich meine Mutti so verhärmt und ärmlich neben ihm stehen sah, schnitt es mir so ins Herz, dass ich ungeahnte Kräfte in mir aufkommen fühlte. Es war dieser Moment, in dem ich mir fest vornahm, für Mutti jedes Opfer zu bringen, egal was das Leben von mir fordern würde.

Noch am selben Tag musste William zu seiner Einheit zurück. Ich schrieb ihm aber jeden Tag, und ich bekam auch täglich Briefe von ihm, in denen er mir Mut zusprach. So erholte ich mich langsam und kam allmählich wieder zu Kräften.

Zwischenzeitlich war Mutti in ein mit Feldbetten ausgestattetes Flüchtlingslager umgesiedelt worden und sehr erleichtert darüber. Ein paar Tage danach wurde Annelies entlassen, aber ich musste noch drei Wochen im Krankenhaus verweilen, weil der Arzt mich nicht zu früh wieder den Bedingungen im Flüchtlingslager aussetzen wollte.

Nach der guten Pflege im Krankenhaus war die Rückkehr in das Flüchtlingslager mit den achtzig Insassen sehr deprimierend für mich. Die Lebensmittelmarken, die wir erhielten, waren so knapp bemessen, dass ich jeden Abend hungrig ins Bett ging. Ich begann deshalb wieder mit meinen ausgedehnten Spaziergängen.

Damit löste ich aber ein neues Problem aus: Männer liefen mir hinterher, hauptsächlich Amerikaner, aber auch einige Deutsche. Manche von ihnen begannen, mir aufdringlich den Hof zu machen. Sogar bis zum Flüchtlingslager folgten sie mir. Einige schreckten nicht einmal davor zurück, mir nachts Ständchen zu bringen und damit die Leute aus dem Schlaf zu reißen, die sich dann natürlich auch über mich ärgerten. Mir war das alles sehr unangenehm.

In derselben Zeit gab es eine Entlausungsaktion des Gesundheitsamts, nachdem festgestellt worden war, dass das gesamte Flüchtlingslager wieder total verlaust und verwanzt war. Dieses Problem trat in regelmäßigen Abständen immer wieder auf, und so hatte man sich jetzt zu einer radikalen Lösung entschlossen: Allen Mädchen, deren Haare von Läusen befallen waren, sollten die Haare ganz kurz geschnitten werden. Meine Haare waren schulterlang, und ich fand die Vorstellung schrecklich, wie ein Sträfling den Kopf geschoren zu bekommen. Mit zitternden Knien, als ginge ich zum Schafott, trat ich als fast letztes von allen Mädchen zu dem Arzt. Ich muss ihm einen erbarmungswürdigen Blick zugeworfen haben, denn er kontrollierte mein Haar, dann wechselte er einen langen Blick mit mir, und am Ende sagte er: »Anscheinend mögen die Viecher das Blut dieses jungen Mädchens nicht, denn sie hat keine Läuse!«

Ich wusste genau, dass ich Läuse hatte, sie plagten mich nachts oft so sehr, dass ich nicht schlafen konnte, aber wie hätte ich ihm widersprechen können, da er mir meine Haare gerettet hatte?

Nachdem die anderen Herren vom Gesundheitsamt das Lager verlassen hatten, winkte der junge Arzt mich zu sich heran.

»Kommen Sie morgen zu mir ins Gesundheitsamt«, flüsterte er mir zu. »Ich werde Ihnen ein Mittel gegen die Läuse geben. Mir tat es um Ihr herrliches Haar viel zu leid, um es abzuschneiden.«

Erleichtert atmete ich auf und versprach, am nächsten Tag zu ihm auf das Amt zu kommen.

Der junge Arzt erwartete mich am nächsten Tag bereits ungeduldig. Er überreichte mir ein Fläschchen und klärte mich über die Gebrauchsanweisung auf.

»Sie werden bereits nach wenigen Tagen von dem Ungeziefer befreit sein«, versprach er. Ich war viel zu naiv, um zu bemerken, dass der Arzt sich für sein Entgegenkommen etwas von mir versprach. Er ging aber nicht etwa plump zu Werke, und er machte sogar Mutti seine Aufwartung, die allerdings die Stirn runzelte, als er mich wiederholt zu einem Spaziergang abholte. Darüber hätte sie sich aber keine Gedanken machen müssen, denn bereits nach dem ersten Antrag verwies ich den jungen Mann in seine Schranken und machte ihm klar, dass ich in festen Händen sei. Danach hörte er auf, mir nachzustellen.

Meine einsamen Spaziergänge verschafften mir aber noch ein weiteres sehr unangenehmes Erlebnis. Eines Abends wurde ich dabei von einem amerikanischen Jeep überholt, der vor mir abrupt anhielt. Drei Militärpolizisten stiegen aus und forderten mich zum Einsteigen auf.

»Ich denke nicht daran, mit Ihnen zu fahren!«, versuchte ich mich zu sträuben.

Barsch fuhr mich der eine an. »Das ist eine Razzia, leisten Sie keinen Widerstand und steigen Sie ein.«

Ich wurde zum amerikanischen Sanitätsbereich gefahren, wo sich bereits mehrere deutsche Mädchen befanden. Die meisten von ihnen waren aufdringlich geschminkt und rauchten. Ein amerikanischer Arzt kam heraus und ließ zehn Mädchen hereinkommen, darunter auch mich. In seinem Vorzimmer mussten wir fast eine Stunde warten, deshalb fiel mir auf, dass wir uns alle von der Mehrheit der bei der Razzia Verhafteten unterschieden: Wir waren alle ungeschminkt, keine von uns rauchte, und manche Mädchen machten einen recht kindlichen Eindruck.

Als ich endlich ins Behandlungszimmer des Arztes geholt wurde, fragte ich ihn ziemlich gereizt: »Was sind denn das für Methoden, mich wie einen Verbrecher auf offener Straße in eines ihrer Militärfahrzeuge zu schleifen? Ich bin mir keiner Schuld bewusst.«

Höflich erklärte der Arzt mir, dass viele Amerikaner sich bereits an deutschen Mädchen mit Geschlechtskrankheiten infiziert hätten.

»Keines der kranken Mädchen würde sich freiwillig bei uns melden«, erklärte er weiter. »Also bleibt uns nichts anderes übrig, als sie auf diese Weise ausfindig zu machen. Wir müssen der Verbreitung dieser Seuche Einhalt gebieten!«

»Ich hatte noch nie eine intime Beziehung zu einem Mann«, flüsterte ich beschämt. »Ich bin doch erst 17!«

»Dann sollte es Ihnen ja nichts ausmachen, wenn ich Sie untersuche«, lächelte er freundlich.

»Doch, es macht mir etwas aus«, hauchte ich unter Tränen. Aber es half nichts, ich musste die demütigende Untersuchung über mich ergehen lassen. Obwohl er sich bei der Untersuchung davon überzeugen konnte, dass ich tatsächlich unberührt war, machte er einen Abstrich.

»Um ganz sicher zu sein«, erklärte er. »Es ist meine Pflicht.«

Als mich die Militärpolizisten anschließend wieder zurück zum Flüchtlingslager fuhren, war ich so niedergeschlagen, dass ich während der ganzen Zeit kein Wort sprach.

Mutti sah mich aus dem Jeep aussteigen und erschrak. »Was ist geschehen, warum bringen dich die amerikanischen Polizisten?«

Ich berichtete von meinem Erlebnis.

»Weißt du Mutti«, sagte ich zum Schluss. »Wir sind das besiegte Volk und müssen uns derlei entwürdigende Dinge gefallen lassen. Ich kann die Amerikaner aber nicht einmal dafür verurteilen. Es ist schlimm genug, dass sich deutsche Mädchen so verhalten, dass diese Maßnahmen nötig werden.«

Tröstend nahm Mutti mich in die Arme und sagte: »Vielleicht kann ich dir eine Freude bereiten, Kind.« Sie übergab mir einen Brief, den Christine an uns nachgesandt hatte.

Ich schaute auf den Absender und freute mich tatsächlich. »Mutti, er ist von Inge Puju! Wie gut, dass ich ihr bei unserem Treffen auf der Flucht noch rasch Jans Adresse gegeben habe.«

Es war gar nicht Inges Schrift, mit der der Absender geschrieben war, aber in meiner Freude dachte ich mir dabei nichts. Nachdem ich den Umschlag geöffnet hatte, merkte ich aber, dass es Inges Mutter war, die den Brief geschrieben hatte. Und was sie mir mitteilte, war alles andere als eine Freudenbotschaft.

Mir wurde übel, und ich warf mich unbeherrscht schluchzend auf das Feldbett. Nach einigen Momenten spürte ich, wie meine Mutter sich neben mich setzte und mir über das Haar strich.

»Darf ich den Brief lesen?«, fragte Mutti.

Inges Mutter hatte geschrieben, dass meine Freundin von mehreren Russen vergewaltigt worden und dann grausam umgebracht worden war. Sie hatten ihr das Genick gebrochen.

In der darauffolgenden Zeit war ich still und schreckhaft. Nachts konnte ich nicht schlafen und wenn ich doch mal einschlief, sah ich entsetzliche Bilder. Immer wieder war es meine Freundin, die ich im Traum schreien hörte. Manchmal wachte ich schweißgebadet auf und freute mich über das bescheidene Feldbett, in dem ich lag, oder ließ die Gedanken zu den schönen Zeiten schweifen, die ich mit Inge gehabt hatte. Wenn ich bedachte, was ich seit unserer Flucht alles mitgemacht hatte, fand ich es fast unglaublich, dass ich selbst noch am Leben war.

12

Die Weihnachtszeit kam näher, und mit ihr die Erinnerungen an die Weihnachtsvorbereitungen, die wir zu Hause nun vorgenommen hätten. Es tat weh, sich daran zu erinnern, und so war ich froh, dass William einen langen Brief geschrieben hatte. Ich las ihn oft, um mich damit abzulenken.

Mutti hatte mit uns zusammen einen kleinen Bereich im letzten Winkel des Lagers, welches eine ehemalige, etwa hundert Quadratmeter große Schneiderwerkstatt war. In der Mitte des kärglich eingerichteten Raumes stand ein kleiner Christbaum, den einige Herren schmückten. Auf dem einzigen Herd für ein ganzes Lager mit achtzig Personen stand ein Topf voller Kartoffeln, der von den hungrigen Kindern nicht aus den Augen gelassen wurde. Angesichts dieser widrigen Umstände sah man nur wenig weihnachtliche Freude in den Gesichtern der Lagerinsassen.

Gegen 16 Uhr sagte Mutti plötzlich: »Wisst ihr noch, Kinder, um diese Zeit wurde daheim das Personal beschert!« Annelies fing leise zu weinen an, und ich spürte, wie mir ebenfalls Tränen in die Augen stiegen. Mit einer abrupten Kehrtwendung lief ich hinaus. Ziellos lief ich durch die Straßen, dann kam ich an eine große Kirche, und aus einem Impuls heraus zog ich die schwere Tür auf und setzte mich in die letzte Bank.

Die Kirche war leer und grabeskalt. Nur in der ersten Reihe saß ein altes Mütterchen. Ich saß da und ließ meine Gedanken schweifen, obwohl es mich vor Kälte schauderte, und träumte mich nach Hause zurück.

Ein Kribbeln an meinem Kopf und Körper riss mich aus meinen Gedanken und erinnerte mich daran, dass ich erneut Ungeziefer hatte. Angeekelt schüttelte ich mich. Was für ein elendes Leben war das doch, dass ich jetzt führen musste!

Plötzlich vernahm ich ein leises Schluchzen und hob erstaunt den Kopf. Kam das von der alten Dame in der vordersten Bank?

Ich sah näher hin, zögerte, dann stand ich auf und ging zu ihr.

»Kann ich Ihnen helfen?«

Erstaunt sah das Mütterchen auf. »Sind Sie ein Engel?«, fragte sie.

Ich musste lächeln. »Nein – leider! Ich bin nur ein Flüchtlingsmädchen aus Polen. Aber warum sind Sie denn so traurig?«

»Ach, ich habe bei dem letzten Bombenangriff auf die Stadt meine gesamte Familie verloren, und heute am Heiligen Abend fühle ich mich sehr allein!« Sie wischte sich die Tränen aus den Augen und sah mich an. »Aber was machen Sie denn um diese Zeit hier in der Kirche, kleines Fräulein, müssen Sie nicht heim zur Bescherung?«

»Bescherung!« Gequält lachte ich auf. »Bei den Läusen und Wanzen im Flüchtlingslager?«

Mitleidig sah die alte Dame mich an. »Haben Sie Familie, oder sind Sie ganz allein?«, fragte sie.

»Nein, Gott sei Dank bin ich nicht allein, meine Mutter und meine Schwester sind ebenfalls im Flüchtlingslager.«

Ganz plötzlich wurde die alte Dame lebendig.

»Schnell, Fräuleinchen, laufen Sie in das Flüchtlingslager und holen Sie Ihre Mutter und Ihre Schwester. Ich werde hier in der Kirche auf Sie warten. Ich habe nämlich so viel gekocht, als wenn meine Familie noch am Leben wäre. Wenigstens wollte ich so tun als ob!«

»Das geht doch nicht«, rief ich und gestand beschämt: »Wir würden Ihre Wohnung beschmutzen, leider haben wir nämlich Ungeziefer.«

Die alte Dame winkte aber nur ab. »Ach, das ist nicht so schlimm, mein Sohn war auch immer verlaust, wenn er aus Russland auf Urlaub kam. Für mich ist die Hauptsache, dass ich heute am Heiligabend nicht alleine sein muss!«

Ich rannte zurück ins Lager. Tränen liefen mir über die Wangen. Leise sagte ich fortwährend vor mich hin: »Mutti, liebe Mutti, ich habe Weihnachten für dich.«

Aber da hatte ich nicht mit Muttis Stolz gerechnet. Sie weigerte sich rundheraus.

»Sag mal, Mutti, wie viel Elend muss noch über uns kommen, bevor du deinen Stolz ablegst?«, warf ich ihr vor.

»Kind, das ist das einzige, was mir noch geblieben ist und auch bleiben wird«, gab sie zurück.

Diesmal blieb ich aber hartnäckig, alleine schon, weil ich gar nicht einsehen konnte, warum ihr Stolz daran Schaden nahm, wenn sie einer einsamen alten Frau den Heiligabend schöner machte.

»So denk doch auch ein wenig an uns!«, spielte ich auch meinen stärksten Trumpf aus. »Aber denk vor allem an die alte Frau, die da in der kalten Kirche sitzt, auf uns wartet und sich darauf freut, endlich wieder Menschen um sich zu haben.«

Annelies hatte so viel Hunger, dass ich kaum Mühe brauchte, auch sie davon zu überzeugen, bei der alten Frau Negele – so hieß die alte Dame – Weihnachten zu feiern. Und nachdem ich Mutter einige Zeit gut zugeredet hatte, ging sie doch mit. Es wurde ein harmonischer Abend und der Beginn einer langjährigen Freundschaft, die erst mit dem Tode der alten Dame endete.

Nicht einmal das demütigende Erlebnis mit der Razzia der Amerikaner hatte mir meine geliebten langen Spaziergänge abgewöhnen können. Das lag auch daran, dass ich es im Lager immer unerträglicher fand. Es waren einfach zu viele Menschen auf zu engem Raum. Die Leute gifteten sich wegen jeder Kleinigkeit an.

Auf einem dieser Spaziergänge lernte ich meinen künftigen Mann kennen. Aber damals ahnte ich natürlich nichts davon, dass ich ihn heiraten würde. Für mich gab es ja nur William.

Gottfried war kein Flüchtling, sondern ein junger Bayer, der gerade aus amerikanischer Kriegsgefangenschaft in seinen Heimatort zurückgekehrt war. Er war ein lustiger Kerl, und so schaffte er es, mich ins Gespräch zu ziehen, und weil er mich dabei zum Lachen brachte, freute ich mich, wenn ich ihm begegnete. Ich empfand nichts für ihn, und wahrscheinlich war es meiner Naivität geschuldet, dass ich ihm nicht vorsichtshalber aus dem Weg ging. Denn Gottfried machte gar kein Geheimnis daraus, dass er für mich sehr wohl etwas empfand. Wie oft hat er mir Heiratsanträge gemacht! Aber dazu sagte ich nur: »Zum Heiraten bin ich noch viel zu jung«, und damit gab er sich dann auch jedes Mal zufrieden.

Von William erzählte ich ihm aber nicht. Es schien mir nicht richtig, denn Gottfried war ja in amerikanischer Gefangenschaft gewesen. Ich fürchtete, es würde ihn vielleicht verletzen, dass ich mit einem amerikanischen Offizier verlobt war. Aber ernst nahm ich seine Heiratsanträge nicht, und seine Gesellschaft und seine gute Laune taten mir gut, sie lenkten mich ab.

Vielleicht war ich ja sogar zu abgelenkt, denn mir fiel gar nicht auf, dass meine Mutter immer stiller wurde. Bis ich eines Nachts durch ein Geräusch geweckt wurde. Wir beide schliefen in einem Stockbett, sie unten und ich oben. Das Geräusch war von unten gekommen, und ich sah nach. Was ich erblickte, ließ mein Herz einen Augenblick lang stillstehen.

»Mutti!«

Erschrocken blickte sie zu mir empor. An der Unterseite des oberen Betts hatte sie einen Strick befestigt und wollte gerade die Schlinge um ihren Hals legen. Ich sprang hinunter in ihr Bett und nahm sie in die Arme.

»Mein Gott, Mutti, wie kannst du uns das antun!«

Es dauerte eine ganze Weile, bis Mutti sich dazu überwinden konnte, zu sprechen.

»Du musst nicht glauben, mein Kind, dass ich feige bin, aber ich ertrage dieses Leben und vor allem das Ungeziefer nicht länger. Diese Entlausungszeremonien sind so entwürdigend.«

»Ach, Mutti!«, rief ich aus. »Stell dir nur vor, wenn Vati oder Horst aus der Gefangenschaft zurückkommen, was ich ihnen dann erzählen müsste: Die Flucht hat Mutti tapfer ertragen, aber die kleinen Viecher haben ihr so zugesetzt, dass sie sich aufgehängt hat. Halt durch, Mutti! Wir werden ja nicht ewig in diesem Lager bleiben müssen!«

Ich machte mir Vorwürfe, weil ich nicht früher gemerkt hatte, wie sehr das Leben im Lager sie seelisch zermürbt und wie viel Kraft es sie gekostet hatte, nach außen hin die Fassade zu wahren. Wir mussten endlich hier raus, und das so schnell wie möglich!

In dieser Nacht schlief ich bei meiner Mutter im Bett, oder vielmehr: Die meiste Zeit unterhielten wir uns leise, bis ich in ihren Armen einschlief. Meine Nähe tat ihr gut, und am nächsten Morgen schien es ihr besser zu gehen.

»Kind«, bat sie mich, »in der hiesigen Kaserne, habe ich gehört, sind deutsche Kriegsgefangene untergebracht, und fast täglich sollen neue eintreffen. Würdest du dich einmal erkundigen, ob Bekannte oder Verwandte unter ihnen sind?«

Ich schmunzelte. »Warum redest du eigentlich immer um den heißen Brei herum, Mutti? Du hoffst doch vor allem, Vati oder Horst wiederzufinden.«

»Ja, natürlich in erster Linie«, gab sie zu und lächelte zurück.

Bei Gottfried erkundigte ich mich nach den Kasernen und den Kriegsgefangenen. Das lag nahe, denn er war ja auch Soldat gewesen.

»Ich werde mit dir mitgehen«, bot er mir an. Dass ich an diesem Tag ernster als sonst war, fiel ihm unterwegs rasch auf, und er fragte teilnahmsvoll: »Hast du Kummer?«

»Was heißt Kummer?«, sagte ich mit einem resignierten Seufzer. »Ich kann Mutter das Lagerleben nicht mehr länger zumuten. Sie hält das einfach nicht aus.« Ich zögerte, dann vertraute ich Gottfried an, was in der Nacht geschehen war.

»Ich werde mich einmal umsehen«, versprach Gottfried. »Vielleicht kann ich eine Unterkunft für euch besorgen. Lass mich nur machen.«

Gottfrieds Vater besaß ein großes Malergeschäft in der Stadt. Nach seiner Entlassung aus der Gefangenschaft arbeitete er wieder dort. Dabei kam er natürlich auch mit vielen Kunden ins Gespräch. Vielleicht, dachte ich, konnte es mit seiner Hilfe wirklich gelingen, eine Unterkunft zu finden.

In der Kaserne erlebte ich aber erst einmal eine herbe Enttäuschung, denn unter den vielen Kriegsgefangenen befand sich niemand, denn ich kannte. Sehr einsilbig ging ich mit Gottfried zum Flüchtlingslager zurück.

Aber wenige Tage danach kam Gottfried zu mir und hatte eine freudige Nachricht: Er hatte in der Stadt ein kleines, bescheidenes Zimmer gefunden, das wir am Wochenende anschauen dürften. Befreit atmete ich auf, als Mutter nach der Besichtigung mit einer Zusage zurück ins Lager kam. Noch ein einziges Mal mussten wir die entwürdigende Entlausung über uns ergehen lassen, und danach durften wir das Flüchtlingslager verlassen.

Das kleine Durchgangszimmer, dessen Mieter wir nun waren, war möbliert: ein Bett, ein Tisch, drei Stühle und ein kleiner Kanonenofen, der jeden Moment umzukippen drohte, zierten einen Raum, den unsere verwöhnte Mutter zu Hause nicht einmal dem geringsten Arbeiter zugemutet hätte. Trotzdem waren wir überglücklich, ihn zu haben, denn endlich konnten wir nun wieder einmal allein sein. Mutti durfte im Bett schlafen. Abwechselnd durfte eine von uns Schwestern das Bett mit ihr teilen, die andere musste sich mit dem Fußboden begnügen. Es ging nicht anders, das Bett war zu schmal.

Nachmittags ging ich nun häufig in die Kaserne, um nach Angehörigen Ausschau zu halten. Etliche Male zog ich unverrichteter Dinge wieder von dannen, aber dann hatte ich Glück: Ein Bruder meines Vaters, Onkel Werner, befand sich unter den Kriegsgefangenen. Er freute sich sehr, eine Verwandte zu sehen, und ich versprach, ihn öfter mal zu besuchen. Trotzdem war ich enttäuscht, nicht zuletzt, weil Mutter jedes Mal so viel Hoffnung hatte, dass ich mit einer guten Nachricht über Vati oder Horst zurückkommen würde. Geknickt ging ich in unsere bescheidene Behausung zurück und überlegte krampfhaft, wie ich ihr erklären sollte, dass ich Vater und Bruder wieder nicht gefunden hatte.

Ich öffnete die Zimmertür und musste einen Schrei unterdrücken: Ein völlig heruntergekommener, kahlköpfiger Mann saß neben Mutti und streichelte ihre Hände, und sie ließ es geschehen. War sie verrückt geworden? Dann besah ich mir den Kahlköpfigen etwas näher und wurde unsicher. Fragend blickte ich meine Mutter an, und sie nickte mit Tränen in den Augen.

»Vati?«, fragte ich leise, und dann fiel ich ihm weinend in die Arme.

13

Gottfried war bei uns zum Dauergast geworden, seit er uns das Zimmer verschafft hatte. Ab und zu brachte er Gemüse mit und unterstützte uns auch sonst, wo er konnte. Nebenbei warb er mit einer unglaublichen Hartnäckigkeit um mich.

Eines Tages erschien er mit Verlobungsringen und bat Vati und Mutti um meine Hand. Nachdem die Eltern ihm klargemacht hatten, dass das einzig und allein ich zu entscheiden hätte, fasste ich den Entschluss, ihm endlich reinen Wein einzuschenken.

Während eines Spaziergangs erzählte ich ihm die ganze Wahrheit. Ich zeigte ihm auch den Verlobungsring, den ich von William bekommen hatte.

Zornig, wie ich ihn bis dahin noch nie erlebt hatte, riss er mir den Ring vom Finger und warf ihn in den vorbeifließenden Fluss.

Erschrocken rief ich: »Was erlaubst du dir? Ich liebe William und werde ihn heiraten.«

Gottfried fing zu brüllen an: »Dafür haben wir deutschen Soldaten gekämpft, dafür haben wir die Gefangenschaft ertragen, damit ihr mit unseren Feinden herumhurt?«

Ich musterte ihn kalt. »Ich bin noch völlig unberührt«, sagte ich steif. »William hätte mich nie angefasst.« Danach ließ ich Gottfried stehen und ging davon.

Rasch hatte er mich wieder eingeholt und fing erneut an: »Wenn du mich nicht heiratest, werde ich mir das Leben nehmen, und du bist schuld daran. Ich werde jetzt eine Woche zu Verwandten ins Gebirge fahren. Wenn ich wiederkomme, will ich eine Entscheidung von dir.«

»Meine Entscheidung hast du jetzt schon, ich heirate dich nie!«

Wütend riss er mich an sich. »Wer hat euch das Zimmer besorgt? Mein Vater hat recht, ihr seid ein Flüchtlingspack!«

Enttäuscht und verletzt ging ich heim. Ich schämte mich, weil ich so dumm gewesen war, Gottfried zu vertrauen, und weil ich nicht geahnt hatte, dass er neben seiner lustigen Art auch eine so herrische, drohende Seite in sich hatte. Ein bisschen hatte er mir die ganze Zeit leid getan, denn er konnte ja nichts dafür, dass ich nicht mehr frei war.

Ich wusste nicht, was ich tun sollte, und so schrieb ich William einen langen Brief und bat ihn, so bald wie möglich zu kommen. Er war zwischenzeitlich in die Staaten zurückgekehrt, darum erreichte mein Brief ihn erst nach 14 Tagen, und natürlich brauchte seine Antwort dann noch einmal so lange. Sie war also noch lange nicht eingetroffen, als am darauffolgenden Sonntag Gottfried erneut kam, um sich eine Antwort von mir zu holen.

»Ich werde dafür sorgen, dass ihr das Zimmer wieder verlassen müsst«, drohte er, und damit jagte er mir eine gewaltige Angst ein. Jetzt, wo der von der Gefangenschaft geschwächte Vater auch noch mit in dem kleinen Raum hauste, konnte ich mir die

Rückkehr in das Flüchtlingslager erst recht nicht mehr vorstellen.

Ich muss Zeit gewinnen!, dachte ich. Deshalb änderte ich jetzt meine Taktik: »Bitte, Gottfried, lass mir noch etwas Zeit, ich muss mich erst an den Gedanken gewöhnen«, säuselte ich. Alles, was ich erreichen wollte, war, dass er sich einstweilen damit zufrieden gab und das gelang mir.

Bei seinen täglichen Besuchen erzählte mir Gottfried von den schlechten deutschen Mädchen, die sich den Amerikanern an den Hals warfen, und dass noch nie ein Amerikaner zurückgekehrt sei, um seine deutsche Braut zu heiraten. Fast hätte er es geschafft, während der langen Wartezeit auf Williams Antwort in mir Zweifel an meinem Verlobten zu wecken.

Dann endlich traf ein langer Brief von ihm ein. »Warte auf mich, ich komme dich holen«, schrieb er. »Beschaffe dir inzwischen alle Papiere, die wir für eine Hochzeit brauchen.« Zum ersten Mal erzählte er mir auch von seinem Besitz in den Staaten. Er besaß eine große Ranch, und die, schrieb er, sei daran schuld, dass er vor mir nie die richtige Frau gefunden hatte. Jedes Mädchen, das er kennengelernt hatte, interessierte sich vor allem für seinen Besitz. Bei mir sei er sich zum ersten Mal sicher, wirklich geliebt zu werden.

Ich weinte vor Freude. Als Gottfried am Abend kam, erzählte ich ihm ganz ehrlich, William habe geschrieben, und ich sei mir nun im Klaren, zu wem ich gehöre.

»Ich liebe William, und ich wäre dir deshalb eine schlechte Ehefrau«, schloss ich. »Bitte verzeih mir.«

Gottfried reagierte so auffallend vernünftig, dass ich eigentlich hätte gewarnt sein müssen, denn das widersprach ja seiner früheren Reaktion. Aber ich war viel zu glücklich über Williams Brief und viel zu erleichtert, dass die Vorwürfe ausblieben, mit denen ich eigentlich gerechnet hatte, um lange darüber nachzudenken.

Und als er mich fragte: »Darf ich dich noch um etwas bitten?«, wäre es mir herzlos vorgekommen, nein zu sagen. Gottfried wollte, so sagte er, von mir Abschied feiern, und anschließend würden wir uns als Freunde trennen.

Bei dieser Abschiedsfeier war ich aber mit Gottfried alleine in unserem kleinen Zimmer, denn die Eltern und Annelies waren am Abend bei einem Flüchtlingsehepaar eingeladen, das ebenfalls eine bescheidene Unterkunft gefunden hatte. Gottfried hatte das gewusst, und das war Teil seines Plans gewesen.

Er hatte zwei Flaschen Saft mitgebracht, jedenfalls behauptete er, es sei Saft.

»Damit werden wir es uns jetzt gemütlich machen und uns über deine bevorstehende Zukunft in Amerika unterhalten. Schließlich kann man niemanden zu einer Ehe zwingen!«

Ich nahm eines der zwei Gläser, die er gefüllt hatte, um mit ihm anzustoßen.

»Woher hast du den guten Saft?«, fragte ich, nachdem ich einen Schluck getrunken hatte. Er schmeckte mir tatsächlich gut, wenn er auch einen ungewohnten Beigeschmack hatte. Aber es war ja seit langer Zeit der erste Saft für mich.

»Ach, das sind verschiedene Früchte«, sagte er ausweichend. »Vater hat den Saft von einem Kunden bekommen.«

Wir prosteten uns zu, ich trank, und dann erzählte ich ihm, wie ich William kennengelernt und wie ich mich zunächst gegen diese Liebe gewehrt hatte. Gottfried hörte zu und schenkte mir ständig nach.

Was ich nicht ahnte: Er hatte den Saft mit hochprozentigem Wodka gemischt. Ich war viel zu unerfahren, um das zu merken, denn ich hatte zu Hause nie Alkohol getrunken. So wurde ich, je mehr ich von dem Saft trank, immer lustiger und meine Zunge immer schwerer. Bald wusste ich nicht mehr, was ich sagte. Meine Glieder wurden bleiern. Und dann nahm sich Gottfried, was er auf diese Weise von mir hatte bekommen wollen. Ich fühlte zwar, was mit mir geschah, konnte mich aber nicht wehren. Hilflos ließ ich das Ungeheuerliche über mich ergehen.

Als ich am nächsten Morgen erwachte, erinnerte ich mich nur schwach daran, was am Vorabend geschehen war. Aber ich hatte starke Schmerzen im Unterleib und Blutungen, die mir zeigten, dass ich keinen bösen Traum gehabt hatte. Wie das personifizierte schlechte Gewissen schlich ich umher und vermied es, mit den Eltern zu sprechen. Ich glaubte, jeder müsse mir das Erlebte ansehen.

Als Mutti fragte: »Hast du irgendetwas, Elfi?«, hätte ich ihr am liebsten alles anvertraut. Aber wie konnte ich sie gerade jetzt, wo sie endlich wieder etwas gelöster und lebensfroher wirkte, mit einer solchen Nachricht belasten? Außerdem schämte ich mich natürlich unsagbar.

Wieder schrieb ich William einen langen Brief. Bis ins kleinste Detail berichtete ich ihm, was mir geschehen war und fragte, ob er denn auch ein entehrtes Mädchen heiraten wolle.

Am späten Abend kam Gottfried, der sich davor aus schlechtem Gewissen den ganzen Tag ferngehalten hatte.

»Willst du mich jetzt endlich heiraten?«, fragte er mich. »Ich liebe dich doch so sehr, nüchtern hätte ich das nie getan. Jetzt, nachdem das geschehen ist, kannst du sowieso nur noch mich heiraten. In euren Kreisen ist das doch so üblich.«

Vor Wut brachte ich kein Wort heraus. Jetzt kam er plötzlich mit unseren Kreisen daher, wo er uns doch noch vor Kurzem als Flüchtlingspack bezeichnet hatte. Und das mit dem Alkohol, so viel war mir klar, war kein Missgeschick, sondern sorgfältig vorbereitet gewesen.

»Bitte sag doch etwas«, bat er.

»Es wundert mich sehr, dass du urplötzlich von unseren Kreisen sprichst, wo ich doch für dich und deine Familie das letzte Pack bin«, gab ich zurück. »Vorher wolltest du nicht einmal glauben, dass wir überhaupt etwas besessen haben.«

»Erkannt habe ich es schon, dass du eine gute Erziehung gehabt haben musst, nur wollte ich es dir nicht sagen, damit du nicht noch eingebildeter wirst, als du sowieso schon bist«, gestand er offenherzig.

Böse sah ich ihn an. »Lieber bleibe ich eine alte Jungfer, bevor ich dich heirate.«

Jetzt lachte Gottfried höhnisch auf. »Und wenn du ein Kind bekommst?«

Entsetzt sah ich Gottfried an. »Meinst du, ich bekomme ein Kind von dem einen Mal?«

»Ich habe mir Mühe gegeben«, lachte er. Er genoss meinen Schreck. »Ausgeschlossen ist das nicht. Vielleicht wirst du mir noch dankbar sein, wenn ich dich überhaupt noch will.«

Ich war so entsetzt, dass ich nichts mehr sagen konnte.

Gottfried fühlte, dass er zu weit gegangen war. »Ich wollte dich nicht kränken, ich liebe dich über alles!«

»Bitte geh jetzt«, sagte ich gepresst. »Ich möchte allein sein.«

William schrieb mir mehrmals, beteuerte mir trotz des Geschehenen seine Liebe und bat mich, auf ihn zu warten. Aber ich antwortete nicht mehr. Es brach mir fast das Herz, denn ich liebte ihn ja wirklich, aber gerade deshalb schien es mir völlig unmöglich, ihm neben einer entehrten Braut auch noch das Kind eines anderen Mannes zuzumuten. Damit war mir aber auch klar, dass mir gar nichts anderes übrig bleiben würde, als Gottfried zu heiraten.

Als ich Gewissheit darüber hatte, dass ich mit meinen gerade mal 17 Jahren ein Kind bekam, ging ich zu ihm und sagte es ihm. Er jubelte und machte sofort den Hochzeitstermin fest.

Noch viel schwerer fiel es mir, meinen Eltern gegenüberzutreten, denn ich musste ihnen ja nicht nur beichten, dass ich ein Kind von Gottfried erwartete, sondern ihnen auch noch vorheucheln, dass ich ihn liebte. Als ich es Mutti erzählte, erschrak sie so sehr, dass ihre Beine sie nicht mehr trugen. Diese Lähmungserscheinungen hielten noch geraume Zeit an.

»Ihr habt doch nicht einmal eine Wohnung!«, jammerte sie. »Ich kann mir nicht vorstellen, dass Gottfrieds Eltern dich, ein Flüchtlingsmädchen, in ihr Haus lassen.«

Damit lag sie vollkommen richtig. Gottfrieds Vater, ein äußerst christlicher Mann, tobte: So ein dahergelaufenes Mädchen komme ihm nicht ins Haus.

Als Gottfrieds Stiefmutter – seine leibliche Mutter hatte er schon als kleiner Bub verloren – ein Mädchen aufnahm, das ein Kind von einem Amerikaner erwartete, sah er die Sache aber längst nicht so eng, vermutlich, weil das Mädchen sie mit Lebensmitteln versorgte. Bis an sein Lebensende hat er sich mit unserer Ehe nicht ausgesöhnt, obwohl wir später einige Zeit in seinem Haus wohnten.

Aber Gottfried setzte seinen Willen auch seinem Vater gegenüber durch. Der Hochzeitstermin stand fest, und alles wurde vorbereitet. Christine schickte mir aus der Tschechei ein traumhaft schönes Brautkleid, und Gottfried besuchte seine bäuerlichen Verwandten, um Lebensmittel für das Hochzeitsmahl zu hamstern. Der Brautstrauß bestand aus Korn- und Mohnblumen. Und dann war der Hochzeitstag gekommen und ich stand mit Gottfried vor dem Alter.

Ein Freudentag war meine Hochzeit für mich wahrhaftig nicht. Mutti hatte immer noch Lähmungserscheinungen und konnte an der Trauung nicht teilnehmen. Meine Schwiegereltern blieben ihr sowieso fern. Während der Trauungszeremonie weinte ich unaufhörlich und konnte mich gar nicht beruhigen, sodass der Pfarrer mich in die Sakristei bat und fragte, ob ich zu dieser Ehe gezwungen worden sei. Ich schüttelte nur den Kopf, konnte aber vor Weinen nicht sprechen. Am Ende gab er sich damit zufrieden.

Fast war ich froh, dass Mutti nicht dabei gewesen war, denn sie sollte ja glauben, dass ich Gottfried liebte. Dass sie in meinem Gesicht lesen konnte wie in einem offenen Buch und die Wahrheit längst kannte, ahnte ich nicht.

Einmal rief sie mich an ihr Bett und fragte: »Weiß William eigentlich, dass du geheiratet hast?«

»Nein, Mutti, ich habe ihm seit der Verlobung mit Gottfried nicht mehr geschrieben.«

Ihr war auch klar, wie sehr ich sie brauchte. Sie kämpfte darum, wieder gehen zu können, und ganz langsam, von Tag zu Tag, waren doch Fortschritte erkennbar.

Inzwischen bemühten sich Annelies und Vati verzweifelt, ein anderes Zimmer zu bekommen, damit sie uns, dem frisch vermählten Paar, unser bisher gemeinsames Zimmer überlassen konnten. Mir war es aber gar nicht sonderlich eilig, mit Gottfried zusammenzuwohnen. Ich war froh, wenn er am Abend zu seinen Eltern ging. Aber schließlich gelang es erst meinen Eltern, ein kleines Zimmer zu finden, und dann fand auch Annelies eine Unterkunft.

Wie wenig ich vom Haushalt wusste, merkte ich erst, als ich nun täglich für Gottfried kochen sollte. Das war aber auch kein Wunder, denn zu Hause hatte ich derlei Dinge ja nicht tun müssen. Mit erstaunlicher Geduld bemühte sich Gottfried darum, mir immer wieder neue Gerichte beizubringen. Aber meistens gelangen mir auch diese nicht gut. Gottfried schalt mich deshalb aber nie, und auch sonst umwarb er mich, als hätten wir noch gar nicht zusammen vor dem Traualtar gestanden. Dass er meine Liebe damit nicht erworben hatte, dass er mich mit List und Gewalt dazu gebracht hatte, ihn zu heiraten, das wusste er ganz genau. Und geliebt werden wollte er von mir, vom ersten bis zum letzten Tag unserer Ehe.

Weil es so wenig zu essen gab, hatte ich eine sehr schwere Schwangerschaft. Fast täglich brach ich irgendwo ohnmächtig zusammen. Aber als ich zum ersten Mal fühlte, wie sich das Baby bewegte, empfand ich ein großes Glücksgefühl.

Am 27. Januar war es so weit, und ich konnte meine kleine Eva in den Armen halten, die zwar sehr zart, aber gesund war. Genauestens wurde sie von mir untersucht, ob auch nichts fehlte. Ich konnte es gar nicht fassen, dass so ein kleines Wesen so vollkommen sein konnte. Vati und Mutti eilten noch in der Nacht an mein Bett und freuten sich mit mir über das schöne Baby. Auch Gottfried war überglücklich, doch er feierte die Geburt seiner Tochter in ganz anderer Atmosphäre: Er traf sich mit seinen Freunden, und einige leichte Mädchen sollen ebenfalls anwesend gewesen sein.

In dieser Nacht betrog Gottfried mich mit der Frau seines Freundes, das jedenfalls erzählte mir eine sogenannte Freundin, die mich gleich am nächsten Tag im Krankenhaus besuchte und mir diese Neuigkeit brühwarm erzählte. Es tat mir nicht einmal weh, es beleidigte mich nur. Ich hatte ja meine kleine Eva.

Wie glücklich war ich, dass ich genügend Nahrung für die Kleine hatte und sie selbst stillen konnte. Einige Mütter im Krankenhaus waren völlig verzweifelt darüber, dass ihnen die natürliche Nahrung, die Muttermilch, fehlte. Das konnte zu der Zeit, als die Hungersnot so groß war, fatale Folgen für einen Säugling haben. Eva hingegen trank fleißig, jedoch blieb immer ein Rest der Nahrung in der Brust zurück. Ich bekam arge Schmerzen und hohes Fieber, und meine Brust musste aufgeschnitten werden. Erst 14 Tage später als vorgesehen durfte ich deshalb mit der Kleinen nach Hause entlassen werden, und das war eigentlich immer noch viel zu früh.

Nachdem ich mit dem Baby im Arm in unser Zimmer heimgekommen war, begann mir sofort alles über den Kopf zu wachsen. Stundenlang bemühte ich mich, in dem schiefen Kanonenofen Feuer zu entfachen, aber es war zwecklos. Die Luft in dem kleinen Raum war schon bedenklich schlecht, denn der Qualm schlug durch das Ofenrohr immer wieder zurück. Weil der kleine Raum bald regelrecht eingenebelt war, riss ich das Fenster auf. Die Kleine begann leise zu wimmern, und um sie nicht zu lange der Winterkälte auszusetzen, schloss ich es so rasch wie möglich wieder.

Nachdem ich wieder und wieder vergeblich versucht hatte, das Feuer zu entfachen, fing ich entnervt zu weinen an. Das Kind hatte inzwischen laut zu schreien begonnen, es wollte seine Nahrung. Zum Stillen empfand ich den Raum aber als viel zu kalt. Ich hatte die Mahnung der Ärzte, die Brust stets warm zu halten, noch gut im Ohr. Trockenlegen musste ich meine Eva auch längst wieder, und auch dafür hätte der Raum wärmer sein müssen.

Wenn doch nur Gottfried endlich aus der Arbeit kommen würde!, dachte ich verzweifelt. Der ganze Jammer über die elenden Verhältnisse, in denen ich mein Kind heranwachsen lassen sollte, brach über mich herein, und bei dem Gedanken an meine eigene schöne Kindheit vergoss ich bittere Tränen.

Da klopfte es zaghaft an der Tür. Ich machte auf und fiel meinen Eltern vor Erleichterung geradezu in die Arme.

»Bitte helft mir, ich bekomme in diesem Ding, das ein Ofen sein soll, kein Feuer an«, schluchzte ich. »Außerdem schreit die Kleine, sie hat Hunger, und sie ist nass!«

Kaum eine Minute später fand ich mich im Bett wieder, während mein Vater sich mit dem störrischen Kanonenofen befasste.

»Feuer machen, das habe ich in Sibirien gelernt«, beruhigte er mich. »Es wäre doch gelacht, wenn ich das hier nicht auch hinbekommen würde!« Und wirklich, schon nach kurzer Zeit wurde es behaglich warm in der kleinen Stube.

Mutti legte die Kleine trocken, und der Raum war nun so angenehm temperiert, dass ich die Kleine jetzt stillen konnte. Aber als Mutti meine Brust sah, erschrak sie, denn sie eiterte noch.

»Die Ärzte haben dich viel zu früh entlassen!«

»Ich werde ambulant weiterbehandelt«, erklärte ich ihr und dass die Betten für dringendere Fälle gebraucht worden waren. »Sorge dich nicht, ich weiß, dass ich jetzt für mein Kind da sein muss!«

Als Gottfried nach Hause kam, verabschiedeten sich meine Eltern alsbald, denn dass da etwas nicht in Ordnung war, fühlten sie, weil ich auf seine Ankunft sehr frostig reagierte. Gottfried wollte mich dennoch in den Arm nehmen und willkommen heißen, aber ich entwand mich ihm.

»Allzu groß scheint deine Liebe zu mir nicht zu sein, wenn du mich sofort nach der Entbindung mit einer anderen Frau betrügst«, warf ich ihm vor, als wir alleine waren.

»Wer hat dir denn den Schmarrn erzählt?«, wollte er wissen. Aber es war mir nicht entgangen, dass er verunsichert wirkte.

»Eine Freundin hat mich im Krankenhaus besucht und mir alles bis ins kleinste Detail erzählt. Sie hat zuerst mit euch mitgefeiert, aber dann wurde ihr die Sache etwas peinlich.«

»Du und deine Freundinnen! Die hat dich angelogen«, behauptete er grimmig. Damit war das Thema für ihn abgeschlossen. Ich sprach auch nicht mehr darüber, denn die ganze Angelegenheit war mir peinlich und zuwider.

In der darauffolgenden Nacht bekam ich wieder Fieber. Mutter hatte recht behalten, die Brust entzündete sich erneut. Ich musste noch einmal aufgeschnitten werden. Erst nach weiteren vier Wochen heilte die Brust langsam wieder.

Eines Nachmittags, ich stillte die Kleine gerade, wurde zart an der Tür geklopft. Rasch zog ich mir etwas über und öffnete. Erschrocken prallte ich zurück, als William vor mir stand.

Wortlos riss er mich in seine Arme. »Sag jetzt nichts, ich weiß sowieso alles«, flehte er. »Ich weiß, dass du ein Baby hast, und wie du von deinem Mann behandelt wirst. Bitte zieh dich jetzt an und nimm dein Kind mit dir. Schreib deinem Mann ein paar Zeilen. Teile ihm mit, dass ich dich geholt habe und dass du nie wieder zu ihm zurückkehren wirst. Du gehörst für immer zu mir!«

Blass und total aufgewühlt schüttelte ich den Kopf. »William, ich bin keine von den Frauen, die heimlich wegläuft. Du hast recht, ich habe immer und einzig allein nur dich geliebt, und ich werde dich immer lieben, aber jetzt kann ich nicht mehr zurück.«

Dabei blieb ich. Ich konnte es William einfach nicht zumuten, das Kind eines anderen Mannes großzuziehen. Und auch meine Mutter sollte nie erfahren, dass ich damit für sie ein Opfer gebracht hatte. Sie sollte für immer glauben, dass ich Gottfried aus Liebe geheiratet hatte und glücklich mit ihm war.

»Deine Mutter glaubt das nie«, fiel mir William erregt ins Wort. »Sie wusste, wie sehr du mich geliebt hast!«

»Ich habe ihr gesagt, dass ich Gottfried liebe«, gab ich zurück. »Außerdem brauche ich Mutti in meiner Nähe. Ich könnte ohne sie nicht leben.« Ich erzählte William, wie Mutter sich im Flüchtlingslager das Leben zu nehmen versucht hatte und wie es dazu gekommen war, dass ich Gottfrieds Frau wurde.

Er ballte die Fäuste. »Genau so habe ich es mir vorgestellt. Ich werde ihn umbringen!«

»Willst du meinem Kind den Vater nehmen?«, fragte ich traurig.

William schüttelte den Kopf. »Nein, meine Liebste, das will ich nicht. Nie wollte ich, dass du meinetwegen weinen musst. Ich gehe jetzt und werde dich nie wieder belästigen. Aber das eine solltest du wissen, ich werde in diesem Leben nie heiraten. Ich warte auf dich. Wenn du in Not bist, schreibe mir. Ich werde dich holen, egal, wie viele Kinder du hast und egal, wie du aussehen wirst.«

Ich schluchzte auf. »Gott schütze dich, Liebster!«

William schloss die Tür hinter sich, und ich sank in den nächsten Stuhl und weinte bitterlich. Ich fühlte mich, als wäre ich gerade gestorben.

14

Ich ließ meine Ehe über mich ergehen, denn ich war nun einmal mit Gottfried verheiratet. Die meiste Zeit war ich nicht einmal unglücklich, denn ich hatte ja Eva, die ich vom ersten Moment an bedingungslos liebte.

Man darf sich aber auch nicht vorstellen, dass ich die ganze restliche Zeit damit zugebracht hätte, Gottfried zu verabscheuen. Gottfried zeigte in unserem Alltag seine guten wie seine bösen Seiten, die ich an ihm schon vorher kennengelernt hatte. Er bemühte sich häufig, mich zum Lachen zu bringen, so wie ganz am Anfang, und oft warb er weiterhin wie ein Jungverliebter um mich.

Dann wieder benahm er sich mir gegenüber herrisch oder gleichgültig oder machte sich in verletzender Weise über mich lustig. Bald wusste ich, wie er in bestimmten Situationen reagieren würde, und konnte mich darauf einstellen. Wir lernten einander kennen, wie man sich, wenn man den Alltag miteinander teilt, im Lauf der Zeit eben kennenlernt, ob man zuvor nun verliebt war oder nicht.

Wenige Monate nach Evas Geburt merkte ich, dass ich wieder ein Kind erwartete. Diese zweite Schwangerschaft stand von Anfang an unter einem schlechten Stern. Bereits im dritten Monat bekam ich Blutungen und ließ mich in die Klinik einweisen. Zu jener Zeit, Ende der Vierzigerjahre, kam es häufig vor, dass Frauen, die von amerikanischen Besatzungssoldaten geschwängert worden waren, ihre Babys abtreiben wollten. Dementsprechend wurden Frauen, die mit einem beginnenden Abgang eingeliefert wurden, auch behandelt.

Grob sprach mich die Stationsschwester an: »Sie werden jetzt eine Spritze bekommen und dann Ihr Kind brav zur Welt bringen, haben Sie mich verstanden?« Drohend sah sie mich an: »Was haben Sie überhaupt unternommen, dass es zu diesen starken Blutungen kommen konnte?«

»Nichts«, versicherte ich. »Aber ich befürchte, dass diese Schwangerschaft zu rasch nach der ersten gekommen ist. Meine Tochter Eva ist noch kein Jahr alt. Und eine Spritze möchte ich auf keinen Fall, sie könnte meinem Kind Schaden zufügen!«

Aber die Schwester fuhr mir über den Mund. »Sie wollen doch nur, dass das Kind abgeht«, beschuldigte sie mich.

Ich schwieg verletzt und ließ mir die Spritze geben. Was für eine Unterstellung! Ich hätte doch nur zu Hause bleiben brauchen, dann wäre es ohnedies zu einem Abgang gekommen.

Die Spritze half. Die Blutungen hörten auf, und alles schien wieder normal zu verlaufen. Etwa zwei Monate vor dem Geburtstermin ging dann aber alles sehr schnell. Gegen 20 Uhr bekam ich die ersten Wehen, und beinahe hätte ich es nicht mehr rechtzeitig ins Krankenhaus geschafft.

Gottfried begleitete mich. Wir gingen zu Fuß, denn ein Auto hatten wir damals noch nicht, und alle Augenblicke mussten wir stehen bleiben, weil die Presswehen eingesetzt hatten. Aber der Pförtner des Städtischen Krankenhauses lachte uns nur aus.

»Presswehen? Junger Mann, Sie haben keine Ahnung, wie eine Frau sich krümmt, wenn sie Presswehen hat. Dieses Kind da« – damit meinte er mich, ich war ja noch so jung – »hat auf alle Fälle keine!« Er wandte sich an mich: »Ist das Ihr erstes Kind?«

»Nein, mein zweites«, sagte ich. Wieder lachte er, und dann schickte er uns fort. Eingeschüchtert schlichen wir von dannen, aber natürlich nicht nach Hause, sondern wir versuchten, in das nächste Krankenhaus zu gelangen. Aber ich war nun einfach nicht mehr in der Lage weiterzugehen, denn ich konnte fühlen, dass das Kind kam.

Zu unserem Glück kam ein Streifenwagen vorbei. Die Beamten sahen, dass ich mich vor Schmerzen krümmte, und hielten an. Von ihnen wurden wir ins nächstgelegene Krankenhaus gebracht. Es war gerade 22 Uhr, als wir dort eintrafen. Zehn Minuten später war die kleine Christine geboren.

Alles war ganz anders als bei meiner erstgeborenen Tochter Eva. Nur ganz kurz legte man mir mein soeben geborenes Mädchen in den Arm – ganze eineinhalb Kilo wog sie. So etwas Winziges hatte ich noch nie zuvor gesehen. Das kleine Gesicht bestand aus einem weit aufgerissenen Mund, der mich an einen hungrigen Spatz denken ließ. Dazu eine schrille, fordernde Stimme, die mir durch Mark und Bein ging. Unwillkürlich verglich ich sie mit einem alten verschrumpelten Greis, so faltig war ihr kleines Gesicht.

Der behandelnde Arzt kam an mein Bett und sagte: »Wir mussten die Kleine zur Nottaufe bringen. Ihre Chancen zu überleben sind gleich null!«

Das war alles, was er dazu zu sagen hatte, und er ließ mich meinem Ängsten und meinem Kummer allein, die mich die ganze Nacht wachhielten.

Am nächsten Morgen schon in aller Frühe stand aber die Stationsschwester an meinem Bett und lächelte mich an: »Das kann ich Ihnen gleich sagen, Ihre Kleine schafft das ganz sicher, die hat jetzt schon einen Appetit für zwei!«

Erst jetzt ließ ich mich fallen und schlief beruhigt ein, bis mich gegen 9 Uhr ein unangenehm schrilles Geschrei wieder aufweckte.

Die Säuglingsschwester brachte mir meine Kleine und fragte: »Glauben Sie, dass bei Ihnen schon etwas zu holen ist? Die Kleine hat Hunger!«

Ich war mir nicht sicher, aber wir entschieden uns, es einfach zu probieren. Ein gieriger kleiner Mund schnappte meine Brustwarze und saugte sich fest. Dieses winzige Wesen hatte eine Kraft, die kaum zu glauben war. Auch die Schwester staunte. Die Kleine trank und trank, bis ihr Bauch so voll war, dass sie noch während des Trinkens ein Bäuerchen machte. Danach ließ sie erschöpft ihre Ärmchen fallen und schlief ein.

Die Schwester wollte in drei Stunden wiederkommen, aber schon nach zweien bracht sie das schreiende Bündel wieder zur mir.

»Sie hat schon wieder Hunger! Und mit ihrem Gebrüll macht sie die ganze Säuglingsstation wach!«

Wieder dasselbe Spiel: Erstaunt sahen wir der Kleinen dabei zu, wie sie erneut gierig die Brust leer trank.

Die Schwester lächelte: »Also, die hält keine drei Stunden durch, da müssen wir öfter füttern, und Angst brauchen Sie um sie auch keine zu haben.«

Selbst mir war klar geworden, dass dieser kleine Erdenbürger sich schon voll auf die Welt eingestellt hatte, und das beruhigte mich.

Bereits nach sieben Tagen durfte ich nach Hause. Der Stationsarzt bat mich in sein Büro: »Sie dürfen morgen heim, aber Ihre kleine Christine muss ich wegen ihres geringen Gewichts hierbehalten. Im Übrigen braucht sie Tag und Nacht eine konstante Temperatur. Ich kenne Ihre Räumlichkeiten nicht und weiß nicht, ob Sie das überhaupt einrichten können.«

Dafür kannte ich meine Räumlichkeiten nur zu genau: unser kleines Durchgangszimmer mit dem unberechenbaren alten Kanonenofen, den mein Mann einmal von einem Kriegskameraden bekommen hatte und bei dem wir stets in Sorge waren, dass er umkippen könnte. Wenn es draußen stürmte, geschah es, dass der Rauch niederschlug und unser kleines Zimmer verdunkelte. Dann mussten wir die Fenster und die Tür öffnen, damit man wieder Luft holen konnte. Wie sollten wir da für eine konstante Temperatur sorgen? Einer von uns musste immer auf das Feuer im Ofen achten, und das Tag und Nacht. Es war völlig unmöglich, auf diese Weise für eine beständige Temperatur zu sorgen, also willigte ich schweren Herzens ein, ohne mein Kind nach Hause zu gehen.

Aber wie sollte ich meine Tochter nur mit Nahrung versorgen? Das Krankenhaus lag zehn Kilometer von meinem Zuhause entfernt, und sie verlangte alle zwei Stunden nach Nahrung. Doch auch dafür gab es eine Lösung: Ein- oder zweimal am Tag musste ich kommen und mir Milch abpumpen lassen. Mir war das alles recht, Hauptsache, Christine kam durch. Das sagte ich dem Arzt, und er lächelte.

»Wenn sie so weitermacht, können Sie davon ausgehen, dass sie es schafft.«

Beruhigt ging ich zurück zur Station. Ich fühlte mich noch sehr schwach, aber der Gedanke, dass ich die Kleine behalten durfte, machte mich glücklich.

Zwei Wochen dauerte es, bis ich sie nach Hause nehmen durfte. Die erste Woche verging sehr schnell. Meine Eltern hatten mir meine Tochter Eva abgenommen, denn ich war ja die Hälfte des Tages unterwegs, um meine kleine Christine zu versorgen, und nahm wegen der Strapazen zwei Kilo ab. Als ich meine Kleine nach einer Woche nach Hause nehmen wollte, riet mir der behandelnde Arzt, sie noch eine Woche im Krankenhaus zu lassen. Das hieß noch einmal zwei Kilo Gewichtsabnahme. Mir war aber alles recht, was der Kleinen guttat.

Als wir sie nach Hause nehmen durften, gingen die Anstrengungen aber erst richtig los, denn die Kleine schrie Tag und Nacht unaufhörlich. Egal ob sie satt oder frisch gewickelt war, sie schrie. Christinchen kostete unsere ganze Kraft. Zufrieden war sie nie. Dazu kam noch, dass sie immer wieder ihre Nahrung erbrach und nicht zunehmen wollte. Als sie ein Jahr alt wurde, konnte sie noch nicht laufen, krabbelte nur am Boden umher, schrie jedoch immer noch sehr viel.

Manchmal nahmen mir meine Eltern die Kleine ab, wenn ich mit meinen Kräften und Nerven sichtbar am Ende war. Sie hatten sich in ihrem kleinen Zimmer, das sie nach meiner Hochzeit bezogen hatten, eingelebt und arrangierten sich in den bescheidenen Verhältnissen, mit denen sie sich nun abfinden mussten. Das machte mir zuweilen sehr zu schaffen: Mein stolzer Vater, der einst über seine Felder geritten war und für eine gute Ernte gesorgt hatte, musste nun in diesem kleinen Raum vegetieren! Aber er war dabei immer vergnügt und hilfsbereit. Sein Leitsatz, der sich mir einprägte und den ich von ihm übernahm, lautete: »Geht nicht, gibt es nicht.«

Er hatte ja so recht, es geht immer irgendwie weiter. Immerhin hatte er die Kämpfe an der Ostfront und die russische Kriegsgefangenschaft überlebt und hatte seine Familie wiedergefunden. Es gab so viele Menschen, die vergeblich auf die Heimkehr ihrer Väter, Ehemänner und Söhne warten mussten, und andere, die noch jahrelang ohne Erfolg nach ihren verschollenen Angehörigen suchten. Wir dagegen hatten uns wiedergefunden, darüber konnten wir froh sein.

Im Lauf der ersten Nachkriegsjahre hatten wir zu unserer Freude erfahren, dass auch meine Großmutter, die geliebte Omi aus Posen, sowie zahlreiche andere Verwandte den Krieg überlebt hatten. Sie lebten nun fast alle in der sowjetisch besetzten Zone.

Auch von meinem Bruder Horst hatten wir nach einiger Zeit endlich Nachricht bekommen. Ihn hatte es nach der Entlassung aus der Gefangenschaft nach Hannover verschlagen. Dort lernte er rasch seine künftige Frau kennen, und so ließ er sich ganz dort nieder.

Onkel Herbert dagegen hatte zu meinem großen Kummer den Krieg nicht überlebt. Er hatte während der Flucht eine Thyphuskranke gepflegt, sich infiziert und war daran gestorben.

Aber auch für meinen Vater kam das Ende viel zu früh. Es war im Sommer, und mich hatte es hinaus aus der ärmlichen Behausung ins nahegelegene Schwimmbad gezogen, wo ich meinen beiden Kindern und mir ein wenig frische Luft gönnen wollte. Kaum hatte ich die Kleinen entkleidet, als ich meinen Namen rufen hörte. Gleich darauf sah ich meine Schwester Annelies, abgehetzt vom schnellen Laufen, in meine Richtung rennen. Dann bemerkte ich, dass ihr Tränen über die Wangen liefen.

»Komm rasch nach Hause, Vater ist tot!«, sagte sie unter Schluchzen, als sie herangekommen war.

Sie hatten ihn im Keller gefunden. Er hatte eine Rose in der Hand, die er wahrscheinlich für Mutter in dem kleinen Garten gepflückt hatte, in dem er oftmals helfen durfte. Er war erst 49 Jahre alt. Aber natürlich durfte man nicht vergessen, was er alles hinter sich hatte – ich hatte ihn ja bei seiner Heimkehr erst gar nicht wiedererkannt! Die Russen waren in Sibirien nicht besonders zimperlich mit unseren Soldaten umgegangen.

»Wie geht es Mutti?«, fragte ich.

»Sie wirkt sehr gefasst. Aber du kennst sie doch!« Damit meinte sie, dass meine Mutter wieder einmal Haltung zeigte, um sich ihre Gefühle nicht anmerken zu lassen. »Sie ist jetzt bei mir«, fuhr Annelies fort. »Kannst du sie bitte zu dir nehmen? Richard und ich werden uns dann um die Beerdigung von Vater kümmern.« Richard war ihr Mann, ebenfalls ein Flüchtling. Sie hatten sich kennengelernt, als Annelies ein eigenes Zimmer gesucht hatte, damit Gottfried und ich unser eigenes Reich hatten.

So rasch wie meine Schwester gekommen war, verschwand sie wieder.

»Mama, warum rennt Tante Annelies so schnell, und warum weint sie?«, fragte die kleine Eva. Was sollte ich ihr nun sagen? Sie liebte ihren Großvater über alles. Sicher hätte sie es gar nicht verstanden, wenn ich ihr gesagt hätte, er sei tot.

Ich sagte: »Tante Annelies ist traurig!«

»Mama, warum ist Tante Annelies traurig?«, fragte sie erneut.

»Opa ist krank«, behauptete ich, weil mir nichts Besseres einfiel.

Verständnislos sah sie mich an, aber wenigstens fragte sie nicht weiter. Sie lief mit mir mit, als ob sie begreifen würde, dass man schnell laufen müsse, wenn Opa krank ist.

Als ich Mutter sah, erschrak ich, obwohl meine Schwester mich ja vorgewarnt hatte. Wie eiskalt und unnahbar meine herzensgute Mutter wirkte, die doch sonst für jeden ein gutes Wort hatte, immer gut aufgelegt und nie launisch war. In solchen Momenten wurde sie mir immer fremd. Aber ich verstand, dass diese Starre für sie auch ein Schutz war.

Ich nahm sie einfach nur in die Arme und sagte: »Mutti, liebe kleine Mutti!«

Klein-Eva legte ihr Köpfchen in ihren Schoß, als verstünde sie, dass Oma Kummer hatte. Mutter streichelte über ihr Köpfchen, aber sie weinte immer noch nicht. Diese Starre machte mir Angst, und ich nahm mir vor, am Abend ein längeres Gespräch mit ihr zu führen.

Zunächst nahm ich Mutter mit in mein kleines Durchgangszimmer, das eigentlich schon für uns vier, meinen Mann, die beiden Mädchen und mich, viel zu klein war. Wie sollten wir Mutti hier noch zusätzlich unterbringen? Aber mir war klar, jetzt brauchte sie mich, und dann musste es eben irgendwie gehen. Im Flüchtlingslager hatten wir mit achtzig anderen Flüchtlingen zusammen in einem Raum gehaust und nur Feldbetten zur Verfügung gehabt.

»Geht nicht, gibt's nicht!«, sagte ich unwillkürlich Vaters Leitspruch, und prompt stiegen mir die Tränen in die Augen.

Mein Mann kam nach Hause, ahnungslos, was geschehen war, und er wirkte so glücklich, dass ich es nicht übers Herz brachte, ihm das Wort mit dieser traurigen Nachricht abzuschneiden.

Freudig begrüßte er Mutter und rief: »Stellt euch vor, wir bekommen eine Wohnung in Vaters Haus! Diese Woche noch sind die Arbeiter mit dem Wiederaufbau fertig.«

Das Haus von Gottfrieds Vater war nach einem Bombentreffer nur notdürftig instandgesetzt worden und deshalb bislang nur teilweise bewohnbar gewesen. Dass wir dort eine Wohnung bekommen sollten, bedeutete übrigens nicht, dass er sich mit unserer Ehe inzwischen ausgesöhnt hatte, denn damit konnte er sich bis zu seinem Tod nicht abfinden. Wahrscheinlich war es dem Malermeister vor allem peinlich, von Kunden auf die Wohnverhältnisse seines Sohnes angesprochen zu werden.

»Freust du dich, Oma?«, fuhr Gottfried eifrig fort.

»Natürlich freue ich mich für euch. Wie viele Räume habt ihr denn dann?«, fragte Mutti scheinbar so gelassen, als ob sie gar keine anderen Sorgen hätte.

»Es ist eine große Küche, ein Schlafzimmer und eine Toilette mit Duschmöglichkeit!«

Jetzt fiel meinem Mann endlich auf, dass ich kaum reagiert hatte. »Sag einmal, warum freust du dich denn gar nicht?«, fragte er ein wenig gekränkt. »Endlich kommen wir aus diesen engen Verhältnissen heraus!«

»Aber natürlich freue ich mich! Immerhin müssen wir Mutter bei uns aufnehmen«, platzte ich heraus und wusste im selben Moment, dass ich das nicht so hätte ausdrücken dürfen.

Verletzt sah Mutter mich an. »Das müsst ihr nicht, ich kann weiterhin in meinem kleinen Zimmer bleiben, ich will niemandem zur Last fallen!«

Ich nahm sie in die Arme: »Verzeih, Mutti, ich wollte dir nicht wehtun. Aber ich muss wirklich, nämlich meinetwegen! Ich will nicht, dass du jetzt allein bist!«

»Will mir vielleicht mal jemand sagen, was hier los ist?«, donnerte mein Mann.

»Vati ist tot, er ist heute Nachmittag gestorben«, erklärte ich ihm.

Gottfried sagte kein Wort. Er ging einfach zu Mutter hin und nahm sie in den Arm.

»Das tut mir leid für dich, Oma«, murmelte er verlegen. »Und ich würde mich sehr freuen, wenn du zu uns ziehen könntest, damit Elfi etwas Unterstützung hat. Sie ist doch noch so jung, und es kommt mir manchmal vor, als wäre sie mit den beiden Mädchen überfordert.«

Mutter sah ihn dankbar an. »Ja, wenn ihr mich braucht, will ich selbstverständlich helfen!«

Erstaunlicherweise hatte mein Mann genau die richtigen Worte gefunden, nach denen ich vergeblich gesucht hatte. Denn so war Mutter stets gewesen: Sie wollte niemanden um etwas bitten müssen, aber wenn sie helfen konnte, war sie da.

Als Vater beerdigt wurde, sagte sie zu mir: »Bleib du zu Hause bei deinen beiden Mädchen, ich weiß doch, dass du keine Toten sehen magst, aber ich würde Vater gern noch einmal sehen!«

Wieder wirkte sie so stark, dass ich nur staunen konnte. Ich erinnerte mich an zu Hause, da hatte Vater alles Unangenehme von ihr fern gehalten und sie war verwöhnt und geschont worden, weil sie so zierlich und fein war. Die Flucht hatte sie über sich hinauswachsen lassen und ungeahnte Kräfte in ihr geweckt. Jetzt war ihr keine Arbeit zu viel.

Im Gegenteil, lächelnd sagte sie einmal zu mir: »Siehst du, Kind, es geht auch ohne Personal. Und glücklich kann man auch in einem kleinen Raum sein!«

Wir brauchten nur einen Nachmittag, um unsere wenige Habe in die neue Wohnung zu bringen. Mutters kleines Zimmer war ebenfalls rasch ausgeräumt. Für eine Familie mit fünf Personen war es immer noch viel zu eng, aber es war dennoch gar kein Vergleich zu dem Durchgangszimmer, in dem wir zuvor gewohnt hatten.

Mutter lebte sich bewundernswert in die Rolle der Großmutter ein, und die Kinder liebten sie. Besonders für die kleine Christine, die immer noch nicht laufen konnte und nur am Boden herumkrabbelte, war es ein Segen, dass sie bei uns wohnte, denn ich war mit der Situation heillos überfordert.

Von Tag zu Tag fühlte ich mich schwächer, aber ich war zu feige, zum Arzt zu gehen. Ich glaubte, eine schwere Krankheit zu haben. Aber Mutter behielt mich im Auge, und ihrem scharfen Blick entging es nicht, dass mit mir etwas nicht in Ordnung war. Als ich wieder einmal ohne Vorwarnung in Ohnmacht gefallen war, stand plötzlich der Hausarzt vor der Tür. Nach gründlicher Untersuchung stellte er eine erneute Schwangerschaft fest.

Zu dieser Zeit gab es noch keine Verhütungsmittel für Frauen. Weiß Gott, ich hätte sie verwendet! Ich hätte viel mehr Zeit gebraucht, um bis zu einer weiteren Schwangerschaft wieder zu Kräften zu kommen, denn ich wog ja nur noch vierzig Kilo. Was hätte ich jetzt nur ohne Mutter getan! Mindestens einmal am Tag wurde ich ohnmächtig.

Klein-Eva rannte dann zur Oma und rief: »Die Mama schläft schon wieder am Boden!«

»Gibt Gott ein Häschen, gibt er auch ein Gräschen«, sagte mein Mann, um mich aufzumuntern.

Aber auch das tröstete mich nicht. »Hättest du nur ein wenig aufgepasst!«, kanzelte ich ihn ab, »dann wäre das nicht erneut geschehen!«

»Geh, dich braucht man doch nur verliebt anzusehen, dann bist du gleich schwanger«, versuchte er sich zu verteidigen. »Hoffentlich bekommen wir dann wenigstens einen Buben.«

Es wurde eine schwere Schwangerschaft. Bis zum fünften Monat musste ich täglich zwei- bis dreimal erbrechen. Andere Frauen nahmen in der Schwangerschaft zu, ich dagegen wurde mit Ausnahme meines Bauches immer weniger. Aber Mutter pflegte mich vorbildlich, und mit ihrer geringen Rente besserte sie unsere spärliche Haushaltskasse auf.

Damals lernte ich, sparsam zu kochen. Sparen, das war sowieso nach der Flucht etwas ganz Neues für Mutter und mich gewesen, und wenn wir uns darüber unterhielten, wie verwöhnt wir zuvor gewesen waren, dann waren wir geradezu beschämt. Wie selbstverständlich hatten wir Kinder es genommen, dass Mutter und Vater uns stets das Beste zukommen ließen! Manchmal hielt ich es deshalb für gerecht, dass auch wir die Schattenseiten des Lebens kennenlernen mussten, ja durften. Erst die schweren Zeiten tragen ja dazu bei, Verständnis für die Armut anderer zu haben.

Im Winter 1951 kam meine Tochter Karin zur Welt. Diesmal war ich zu Hause geblieben. Es war eine schwere Entbindung, aber dafür ging es rasch.

Gottfried wollte unbedingt dabeibleiben, aber das war ein Fehler, denn er regte sich dabei so auf, dass er fast einen Nervenzusammenbruch erlitt. Tagelang fieberte er. Mutter, an der jetzt alles hing, pflegte ihn zusätzlich, und ich konnte ihr nicht helfen, denn ich war nach dieser Entbindung so geschwächt, dass ich erst nach einer Woche aufstehen konnte. Zu dieser Zeit erholte sich dann auch mein Mann langsam wieder.

Unsere kleine Tochter war ein Schatz, ein wunderschönes Baby, und sie gedieh sehr gut. Als sie zwei Monate alt war, bekam sie aber plötzlich eine Brustverschleimung und nahm zusehends ab. Medikamente wirkten nicht, und um den zähen Schleim abzuhusten, war sie nicht kräftig genug. Selbst der Hausarzt war ratlos. Schließlich riet er uns, es einmal mit Wechselbädern zu probieren. Die Kleine wurde dabei in die Wanne gesetzt, das Wasser langsam erhitzt, und dann wurde sie mit kaltem Wasser übergossen. Das zwang sie, tief Luft zu holen, und so konnte sie den Schleim langsam abhusten.

Täglich kam der Hausarzt, um die Kleine abzuhören. »Langsam wird die Atmung freier«, stellte er erfreut fest. »Machen Sie nur so weiter, dann wird sie es schaffen. Wenn sie nur nicht so stark abgenommen hätte. Isst sie denn jetzt etwas besser?«

»Es geht so, ihr Fläschchen trinkt sie zwar immer noch nicht aus, aber wir sind schon froh, dass sie überhaupt wieder schluckt«, meinte Mutter.

Als wir ihr dann mittags wieder das Fläschchen gaben, fiel ihr Köpfchen plötzlich zur Seite.

»Oh Gott, sie stirbt!«, schrie ich auf.

Mutter riss sie mir aus dem Arm und massierte ihr kleines Herz. »Sie atmet!«, tröstete Mutter. »Sie ist nur ohnmächtig.« Langsam öffnete die Kleine wieder die Augen. »Ich glaube die Wechselbäder haben sie sehr geschwächt«, meinte Mutter. Wir legten sie in ihr Bettchen, und sie schlief sechs Stunden lang.

Von da an ging es mit ihr wieder aufwärts. Sie nahm langsam wieder zu, und wir hatten viel Freude an ihr.

Karin war gerade drei Monate alt, als ich schon wieder schwanger wurde. Ich brauchte es mir nicht einmal mehr vom Arzt bestätigen zu lassen, denn inzwischen kannte ich alle Symptome genau genug. Ich fühlte mich so schuldig, dass ich nicht wagte, es meinem Mann oder der Mutter zu gestehen. Aber ich musste gar nichts sagen, denn Mutter hatte es längst bemerkt.

Als mir eines Morgens erneut übel wurde, sagte sie: »Du bist doch wieder in anderen Umständen. Willst du damit alleine fertigwerden? Eines Tages kannst du es doch nicht mehr verstecken! «

Ich konnte nicht antworten, sondern fing nur zu weinen an.

»Kind, Kind, mach dir nicht so große Sorgen, wir werden es schon schaffen«, tröstete sie mich, obwohl sie selber unsicher wirkte. »Deinem Mann solltest du es aber schon sagen.«

Eine Woche lang versuchte ich es noch zu verschweigen, bis er selber fragte: »Sag einmal, bist du wieder schwanger? Du erbrichst am Morgen und siehst so unendlich bleich aus.«

Ich nickte nur, und jetzt schien auch er geschockt. Wie sollten wir künftig nur mit dem wenigen Geld auskommen, das er verdiente?

Doch da bot sich eines Tages eine Möglichkeit an, unsere Finanzen etwas aufzubessern. Wir bekamen Besuch von einer ehemaligen Bewohnerin des Flüchtlingslagers, in das auch wir damals nach unserer Ankunft eingewiesen worden waren. Sie hatte einen amerikanischen Besatzungssoldaten kennengelernt, der in die Staaten zurückgekehrt war und mit ihr nun einen regen Briefverkehr pflegte. Damit hatte sie ein großes Problem. Sie sprach zwar etwas Englisch, aber schreiben und lesen konnte sie es nicht.

Ich hatte einst in der Schule Englisch als Schulfach gehabt und konnte ihr behilflich sein. Nach und nach brachte sie auch Freundinnen zu mir, die in der gleichen Situation waren. Das half uns etwas über die schwierige Situation hinweg.

Wenn mir nur nicht immer so übel gewesen wäre! Mutter half mir mit den drei Mädchen, so gut sie konnte, trotzdem wurde ich immer schwächer, sodass mir der Hausarzt zu einer Schwangerschaftsunterbrechung riet. Sonderbarerweise gab mir genau dieser Vorschlag den Mut durchzuhalten. Der Gedanke, dass man mein Kind töten wollte, verlieh mir urplötzlich die nötige Kraft.

Meine drittälteste Tochter war gerade ein Jahr alt geworden, als mein viertes Mädchen sich eines Nachts ankündigte. Die Hebamme wurde geholt, denn ich wollte wieder zu Hause entbinden. Als sie kam, hatte ich bereits Presswehen, und alles ging sehr rasch, nur danach wurde mir plötzlich ganz leicht. Ich war nur noch müde. Dass die Hebamme große Mühe hatte, die Blutung zu stoppen, und schließlich um mein Leben kämpfen musste, nahm ich gar nicht wahr, bis ich sie zu meinem Mann sagen hörte: »Mein Gott, sie wird mir hier verbluten! Rasch, holen Sie ihren Hausarzt!« Und mich schrie sie an: »Und Sie schlafen mir jetzt nicht ein, trinken Sie viel Kaffee!«

Gehorsam tat ich alles, was sie sagte. Es war nur so schwer, der Müdigkeit nicht nachzugeben. Dass der Hausarzt gekommen war und mir eine Spritze gegeben hatte, merkte ich nicht mehr. Endlich hatte ich doch nachgegeben und war eingeschlafen.

Als ich am nächsten Morgen erwachte, standen drei Personen lächelnd an meinem Bett: Mutter, Gottfried und der Hausarzt.

»Na also«, sagte der Doktor, »es geht doch, warum nur müssen Sie einem so einen Schreck einjagen? Beim nächsten Kind, hoffentlich einem Sohn, gehen Sie bitte in ein Krankenhaus. Noch einmal lasse ich mir von Ihnen keine solchen Sorgen mehr machen.«

»Ich will aber kein Kind mehr, auch keinen Sohn«, rief ich aus.

Der Doktor schmunzelte. »Das kann ich verstehen, aber«, er warf meinem Mann einen vielsagenden Blick zu, »glauben tue ich es nicht.«

Die kleine Inge, so hatten wir unsere Tochter getauft, war ein sehr ruhiges Kind, und sie hatte einen auffallend gesunden Appetit. Sie schaffte es, mich in die Knie zu zwingen. Bereits nach vier Wochen reichte meine Milch nicht mehr aus. Ich musste Babynahrung kaufen, damit ich sie satt bekam.

Gottfried hatte, wie regelmäßig im Winter, wieder seine Arbeit verloren, und unsere Mittel, die schon vorher knapp gewesen waren, reichten nun hinten und vorne nicht mehr aus. Deshalb entschloss ich mich, auch eine Arbeit zu suchen. Bedenken hatte ich nur wegen Mutter, denn sie würde sich dann ja um die Kinder kümmern müssen.

Als ich mit ihr darüber sprach, sagte sie aber nur: »Kind, ich sehe doch selber, dass es so nicht weitergehen kann. Wir müssen uns etwas einfallen lassen, wenn wir die Kinder ernähren wollen!«

»Ich sorge mich aber, dass du mit den Kindern nicht fertig wirst, Mutti. Es wird dir zu viel werden.«

»Ich bin ja auch noch da«, schaltete mein Mann sich ein. »Wir werden es schon schaffen!«

Jetzt begann die Suche nach einer geeigneten Stelle. Vor der Flucht hatte ich in der Praxis meines Onkels eine Lehre als Sprechstundenhilfe begonnen, aber ich hatte ja noch nicht ausgelernt. Nach meinem zweiten Lehrjahr mussten wir flüchten. Alle Ärzte, bei denen ich mich vorstellte, waren sehr freundlich und hätten sogar dringend Hilfe gebraucht, aber sie wollten eine voll ausgebildete Kraft. Also dehnte ich meine Arbeitssuche weiter aus und war bereit, alles anzunehmen, was sich bot.

Eine Freundin brachte mich auf die richtige Spur: Sie arbeitete in einem amerikanischen Club als Bedienung und meinte, dass man dort sicher eine Aushilfe brauchen könnte. Also half ich an jedem

Wochenende aus. Geld gab es dafür zwar nicht, aber ab und zu bekamen wir Lebensmittel. Das half uns schon weiter. Aber dann merkte ich, dass ich schon wieder in anderen Umständen war.

Ich war untröstlich. Was sollte ich jetzt nur tun? Endlich hatte ich die Möglichkeit, etwas zur Ernährung der Kinder beizutragen, und nun das! Ich brauchte auch gar nicht erst zu versuchen, meinen Zustand zu verheimlichen, Mutter hatte es nämlich sofort bemerkt. Nach einigen Monaten fiel es auch dem Cluboffizier auf, und er legte mir nahe, zu Hause zu bleiben.

Fest angestellt war ich nicht, also musste ich die Arbeit aufgeben. Als ich im vierten Monat war, bot sich aber die Gelegenheit, auf einer Baustelle die Putzarbeiten zu übernehmen, eine befristete Arbeit, die im Höchstfall nur um die drei Monate dauern würde. Sofort erklärte ich mich bereit, die schwere Arbeit anzutreten. Das Problem war: Man sah mir bereits an, dass ich fülliger geworden war. Haben wollte ich diese Tätigkeit aber unbedingt, also ließ ich mir etwas einfallen. Ich stopfte meinen Busen so aus, dass er zu meiner fülligen Figur passte. Niemand außer mir bemerkte etwas.

Wir wurden wöchentlich ausbezahlt. Obwohl mir das schwere Heben des Bauabfalls so zu schaffen machte, dass ich fast keine Nacht mehr schlafen konnte, wollte ich unbedingt durchhalten, weil der Arbeitslohn so gut war. Schließlich stand Weihnachten bald wieder vor der Tür, und Gottfried hatte keine Arbeit. Ich wollte meinen Kindern doch ein schönes Fest bereiten!

Mutter sah mich, wenn ich von der Arbeit kam, immer besorgter an: »Du treibst Schindluder mit deiner Gesundheit, und dem Baby kann das auch schaden«, warnte sie mich, aber ich winkte nur ab.

»Mach dir keine Sorgen, Mutti, inzwischen haben sich das Baby und ich an die harte Arbeit gewöhnt«, versicherte ich ihr. »Es wird sicher ein starker Junge werden. Ich habe das Gefühl, als ob meine Kräfte von Tag zu Tag wachsen!«

»Woher willst du denn wissen, dass das ein Junge wird?«, fragte Mutter erstaunt.

Ich war mir aber in diesem Punkt ganz sicher. »Die Schwangerschaft ist diesmal anders. Ich fühle mich so stark. Es ist nur ein Gefühl, aber ich bin überzeugt davon, dass es diesmal ein Junge wird.«

Stolz zeigte ich meinem Mann nach getaner Arbeit meinen Lohn: »Jetzt können wir den Mädchen ein schönes Weihnachten gestalten.«

Gemeinsam gingen wir einkaufen. Vor allem viel bunte Wolle musste sein, denn ich wollte den Mädchen bis Weihnachten Kleidchen mit norwegischem Muster stricken. Selbst gemacht kosteten sie viel weniger. Mutter versprach, mir zu helfen. Wir nahmen die Nächte zur Hilfe und schafften es. Wie freuten wir uns über die niedlichen Kleidchen!

Auch Gottfried nickte anerkennend. »Die hätten ein Vermögen gekostet! Das habt ihr gut gemacht.«

Uns blieb noch genügend Geld übrig, um Plätzchen zu backen, aber für Spielzeug reichte es leider nicht. Stattdessen schnitt Mutter einige Papierpuppen und die dazu gehörigen Kleidchen aus einem

Katalog aus. Auf dieses Weihnachtsfest freuten wir uns sehr.

»Weißt du, Kind«, meinte Mutter, »so schön war es nicht einmal zu Hause in all unserem Wohlstand. Jetzt haben wir alles selber gemacht, und das hat so viel Freude bereitet. Findest du nicht auch?«

Das fand ich auch. Aber Spielraum für weitere Wünsche gab es für mich schon noch. »Wenn es nur nicht so eng in dieser Wohnung wäre ...«

»Ach, Kind, das wird auch noch werden«, war meine Mutter überzeugt. »Wenigstens sind wir nicht mehr im Flüchtlingslager und Ungeziefer haben wir auch nicht mehr. Weißt du nicht mehr, wie entwürdigend es war, wenn wir alle Monat einmal zur Entlausung mussten?«

Daran erinnerte ich mich ganz genau, auch daran, wie sehr gerade sie darunter gelitten hatte. So etwas wollte ich nie wieder erleben müssen.

Mein Mann war der einzige, der den Kopf hängen ließ. »Ich fühle mich so schlecht, weil du dich so plagen musstest und ich immer noch arbeitslos bin.«

»Jetzt komm, dafür kannst du doch nichts. Irgendwann wirst du wieder verdienen«, tröstete ich ihn.

Es wurde Frühling, und der Tag der Entbindung kam immer näher. Meine Hebamme hatte sich geweigert, noch einmal eine Hausgeburt bei mir zu wagen. Also ging ich, als die Wehen begannen, ins Krankenhaus. Das erwies sich als sehr vernünftig, denn die Geburt dauerte dieses Mal sehr lange. Das Baby wog neun Pfund, und ich war fast zu schwach, es auf die Welt zu bringen. Aber es war endlich ein Sohn!

Mein Mann konnte sich vor lauter Stolz nicht mehr einkriegen. Der kleine Gottfried war ein Prachtkind.

Sogar der Stationsarzt kam an mein Bett und sagte: »Dieser Bub ist gut gelungen«, und mit einem Lächeln fügte er hinzu, »und endlich ein Sohn«.

So rasch hatte ich mich noch von keiner Entbindung erholt, und alles schien sich endlich zum Guten zu wenden. Stolz fuhr ich täglich mit meinem kleinen Ali spazieren. Getauft war er eigentlich auf den Namen Gottfried, wie mein Mann, aber der nannte ihn seinen »Prinz Ali«, und der Name blieb ihm.

Angst wurde mir nur, wenn mein Mann ihn seinen Herr Gott nannte.

»Das darfst du nicht!« mahnte ich dann. »Es gibt nur einen Herrn Gott, und das ist nicht dein Sohn!«

In der darauffolgenden Zeit bewarb ich mich immer wieder um eine Arbeit, denn jetzt wollte die Arbeitslosenunterstützung, die mein Mann erhielt, überhaupt nicht mehr reichen. Das Kindergeld, das heute selbstverständlich ist, gab es damals noch nicht.

Wieder war es eine ehemalige Mitbewohnerin aus dem Flüchtlingslager, die mich auf eine passende Stelle aufmerksam machte.

»Soviel ich weiß, sucht man im amerikanischen Offiziersclub eine Bedienung«, erzählte sie mir. »Stell dich doch mal vor, du sprichst doch Englisch.«

Mutter war ganz entsetzt, denn aus ihrer Sicht war das eine anrüchige Arbeit. »Kind, so etwas wirst du doch nicht annehmen, hast du schon vergessen, dass du einmal ganz andere Berufspläne hattest?«

Natürlich erinnerte ich mich noch daran, dass ich einmal hatte Ärztin werden wollen. Aber dann hatte ich ja froh sein müssen, wenigstens noch die mittlere Reife abschließen zu können, und nach der Flucht hatte mir das auch nicht geholfen. Und jetzt war das alles einerlei, denn es ging ja nur um eines: die Kinder zu ernähren.

»Ich werde alles, aber wirklich alles annehmen, was sich bietet«, schloss ich meine temperamentvolle Rede ab, dann bemerkte ich ihr entsetztes Gesicht und fügte schmunzelnd hinzu: »Natürlich alles außer unehrenhaften Tätigkeiten!«

Bereits am nächsten Tag stellte ich mich vor, und meine Knie zitterten gewaltig. Der Cluboffizier war sehr zuvorkommend, nur über mein Schulenglisch tat er belustigt und meinte:

»Na ja, im Umgang mit den Offizieren werden Sie die amerikanische Sprache sicher noch lernen!«

Was er damit meinte, sollte ich in der nächsten Zeit erfahren. Mehrfach wurde ich von den Offizieren ausgelacht, weil ich ihre Nuschelsprache einfach nicht verstand. William hatte auch amerikanisches Englisch gesprochen, aber das hatte sich ganz anders angehört. Im Lauf der Zeit lernte ich aber auch diese Aussprache verstehen.

Alles ging recht gut, bis zu dem Tag, an dem mich der Cluboffizier in sein Büro bat und mir aus heiterem Himmel eine Standpauke hielt.

»Elfi, Sie und der Major sind verheiratet, ich werde nicht dulden, dass Sie Ihre Beziehung weiterführen. Sie haben bis jetzt gute Arbeit geleistet, aber jetzt muss ich Sie leider entlassen!«

Ich glaube, mir blieb der Mund offen stehen, so überrumpelt war ich von dieser unverschämten

Beschuldigung. Ich wollte mich zur Wehr setzen, aber als ich in das Gesicht des Offiziers sah, diesen wissenden Blick, der zu sagen schien: »Deine Sorte kenne ich doch ganz genau«, fühlte ich mich so gedemütigt, dass ich meinen Mund wieder zumachte und den Raum verließ, ohne mich zu verteidigen, um nach Hause zu gehen.

Es verging keine Stunde, als ein Jeep bei uns vor dem Haus vorfuhr. Der Cluboffizier stieg aus und klingelte Sturm. Als ich die Tür aufmachte, ließ er mich gar nicht zu Wort kommen, sondern schrie mich an: »Warum um Himmels willen haben Sie sich nicht verteidigt und die Angelegenheit klargestellt? Sie können doch so etwas nicht auf sich sitzen lassen!«

»Setzen Sie sich doch erst einmal hin«, antwortete ich. »Und warum hätte ich mich verteidigen sollen? So, wie Sie mich angesehen haben, glaube ich kaum, dass Sie mir auch nur ein Wort geglaubt hätten. Sie waren sich so sicher, genau über mich Bescheid zu wissen, dass ich mich geschämt habe, je bei Ihnen im Club gearbeitet zu haben. Im Übrigen vertraue ich auf Gott, der hätte das schon für mich erledigt.«

Der Cluboffizier seufzte auf. »Das hat er schon. Die Freundin vom Major heißt zwar auch Elfi, aber Sie sind es nicht, wie ich jetzt endlich auch herausbekommen habe. Würden Sie jetzt mit mir kommen und Ihre Arbeit wieder aufnehmen?«

Ich schüttelte den Kopf. »Sie werden es vielleicht nicht für möglich halten, aber auch Deutsche haben Ehrgefühl. Ich werde nicht mehr im Club arbeiten.«

Er schien zu begreifen, dass er mich ernsthaft gekränkt hatte, und man sah, dass ihm das leid tat und dass er es gerne wiedergutmachen wollte.

»Wo haben Sie eigentlich das Bedienen gelernt?«, fragte er nach einer längeren Pause.

»Überhaupt nicht! Ich habe diese Arbeit nur wegen meiner Kinder angenommen«, erklärte ich ihm. »Ich habe in der Arztpraxis meines Onkels Sprechstundenhilfe gelernt. Leider mussten wir flüchten, bevor ich ausgelernt hatte. Die Russen waren uns dicht auf den Fersen.«

»Ihr Onkel war Arzt?«

»Ja, Doktor der Chirurgie und Allgemeinmedizin. Er hat den Krieg nicht überlebt, daher konnte ich bei ihm nicht fertiglernen, und dann habe ich geheiratet. Inzwischen habe ich fünf Kinder.«

»Würden Sie denn gern auslernen?«, fragte er.

Natürlich hätte ich das gerne getan! »Aber wichtig ist vor allem, dass ich etwas verdiene, um meine Familie zu unterstützen«, betonte ich.

»Soviel ich weiß, sucht Major Calgreen dringend eine Sprechstundenhilfe, würden Sie sich das zutrauen?«

Ich runzelte die Stirn. »Ist das etwa der Major, mit dem ich ein Verhältnis gehabt haben sollte?«

Jetzt lachte er laut: »Nein! Major Calgreen ist ein braver Ehemann, Vater von vier Kindern und ein tüchtiger Arzt. Ich bin sicher, dass er sich freuen würde, wenn Sie bei ihm Ihre Ausbildung beenden würden.«

»Kann ich mir den Major einmal ansehen?«, fragte ich skeptisch. Das Unrecht, das mir der Mann angetan hatte, der mir nun dieses traumhafte Angebot gemacht hatte, saß mir noch in den Knochen, und so hatte ich Angst, dass ein Pferdefuß an der Sache sein könnte.

»Ich nehme Sie gleich mit in seine Praxis.«

Es wurde nur eine kurze Fahrt. Ein bärtiger, gütig lächelnder Koloss von einem Mann empfing uns. Der Cluboffizier wechselte mit kurz ein paar rasche Worte, dann kam der Koloss auf mich zu, gab mir die Hand und sagte: »Sie sind also die Elfi, die es mit unseren Offizieren treibt.«

Sofort machte ich eine Kehrtwendung und wollte zur Tür hinaus. Der Cluboffizier hielt mich zurück und sagte. »Der Humor des Majors ist gewöhnungsbedürftig! Sie werden sich daran gewöhnen müssen.«

Energisch schüttelte ich den Kopf. »Nein, das werde ich nicht. Solche Unterstellungen verbitte ich mir. Ich habe sehr viel Humor, aber an meiner Würde als Frau lasse ich keine Zweifel aufkommen!«

Ernst kam der Major auf mich zu, reichte mir die Hand und sagte: »Sie haben die Arbeit, ich freue mich darauf, Ihnen noch etwas beizubringen!«

Ich sah seinen Blick, und obwohl er sonst nichts sagte, hatte ich keine Zweifel mehr daran, dass er meine Würde als Frau respektierte.

Meine Hauptarbeitszeit in der Praxis von Major Calgreen lag in den Vormittagsstunden, das machte die Sache kompliziert. Wie sollte Mutter nur mit den fünf Kindern fertigwerden? Ich konnte nur hoffen, dass mein Mann ihr etwas helfen würde. Aber Mutter klagte nie, sie ließ sich nie anmerken, dass es ihr zu viel war. »Lass gut sein Kind, wir werden es schon schaffen!«, pflegte sie nur zu sagen.

15

Am Nachmittag ging ich, so oft es meine Zeit erlaubte, mit den Kindern spazieren. Mir war es vor allem wichtig, dass Mutter sich in dieser Zeit ein wenig ausruhen konnte.

Jeden Tag begegnete ich bei diesen Spaziergängen einer alten Dame. Eines Tages blieb sie stehen und bewunderte meine vier Mädchen. Ali, so wurde mein Sohn jetzt von allen genannt, sah sie aber besonders lange an und meinte: »Der hat Himmelsaugen, den werden Sie nicht behalten!« Mir lief es eiskalt über den Rücken. Ich konnte diesen Satz nicht mehr vergessen und mied von da an die Straße, in der mir die Dame begegnet war.

Ali war gerade mal ein Jahr alt geworden, als mich die Worte der alten Dame wieder einholten. Onkel Richard, der Mann meiner Schwester, kam eines Tages aufgeregt in die Praxis und rief: »Du musst sofort nach Hause kommen, die kleine Christine und Ali müssen ins Krankenhaus, der Arzt meint, sie haben beide Kinderlähmung!« Ich fiel einer Ohnmacht nahe in den nächsten Stuhl.

Der Major kam und fragte: »Wie sehen Sie denn aus, was ist geschehen?« Ich war unfähig zu antworten, und Onkel Richard musste mit ein paar englischen Brocken versuchen, ihm klarzumachen, dass zwei meiner Kinder ins Krankenhaus müssten.

Der Major öffnete die Tür zum Wartezimmer und rief nur kurz hinein: »Ich habe einen Notfall.« Dann packte er mich am Arm und schleifte mich geradezu zu seinem Auto.

Bei mir daheim angekommen, nahm er die kleine Christine und Ali auf den Arm und brachte sie ebenfalls in seinen Wagen. Ich nahm meinen geliebten Ali auf den Schoß, und mit quietschenden Reifen raste der Major los. Nie werde ich die Augen meines kleinen Sohnes während dieser Fahrt vergessen. Es war mir später, als hätte er von mir Abschied genommen. Ob er wohl fühlte, wie krank er war?

Tröstlich war nur eines: dass die kleine Christine keine Lähmungen hatte, sie zitterte nur leicht. Aber Ali war in kürzester Zeit gelähmt, und man legte ihn in die eiserne Lunge.

Ein junger Arzt versprach mir, um ihn zu kämpfen, meinte aber gleichzeitig, dass wir mit dem Schlimmsten rechnen müssten. Mein Mann, der inzwischen auch gekommen war, schickte mich nach Hause. »Ich bleibe die ganze Nacht bei ihm, schone du dich.«

Zu Hause setzte ich mich nieder und wartete auf eine Nachricht, die mir Hoffnung geben konnte. Schließlich hielt ich es nicht mehr aus, und rief im Krankenhaus an.

Gottfried weinte und sagte: »Sie haben ihn aufgegeben, er ist bis zum Kopf gelähmt!« Ich ging nicht zu Bett, glaubte immer noch an ein Wunder.

Am Morgen erhielt ich die Nachricht, dass mein kleiner Ali um 4 Uhr in der Frühe gestorben war. 14 Tage musste ich zu Hause bleiben und durfte wegen der großen Ansteckungsgefahr nicht zur Arbeit gehen. Trotzdem starben in diesem Jahr noch 15 weitere Menschen in unserer Stadt an der Kinderlähmung.

Mein Mann kam vom Krankenhaus nicht nach Hause, er betrank sich in dieser Nacht sinnlos und kam erst am Tag der Beerdigung wieder heim, immer noch angetrunken. Ich schämte mich für ihn, als er mit mir zum Grab torkelte. Dass ich so etwas bei ihm künftig immer häufiger erleben würde, ahnte ich da noch nicht. Natürlich hatte er auch zuvor schon gerne Bier getrunken und manchmal einen Rausch heimgebracht, aber erst nach Alis Tod wurde es damit immer schlimmer.

Wie üblich und wie anerzogen ließ ich mir meine Traurigkeit vor den Trauergästen nicht anmerken. Erst zu Hause brach ich zusammen und weinte. Die Kinder waren zu Hause bei Mutter geblieben, und sie erzählte mir nun eine fast unglaubliche Geschichte:

»Stell dir vor, Kind, als ihr gerade zur Tür draußen wart, lief die kleine Inge zum Schaukelstuhl und streichelte in der Höhe, in der Alis Köpfchen hätte sein müssen, durch die Luft und sagte leise: ›Weine nicht, Ali‹!« Ob sie ihn wohl wirklich dort gesehen hat? Zu einer solchen Schauspielerei war ein dreijähriges Kind doch noch gar nicht fähig, dachte ich.

In der darauffolgenden Zeit musste ich in psychologische Behandlung. Ich konnte mich nicht beherrschen, wenn ich ältere Menschen sah, und sprach sie ungezogen an, warum sie denn noch am Leben seien und mein Sohn sterben musste. Es tat mir danach immer wieder leid, aber es geschah dennoch immer öfter. Erst als ich meine Arbeit bei Major Calgreen wieder aufnahm, wurde es wieder besser, denn er half mir liebevoll über meinen Schmerz hinweg.

Inzwischen war uns eine größere Wohnung angeboten worden, die zwar nur ein Zimmer mehr hatte, aber immerhin bot sich nun etwas mehr Platz. Noch bevor wir umziehen konnten, durfte ich meine Tochter Christine aus dem Krankenhaus holen.

Weinend umarmte sie mich und sagte traurig: »Warum konnte ich nicht für Ali sterben, Mama, er war doch dein einziger Sohn. Töchter hast du doch noch drei!«

Das erschütterte mich sehr. »Das darfst du nie wieder sagen Kind, ich freue mich doch, dass ich dich noch habe.«

In der darauffolgenden Zeit fiel mir auf, dass Christine, die ohnehin klein und zart war, gar nicht wachsen wollte. Ich ließ sie schließlich von einem Kinderarzt gründlich untersuchen, und er konnte nichts Gravierendes feststellen. Trotzdem blieb Christine im Wachstum stets hinter den anderen drei Mädchen zurück. Regelmäßig besuchten wir den Kinderarzt, doch sie wollte einfach nicht kräftiger werden.

»Was halten Sie von einer Luftveränderung für die Kleine?«, schlug der Arzt bei einem dieser Besuche vor. »Das könnte sich für ihr Wachstum positiv auswirken.«

»Ich werde mir etwas einfallen lassen«, versprach ich.

Ich schrieb meinem Bruder Horst, der in Hannover lebte, einen langen Brief und fragte ihn darin auch, ob es ihm möglich wäre, die Kleine einige Wochen zu ihm zu nehmen. Er war einverstanden.

Am Ende wurde aus den wenigen Wochen sogar ein ganzes Jahr, und am liebsten hätten Horst und seine Frau das Kind ganz bei sich behalten. Sicher hätte Christine es gut bei ihnen gehabt, aber dazu konnte ich mich dann doch nicht durchringen.

Nach ihrer Heimkehr befürchtete ich zunächst, dass sie unter der Trennung von Onkel und Tante leiden würde, aber sie hatte sich rasch wieder an zu Hause und an ihre Geschwister gewöhnt. Nur wachsen wollte sie immer noch nicht.

Inzwischen war ich erneut schwanger geworden, und diesmal freute ich mich fast und hoffte, wieder einen Sohn zu bekommen. Trotz der Skepsis meiner Hebamme wollte ich wieder zu Hause entbinden. Während dieser gesamten Schwangerschaft hatte ich einen geradezu krankhaften Putzfimmel gehabt, und unmittelbar bevor die Geburtswehen eintraten, scheuerte ich noch den Küchenboden.

Mutter rang die Hände. »Die Hebamme hat doch gesagt, du sollst liegen bleiben, es ist doch alles sauber«, zeterte sie. Aber es schadete weder mir noch dem Kind.

Am 18. August mittags um 12 Uhr wurde mein Sohn Friedrich geboren. Ich war heilfroh, als es mit der Geburt losging, denn meine vier Mädchen standen im Nebenzimmer und horchten an der Tür. Sie spürten ganz genau, dass etwas mit mir geschah. Für mich hieß das, dass ich keinen Mucks machen, nicht einmal ein bisschen stöhnen durfte. Aber immerhin stand meine Mutter mir bei.

Endlich fühlte ich, wie das Köpfchen kam, und eigentlich hätte das Kind jetzt zum Vorschein kommen müssen. Aber lange Zeit kam nichts, obwohl ich das Köpfchen dauernd spürte!

Nach einer halben Ewigkeit war dann der kleine Junge – ja, ein Junge! – auf der Welt, aber er gab keinen Laut von sich. Aufgeregt schlug die Hebamme auf den kleinen Popo ein. Ganz ruhig ging Mutter da zur Wasserleitung, füllte einen Eimer mit kalten Wasser, und goss ihn, schwupps, über dem Kind aus und taufte die Hebamme gleich mit. Sofort fing der Kleine jämmerlich zu schreien an.

Triumphierend rief Mutter aus: »So macht man das!«

Die Hebamme schüttelte sich und lachte. »Na ja, es ist ja Sommer, und der Kleine schreit jetzt wenigstens. Bei euch gibt es doch immer Turbulenzen, wenn ein Kind zur Welt kommt!«

In all der Aufregung bekamen die beiden gar nicht mit, wie elend es mir war. Ich hatte das Gefühl, als würde mein Herz stehen bleiben, und ich war viel zu matt, um auf mich aufmerksam zu machen.

Die Hebamme kam an mein Bett und sprach mit mir, aber ich hörte sie nur noch wie aus weiter Ferne:

»Er hatte die Nabelschnur um den kleinen Hals gewickelt, darum hat die Geburt so lange gedauert. Dafür wiegt er über acht Pfund. Ein Mordskerlchen! Und Sie werden es nicht glauben, er hat seinen Finger schon im Mund!« So viel bekam ich noch mit, dann muss ich ohnmächtig geworden sein.

Als ich langsam wieder zu mir kam, hörte ich unseren Hausarzt, einen raubeinigen, ehemaligen

Militärarzt, sagen: »Der fette Bengel will schon fressen, und sie krepiert!«

Mutter wollte ihn gerade zurechtweisen, sah dann aber, dass ich wieder zu mir kam und verbiss sich eine tadelnde Bemerkung.

Dafür sagte ich nun mit schwacher Stimme: »Ach, Mutti, du kennst ihn doch, so ist er nun einmal. Die Hauptsache ist doch, dass der Kleine in Ordnung ist!«

»Das darfst du glauben, der ist fett und gefräßig«, lachte der Doktor.

Mutter pflegte mich in den folgenden acht Tagen, und meine vier Mädchen wagten nicht einmal laut zu sprechen. Mein Mann, der untröstlich über Alis Tod gewesen war, schien endlich auch etwas glücklicher zu sein, aber er betrank sich wieder einmal, dieses Mal wohl vor Freude. Das machte mir inzwischen ernste Sorgen, dass er sich bei jedem Anlass, ob traurig oder freudig, betrinken musste.

Als ich wieder aufstehen und mich um meinen Sohn kümmern konnte, merkte ich erst, wie unsicher mich Alis Tod gemacht hatte. Wenn ich meinen Kleinen wickelte, zitterten mir die Hände. Statt zuzunehmen, nahm der Kleine ab. Besorgt ließ ich unseren Hausarzt kommen.

In seinem üblich rauen Ton sagte er: »Du überlässt jetzt den Buben einfach deiner Mutter. Der kann ja nichts werden, du hast ja schon Angst, wenn du ihn anlangst!«

Mutter kümmerte sich um den Kleinen, und unter ihren Händen gedieh er auf einmal recht gut.

Bereits nach sechs Wochen, so verlangte es damals das Gesetz, musste ich wieder zu arbeiten beginnen.

Aber eine Arbeit am Vormittag kam nun für mich nicht mehr in Frage, denn mir war nicht entgangen, dass Mutter sich immer schwerer tat, und am Vormittag gab es die meiste Arbeit mit den inzwischen fünf Kindern. Was ich deshalb brauchte, war eine Tätigkeit, bei der ich erst am Nachmittag anfangen musste.

Ich fand sie in der Fabrik, wo mein Arbeitsbeginn um 15 Uhr sein würde. Genau so etwas hatte ich gesucht, aber Mutter war damit nicht einverstanden.

»Merkst du eigentlich nicht, dass du immer weiter herunterkommst?«, regte sie sich auf. »Jetzt gehst du auch noch in die Fabrik, wahrscheinlich musst du dort am Band arbeiten!«

In diesem Punkt wenigstens konnte ich sie aber beruhigen. »Nein, Mutti«, berichtigte ich sie. »Ich werde Störschutzkondensatoren herstellen, und das im Akkord. Weißt du, wie gut man da verdienen kann?«

Sie ließ sich in den nächsten Stuhl fallen und jammerte: »Wie gut, dass Vater das nicht mehr miterleben braucht. Er hatte so viel mit dir vor!«

»Ach Mutti, er wäre bestimmt nicht enttäuscht von mir«, versicherte ich ihr überzeugt. »Er wusste doch genau, dass Arbeit nicht schadet, und im Augenblick gilt für mich nur eines: Wie schaffen wir es, die Familie zu ernähren?«

»Ist das nicht eigentlich die Aufgabe deines Mannes?«, fragte sie zurück, etwas spitz, wie ich fand. Dabei hatte sie doch selbst mitbekommen, dass Gottfried immer wieder seine Arbeit verlor. Im Winter sowieso, denn da verloren viele Maler ihre

Arbeit, bis es wieder wärmer wurde. Aber er hatte in letzter Zeit auch mehrmals seine Arbeitsstelle wechseln müssen. Er betrank sich einfach zu oft.

»Natürlich, Mutti«, sagte ich dennoch ganz ruhig. »Aber da es nun einmal nicht langt, was er im Augenblick verdient, muss ich doch helfen.«

Mutter blieb untröstlich, fügte sich aber schließlich in das Unabänderliche.

In der darauffolgenden Zeit merkte ich erst so richtig, was Mutter am Vormittag alles zu bewältigen gehabt hatte, und schämte mich dafür, ihr das zugemutet zu haben. Sie hatte es mir aber auch sehr leicht gemacht und sich nie beschwert. Im Gegenteil, immer wieder hatte sie glaubwürdig beteuert, wie viel Freude die Kinder ihr bereiten würden.

»Wie gefällt dir die Arbeit in der Fabrik denn?«, fragte sie, als ich schon einige Zeit dort arbeitete, und nun blieb mir nichts anderes übrig, als sie anzulügen. »Ach, Mutti, die Mädchen sind alle sehr lieb zu mir, und die Arbeit ist so leicht!«

Die Arbeit fiel mir tatsächlich leicht. Aber in Wirklichkeit mochten mich die anderen Arbeiterinnen nicht, weil ich ihre groben Scherze nicht mitmachte und in den Pausen nie mit in die Kantine ging. Das lag daran, dass ich nach Akkord bezahlt wurde, und je mehr ich schaffte, desto besser verdiente ich.

Als ich ein bisschen Übung hatte, schaffte ich mehr als den Akkord, manchmal gelang mir sogar der doppelte Akkord. Das linderte unsere ewigen Geldsorgen, brachte mir am Arbeitsplatz aber Schwierigkeiten ein. Die anderen nannten mich dort nur noch den »Ruach«. Ein »Ruach«, das ist jemand, der den Hals vor lauter Gier nicht vollbekommt. Die Frauen hatten außerdem herausbekommen, dass ich keine schlechten Witze ertragen konnte. Oh, ich lache gern über einen gelungenen Witz, aber nicht über schmutzige Witze, die die Liebe in den Schmutz ziehen. Für mich war Liebe immer etwas Heiliges. Als sie bemerkten, dass ich mich bei solchen Witzen vor Ekel wand oder gar errötete, konnten sie gar nicht mehr genug solche Witze erzählen.

Eines abends nach Schichtschluss, ich wollte meinen Augen gar nicht trauen, standen alle meine vier Mädchen, Eva an der Spitze, vor dem Fabriktor, um mich abzuholen. Alle vier hatten die von mir selbst gestrickten Trachtenkleidchen an und sahen darin so niedlich aus, dass ich andernfalls vor Stolz auf meine hübschen Töchter sicherlich fast geplatzt wäre. Aber es war ja schon nach 23 Uhr!

»Eva, was hast du dir nur dabei gedacht?«, fragte ich meine Älteste. »Und was ist mit Oma? Ist sie krank, oder wie seid ihr so spät noch aus der Wohnung herausgekommen?«

Eva lachte schelmisch: »Omi schläft! Fritzi hat lange geweint, und als er dann endlich eingeschlafen ist, haben wir uns leise davongeschlichen, schließlich habe ich Ferien!«

Beschämt stellte ich fest, dass alle, wirklich alle meine Kolleginnen das Abholkommando meiner Töchter mitbekommen hatten. Jetzt dachten sie womöglich, dass ich eine Mitleidstour abziehen wollte, und das konnte bedeuten, dass ich mich ab dem nächsten Arbeitstag noch auf schlimmeren Spott von ihnen gefasst machen musste. Rasch schob ich die Kinder aus dem Blickfeld der Fabrik.

Weil es Wochenende war, hoffte ich, vielleicht würden sie es bis zum Wochenanfang wieder vergessen haben. Ohne aufzusehen schlich ich mich deshalb am Montag an meine Maschine und begann zu arbeiten. Aber ich hatte mich getäuscht: Als der Gong zur Pause ertönte, kam die dicke Hannah zu mir und sagte ganz weich: »Komm mit in die Kantine, du musst doch etwas essen.«

Eigentlich hätte ich lieber wie üblich weitergearbeitet, aber ich wollte mir nach dem Auftritt meiner Kinder keinen unnötigen Ärger einhandeln. Also ging ich mit und wunderte mich nur darüber, dass sie mich überhaupt angesprochen hatte.

Erst wollte ich mich an einen freien Tisch setzen, aber da riefen sie schon: »Komm, setz dich zu uns, wir beißen nicht!« Also setzte ich mich zu ihnen, und schon sprach mich die dicke Hannah an:

»Waren das deine Mädchen?« Ich nickte nur und kämpfte mit den Tränen. Was fiel ihnen nur plötzlich ein, so freundlich zu mir zu sein? »Darum arbeitest du also wie eine Wilde, und ich hab schon gemeint, du seist ein Ruach«, sagte Hannah und schien ihr früheres Urteil über mich wirklich zu bedauern.

Ab da begann eine erträgliche Zeit für mich. Alle waren freundlich zu mir, trotz meiner Arbeitswut. Niemanden störte es mehr, wenn ich den doppelten Akkord schaffte.

Und dann wurde ich erneut schwanger. Klein-Fritzi war gerade zwei Jahre alt. Vor meinem neuen

Arbeitgeber war mir das peinlich, denn so lange war ich ja im Betrieb noch gar nicht tätig. Der Chef reagierte jedoch freundlich, als ich mich dazu durchrang, es ihm zu beichten.

»Sie sollten jetzt vielleicht etwas weniger schuften«, riet er. Prompt schossen mir die Tränen in die Augen.

Das passierte mir in letzter Zeit regelmäßig, sobald mich jemand freundlich ansprach, so sehr war ich schon mit den Nerven herunter. Gottfried war nämlich schon wieder arbeitslos, und meine Mutter konnte ich unmöglich weiter so rücksichtslos mit all der Arbeit mit den Kindern belasten. Auch wenn ich ihr die anstrengenden Vormittage abgenommen hatte: Sie wurde in letzter Zeit sichtlich schwächer. Je mehr ich über meine Situation nachdachte, desto aussichtsloser kam sie mir vor.

Eines Morgens, als ich aufstehen wollte, konnte ich nicht mehr gehen. Da war ich gerade im dritten Monat schwanger. Mutter rief den Arzt an, und der schnauzte polternd wie immer als Erstes meinen Mann an:

»Sag mal, du Monster, kannst du dich nicht etwas beherrschen? Hast du noch nicht genug Gören um dich herum? Du arbeitest ja die kleine Frau total auf!«

Kleinlaut antwortete mein Mann: »Ich weiß auch nicht, sie ist immer sofort schwanger, ich sollte sie überhaupt nicht mehr anfassen!«

»Das bringst doch du nicht fertig«, warf der Arzt ihm vor, und Mutter sah sich veranlasst, einzugreifen: »Jetzt kümmern Sie sich doch erst einmal um meine Tochter! Aufregung ist das Letzte, was sie jetzt brauchen kann.«

Wenn Mutter in ihrer dezenten, vornehmen Art einen Tadel vorbrachte, wurde sogar der raubeinige Doktor zahm. Sofort schlug er einen anderen Ton an: »Jetzt geh einmal her, Mädel, lass dich anschauen.«

Ich wollte zu ihm gehen, aber meine Beine trugen mich nicht.

»Das gefällt mir nicht, es wird das Beste sein, wenn du für eine Zeit ins Krankenhaus gehst.« Er warf meinem Mann einen vielsagenden Blick zu und fügte hinzu: »Du brauchst jetzt etwas Ruhe!«

Wie sollte Mutter nur mit den Kindern fertigwerden? Inständig bat ich Gottfried, ihr behilflich zu sein, und er versprach es kleinlaut.

Im Krankenhaus wurde ich erst einmal gründlich untersucht, aber als ich laufen sollte, versagten meine Beine den Dienst. Ich knickte einfach zusammen. Ein junger Arzt sagte etwas von MS, und das raubte mir in der ganzen darauffolgenden Nacht den Schlaf. Aus meiner Ausbildung als Sprechstundenhilfe wusste ich, was für grausame Krankheit die Multiple Sklerose war, und auch, dass Frauen während einer Schwangerschaft daran erkranken konnten. Die Nachtschwester wollte mir ein Schlafmittel geben, aber ich verweigerte es wegen meiner Schwangerschaft.

Am Morgen bei der Chefvisite riet mir der Professor zu einer Schwangerschaftsunterbrechung.

Empört fuhr ich ihn an: »Ich lasse mir mein Kind nicht nehmen!«

»Ja, aber Sie haben doch bereits fünf Kinder, und Ihr augenblicklicher Zustand ist bedenklich. Wir werden Sie jetzt erst einmal eine Zeit hier behalten. Dann werden wir sehen, ob Sie genug Kraft haben, um das Kind zur Welt zu bringen. Wissen Sie, dass Sie nur noch 46 Kilo wiegen?«

»Das wird sich in ein paar Monaten sicher ändern«, sagte ich mit einem Lächeln. Kopfschüttelnd ging er zum nächsten Bett.

Langsam erholte ich mich und bald konnte ich wieder darauf vertrauen, dass meine Beine mich tragen würden. Vorsichtig fing ich an, wieder an zu laufen. Nach 14 Tagen ging ich nach Hause, obwohl die Ärzte mich unbedingt länger behalten wollten und ich unterschreiben musste, dass ich das Krankenhaus auf eigene Verantwortung verlassen hatte. Aber ich wollte Mutter nicht länger mit den Kindern alleine lassen.

Es wurde eine schwere Schwangerschaft und eine noch schwerere Entbindung. In der Neujahrsnacht begannen die Wehen, aber die Geburt meines letzten Kindes, Hansi, zog sich bis zum 3. Januar hin. Mit all meiner Kraft schaffte ich es dann endlich. Es war ein schöner Junge, und ich war stolz auf ihn.

Zur Erholung blieb mir diesmal aber wenig Zeit, denn Mutter konnte einfach nicht mehr. Das Herz! Sie hatte keinen Appetit, aß fast gar nichts mehr und konnte schließlich nicht mehr aufstehen. Vehement weigerte sie sich aber, in das Krankenhaus zu gehen. Gut war nur, dass ich noch im Mutterschutz war und ihr alle Arbeit abnehmen konnte.

Als sie dann schließlich eines Tages verzweifelt nach Luft rang, rief ich den Arzt an und ließ sie ins Krankenhaus einweisen. Keine Minute zu früh, wie mir der behandelnde Arzt später mitteilte. Stundenlang saß ich an ihrem Bett und bat: »Bitte, Mutti, gib nicht auf, kämpfe, ich brauche dich so sehr!«

Die Ärzte machten bedenkliche Gesichter. »Ihre Frau Mutter hat keine Kraft mehr, sie ist total ausgelaugt. Was hat sie denn alles mitgemacht?« wollte der behandelnde Arzt wissen.

Da gab es einiges aufzuzählen: Unsere Flucht mit ihren Strapazen, den verlorenen Wohlstand, die ärmlichen und beengten Verhältnisse, in denen wir lebten, und die sechs Kinder, die sie versorgte, wenn ich bei der Arbeit war.

»Ich muss arbeiten gehen, weil mein Mann im Winter stets arbeitslos ist!«, erklärte ich noch.

Als ich seinen mitleidsvollen Blick sah, wollte ich böse werden, aber stattdessen schossen mir wieder einmal ungewollt die Tränen in die Augen, und so ließ ich ihn einfach stehen und lief davon.

Er kam hinterher, klopfte mir auf die Schulter und sagte lächelnd: »Ich werde alles daran setzen, Ihre Frau Mutter wieder auf die Beine zu bekommen.«

»Wenn sie nur da ist und ich mit ihr reden kann, mehr will ich gar nicht«, schluchzte ich.

In dieser Zeit half mir Gottfried, wo er konnte, und gab sich aufrichtig Mühe dabei. Erst jetzt bemerkten wir, was diese kleine zarte Frau alles bewältigt hatte. Dadurch, dass mein Mann zu dem Zeitpunkt arbeitslos war und oft bei den Kindern sein konnte, hatte ich auch einmal Zeit, bei Mutter am Bett zu sitzen. Wir führten stundenlange Gespräche, in denen ich immer wieder aufs Neue spürte, wie sehr sie sich um mich sorgte. Aber das Wichtigste für mich war, dass es mit ihr langsam wieder aufwärts ging.

Als ich sie dann endlich wieder mit nach Hause nehmen durfte und die Kinder ihr strahlend entgegenliefen, blühte sie förmlich auf. Besonders der kleine Hansi machte ihr viel Freude. Sorge hatte ich erst, als mein Mutterschutz zu Ende ging und ich wieder in die Fabrik musste.

»Weißt du eigentlich, wie schwer das für mich ist, wenn ich mir vorstelle, dass du im Akkord arbeitest?«, jammerte Mutter hingegen, und ich versuchte sie zu beruhigen:

»Mach dir keine Sorgen, Mutti, das fällt mir nicht schwer!«

»Vielleicht kannst du irgendwann wieder einmal in deinem Beruf arbeiten«, spann Mutter den Faden weiter. »Frag doch einmal in den Arztpraxen nach, ob man eine Sprechstundenhilfe braucht. Deine Hände sehen von der Fabrikarbeit so ungepflegt aus.«

»Aber Mutti!« Ich schüttelte den Kopf. »Du weißt doch, wie die Arbeitszeiten in den Praxen sind. Ich will dich nie mehr vormittags allein mit den Kindern lassen.«

»Ja, ja, ich weiß schon, aber es ist doch jetzt schon leichter. Eva und Christine gehen zur Schule, und die Kleinen sind bis um 17 Uhr im Kindergarten.«

»Schön, dann kannst du dich am Vormittag ein wenig ausruhen, solange der Quälgeist Ruhe gibt.«

»Meinst du etwa Hansi mit dem Quälgeist?« Ihre Stimme klang richtig empört.

»Natürlich, ich sehe doch, wie du ihn verwöhnst.«

»Er ist doch das Nesthäkchen!« Mit einem vielsagenden Blick fügte sie hinzu: »... und wird es hoffentlich auch bleiben!«

Dazu sagte ich lieber nichts. Aber nach Hansi bekam ich tatsächlich keine weiteren Kinder mehr.

So nahm ich meinen Alltag in der Fabrik wieder auf. Wenn ich gegen 23 Uhr nach Hause kam, war Mutter immer noch auf und hatte mir einen Tee bereitet. Oft wurde es Mitternacht, bis wir endlich zu Bett gingen.

Am Morgen konnte ich selber die Kinder in die Schule beziehungsweise in den Kindergarten bringen, sodass Mutter sich noch etwas erholen konnte. Froh war ich um den kleinen Garten, den wir im Hinterhof hatten. Da schob ich Klein-Hansi jeden Morgen mit seinem Sportwagen hinaus. Langsam schien alles wieder normal zu werden.

16

Normale Zeiten! Was für eine Wohltat war das jedes Mal für mich, wenn es keine Aufregungen gab. Aber irgendetwas gab es bei uns eigentlich immer.

Die Zeit, als mein Jüngster, Hansi, im Kleinkindalter war, ist mir dennoch in guter Erinnerung geblieben, weil die kleinen Freuden und die kleinen Sorgen, die ich mit unseren älter werdenden Kindern hatte, die meiste Zeit nicht von großen, bedrohlichen Sorgen völlig überschattet wurden. Sogar dass es um Mutters Gesundheit nicht mehr gut stand, trat zeitweise in den Hintergrund, denn ich gab mir alle Mühe, ihr nicht mehr so viel zuzumuten. Gottfried unterstützte mich dabei. Auch für ihn war es ein Schock gewesen, dass Mutter dem Tode so nahe geraten war. An seinem derben Sinn für Humor änderte sich dadurch freilich nichts.

Mit der Aussprache meines Mannes hatte Mutter immer noch ziemliche Probleme. Anfänglich hatte er sich noch bemüht, wenn er mit Mutter sprach, den bairischen Dialekt wegzulassen und Hochdeutsch zu reden. Inzwischen hielt er das schon lange nicht mehr für nötig und plapperte munter drauflos, wie ihm der Schnabel gewachsen war. Also in einem fast unverständlichen Kauderwelsch, so nannte das Mutter.

»Ich glaube, er macht das mit Absicht«, behauptete sie. »Wenn er wenigstens langsamer reden würde, aber ich sehe doch, dass es ihm Spaß macht, wenn ich ihn verständnislos ansehe.«

Ich stellte meinen Mann zur Rede: »Sag einmal, stimmt das, dass du absichtlich in deinem bairischen Dialekt redest, um Mutti in Verlegenheit zu bringen?«

Er gab zu, dass er es lustig fand, wenn sie ihn nicht verstand. Das hörte sich bei ihm folgendermaßen an, wenn ich es so aufschreibe, wie er es wirklich gesagt hat: »Also gefalln tuts mir schon, wenns mi anschaut und net weiß, was i gsagt hab. Du glaubst gar net, wie dumm dass sie mich dann anschaut!«

»Schäm dich«, tadelte ich ihn. »Sie hat es schwer genug bei uns, da brauchst du sie nicht auch noch in Verlegenheit bringen.«

Er machte ein zerknirschtes Gesicht. »Tut mir leid, Mama, i tu es nimmer!«

In der nächsten Zeit gab er sich wieder mehr Mühe, wenn er mit ihr sprach, aber ab und zu rutschte ihm wieder einmal ein bayrischer Brocken heraus, und wenn sie ihn dann nicht verstand, schimpfte er: »Ihr seids doch nach Bayern gekommen, also bemühts euch, die Sprach zu lernen!«

Das wollte ich nicht gelten lassen. »Du weißt genau, dass wir nicht freiwillig gekommen sind, schließlich mussten wir vor den Russen fliehen und unser ganzes Hab und Gut zurücklassen!«

»Ja, das weiß i schon, aber i war ja auch in Gefangenschaft und unser Haus ist auch ausbombt worden. Trotzdem, tuts euch um und lernt Bairisch!« In der nächsten Zeit sprach er mit voller

Absicht seinen Dialekt noch ausgeprägter als zuvor.

An einem Samstagvormittag, Mutter hatte gerade den kleinen Hansi auf dem Schoß, rief sie mir zu: »Sieh her, Elfi, ich regiere den Kleinen mit den Augen.« Wie üblich hatte Hansi seinen vielgeliebten Kochlöffel in den Händchen und holte zum Schlag aus. Mutti blickte ihm tief in die Augen und sagte: »Nicht hauen, Hansi!« Gespannt sahen alle Kinder zu den beiden hin.

»Immer wieder probiert sie es«, grinste mein Mann. Und schon machte es Batsch.

»Nimm ihn, er ist ein kleiner Teufel!« Mutter reichte mir den Kleinen. Die Kinder lachten schallend. Sie hatten den robusten Sinn für Humor ihres Vaters längst übernommen.

Scheinbar besorgt wollte mein Mann einen kalten Messerrücken auf Mutters misshandelte Stirn drücken, aber sie wehrte ärgerlich ab: »Lass das sein, du freust dich ja bloß, dass ich wieder einmal eine erwischt habe!«

»Na, Oma, gewiss net!«, tat er scheinheilig. »Aber warum gebts dem Buben immer wieder einen Kochlöffel?«

»Oh mei, Papa, weißt du, wie der plärrt, wenn er seinen Willen haben will? Der Kerl ist doch so was von verwöhnt«, rief Karin, die drittälteste von unseren Mädchen.

Rasch lenkte Papa ab, klatschte in die Hände und rief: » So, jetzt werden wir singen, stellts euch auf!« Musik zu machen war seine große Leidenschaft, deshalb wurde bei uns oft gesungen.

Eva, die Älteste, drehte die Augen gen Himmel und brummte vor sich hin: »Oh Gott, jetzt geht das schon wieder los!« Sie war inzwischen elf Jahre alt und ging am Wochenende viel lieber mit ihren Schulfreundinnen spazieren.

Dem Papa war ihr Murren nicht entgangen, darum fragte er leicht aggressiv: »Hast was gesagt?«

»Nein, nein, Papa«, versicherte sie eilig. Alle wussten, wenn Papa sich etwas in den Kopf gesetzt hatte, dann duldete er keinen Widerspruch. Darum rief Eva jetzt rasch: »Ich hole die Gitarre.«

Der Reihe und dem Alter nach mussten sich die Kinder aufstellen. Zuerst die elfjährige Eva, danach die zehnjährige Christine, Gika genannt, weil sie immer noch sehr klein und mickrig war. Danach die achtjährige Karin, hinter ihr die siebenjährige Inge und zum Schluss der vierjährige Fritzi.

Bevor die so gehasste Wochenendsingerei begann, mahnte mein Mann Klein-Fritzi: »Mach net wieder Blödsinn und schneid keine Grimassen, sonst müssen die Weiber lachen und dann kommen wir wieder draus.« Wir alle wussten, wenn während des Singens gelacht wurde, konnte mein Mann sehr böse werden. Also bemühten wir uns, ernst zu bleiben.

Papa hob die Hand: »Also wir singen zuerst den Kanon, bim bam Glocken läuten!« Er teilte uns ein. »Mama und Oma fangen an, dann setzen Eva und Gika ein und zuletzt Karin und Inge. Du, Fritzi, singst mit der Mama mit.«

Klein-Hansi setzte sich auf den Teppich und hörte zu. Und zu hören gab es das schon etwas Schönes, denn alle Kinder hatten glockenreine Stimmen und konnten den Ton halten. Keines machte einen Fehler. Es klang wirklich wunderbar.

Stolz rief Papa: »Jetzt singen wir noch: Horch, was kommt von draußen rein. Eva und Mama, ihr singts die zweite Stimme.«

Papa schlug den Takt auf der Gitarre. Klein Hansi sah das, krabbelte zu ihm hin und schlug mit.

»Geh weiter, Lausfratz!«, rief Papa genervt. Hansi krabbelte zwar weg, aber nur, um seinen Kochlöffel zu holen. Alle außer dem andächtig taktierenden Papa sahen dem Kleinen gespannt dabei zu. Keiner verzog eine Miene. Batsch, machte es, und wieder einmal hatte Klein-Hansi getroffen. Diesmal waren es Papas Füße gewesen. Wir alle, die Kinder, ich und sogar die Omi, mussten herzlich lachen. Es sah aber auch zu komisch aus, wenn Papa das Gesicht verzog und vor Schmerz losschimpfte: »Schau ihn an, deinen Jungen mit seinem Scheiß-Kochlöffel. Irgendwann breche ich wegen ihm zusammen!«

»Aha«, lachte ich. »Jetzt ist er wieder mein Bub!« Wenn die Kinder etwas machten, was meinem Mann nicht gefiel, dann waren es immer meine Kinder. Sobald aber irgendetwas geschah, worauf man als Elternteil stolz sein konnte, dann hieß es: »Siehst, das sind meine Kinder!«

Mit dem Singen war zunächst Schluss. Papa setzte sich an den großen Tisch und rief: »So, Kinder, jetzt geht's her, spielen wir Städte raten.«

»O mei, Papa«, rief Eva wenig begeistert. »Du schwindelst doch immer, wenn dir nichts einfällt, und erfindest Städte und Flüsse, die es gar nicht gibt!«

Empört erwiderte mein Mann. »Was, möcht'st du sagen, dein Vater lügt? Was kann i dafür, dass ihr blöd seid und die Städte net kennt, wo i schon gewesen bin. Jetzt macht kein Tamtam und holt Bleistift und Papier, dass wir anfangen können!«

Mutter und ich wechselten einen besorgten Blick. Wir wussten, was da wieder auf uns zukommen würde. Bei diesem Spiel gab es immer Zänkereien.

Das Spiel begann: Einer fing an, langsam und vor allem lautlos das Alphabet aufzusagen. Ein anderer klopfte, und dann musste der Alphabetzähler den Buchstaben nennen, bei dem er gerade angelangt war. Mit diesem Buchstaben wurden dann Städte, Flüsse oder Tiere gesucht. Wer zuerst fertig war, durfte wieder klopfen, und danach durfte niemand mehr weiterschreiben. Alle mussten dann vorlesen, was sie für Städte, Flüsse und so weiter gefunden hatten.

Diesmal wurde das »P« gewählt, und alle waren schon fertig, nur Papa fand keine Stadt mit dem Anfangsbuchstaben. Rasch schrieb er noch »Pip« auf. Als dann jeder seine Stadt vorlas und Papa mit Pip daherkam, stand Eva zornig auf und rief: »Papa, es gibt keine Stadt, die Pip heißt. Du schwindelst schon wieder!«

Das ließ sich der Papa aber natürlich nicht bieten. »Was, du freche Göre«, legte er los, »mir willst du erzählen, dass es keine Stadt gibt, die Pip heißt? I war in Frankreich in Gefangenschaft, da hat 's noch ganz andere Städte gegeben. Aber was weißt du scho. Mir, ihrem Vater, möcht' sie erzählen, dass es die Stadt net gibt.«

Aber Eva war in einem Alter, in dem man ihr auf diese Weise nicht mehr beikommen konnte.

»Na gut, Papa«, sagte sie, »wenn du meinst – dann hole ich jetzt den Atlas, und du zeigst mir, wo diese Stadt in Frankreich liegt. Einverstanden?«

Damit hatte sie den Papa sichtlich in die Enge getrieben, und er reagierte grob: »Ha, da brauchst net nachschauen, die Stadt gibt's und Schluss!«

Ungläubig sahen ihn die Kinder an. Alle wussten, dass ihre große Schwester Eva ganz besonders klug war und selten Fehler machte.

Mein Mann bemerkte die Skepsis der Kinder und bat mich daher um Hilfe: »Mama, geh weiter, sag's deinen Kindern, dass es die Stadt gibt!«

Noch bevor ich antworten konnte, mischte sich Mutter ein: »Geh, mach doch die Kinder nicht verrückt, diese Stadt gibt es auf der ganzen Welt nicht. Gestehe doch ein, dass du keine Stadt mit P gefunden hast.« Spöttisch fügte sie hinzu: »Wie wäre es denn mit Pisa gewesen? Oder mit Paris, wenn du schon in Frankreich warst?«

»I habs doch gewusst, ja, gewartet hab i drauf, dass du die Papm aufmachen musst!«, giftete mein Mann die Oma an. Aber wenn Oma, ihre heißgeliebte Oma, angegriffen wurde, standen die Kinder wie ein Mann, um sofort ihre Partei zu ergreifen. Ich kam gar nicht dazu, mich einzumischen. Fast einstimmig riefen sie: »Schäm dich, Papa, Oma hat keine Papm, und lügen tut sie nie. Oma ist nur lieb und gut!«

»Aha, aber ich lüge, ha?« Das klang immer noch grantig, aber doch auch ein bisschen unsicher.

»Na ja, Papa, beim Städte raten schon, aber wir wissen ja alle, dass du nicht verlieren kannst«, lachte Eva.

Jetzt griff ich ein und rief: »So, Kinder, bis zum Mittagessen könnt ihr noch ein wenig in den Hof zum Spielen gehen.« Keiner rührte sich, vielleicht hatte ich ja doch nicht laut genug gesprochen. »Sagt einmal, sitzt ihr auf den Ohren?«, rief ich lauter. Wieder keine Reaktion.

Da schrie Papa: »Ob ihr 's net gehört habt, runtergehen sollt's.«

Und weg waren sie, alle auf einmal.

»O, Mama, mit denen musst du Bairisch redn, net: ›Sitzt ihr auf den Ohren‹«, er äffte dabei meine Sprechweise nach. »Langsam solltest ja wissen, wie man in Bayern redet.« Er wandte sich an Mutter: »Was gibt's heut zum Essen, Oma?«

»Die Kinder haben sich Kartoffelpuffer gewünscht!«

Jetzt war es mein Mann, der ein dummes Gesicht machte. »Was is' das?«, fragte er misstrauisch.

Mutter erklärte es ihm.

»O mei, du meinst Reibertatschi!«, rief er aus. »So heißt das in Bayern. Was mach i bloß mit euch Preußenschädeln mit. I glaub, i geh ein wenig zu den Kindern 'nunter, bevor i damisch werd!« Kopfschüttelnd verließ er die Küche.

Unten im Hof begrüßten ihn die Kinder mit lautem Hallo.

»Komm, Papa, zeig uns, wie hoch du springen kannst. Du warst doch bei den Fallschirmjägern, oder hast du es schon verlernt, bist du gar nicht mehr in Form?«, foppte Eva ihren Papa. Sie wusste genau, wie sie es anstellen musste, dass er das tat, was sie wollte. Papa fiel immer wieder drauf herein. »Ha, da lach i ja. Was meinst, wie wir in die feindlichen Linien gesprungen sind?«

»Feindliche Linien gibt es nicht mehr, Papa, aber vielleicht schaffst du es ja, vom Schuppendach herunterzuspringen. Oder ist das zu hoch? Na ja, zuerst wirst du ja hinaufklettern müssen, meinst, geht das noch?«

Sie nahm eine provozierende Haltung an, was Papa veranlasste, sie verächtlich über die Schulter hinweg anzureden: »Ha, da lach i ja, da spring i locker 'nunter.«

Bewundernd sahen alle Kinder zu, wie ihr Papa flink auf das Dach kletterte und dann locker wie eine Gazelle hinuntersprang.

»Super, Papa!« Sie klatschen vor Begeisterung in die Hände. Papa genoss es sichtlich.

»Sag, Papa, kannst du auch vom Balkon herunterspringen?«, fragte jetzt Karin.

Papa blickte maßnehmend zum Balkon hinauf, der vom Kinderzimmer aus zu erreichen war. »Na ja, des werden so zirka zwei Meter fünfzig sein, und unten is' weicher Sand, des schaff i doch mit links. Aber zuerst muss mir die Mama einen Schiefer rausziehen, den i mir am Schuppendach eingefangen hab!«

Während Papa in die Küche ging, wurde rasch ein teuflischer Plan ausgeheckt. Die Kinder wussten, dass das Splitterherausziehen eine Weile in Anspruch nehmen würde, also hatten sie genügend

Zeit, eine Wanne herbeizuholen und randvoll mit Wasser zu füllen. Kaum zu glauben, wie flink sie dabei zu Werke gingen. Inzwischen erzählte mir Gottfried voller Stolz, wie sehr ihn die Kinder bewundert hatten und dass er nun auch noch vom Balkon herunterspringen wollte.

»Das muss ich sehen!«, rief ich. Schließlich kannte ich meine vier Mädchen und ahnte, dass sie ihrem Vater bestimmt eine Falle stellen würden. Ein Blick aus dem Fenster und ich erblickte die volle Wanne. »Pass bloß auf«, warnte ich ihn. »Die kleinen Luder haben dir unten eine Wanne aufgestellt!«

Er zwinkerte mir zu: »Hab i doch scho gesehen, Mama, i kann ihnen doch die Freud net verderben, da spring i doch locker drüber!«

Vorsichtshalber blieb ich stehen, um mir den Blödsinn anzusehen. Als mein Mann zum Sprung ansetzte, rief Karin: »Jetzt, Eva!«

Mit affenartiger Geschwindigkeit schoben Eva, Inge und Gika eine kleinere Wanne hinter die mit Wasser gefüllte und rannten rasch in Deckung.

Papas Schmerzensschrei war sehr laut. Wütend schrie er: »Seids jetzt glücklich, i hab mir den Fuß gebrochen!«

Eigentlich war das wirklich nicht lustig, denn er konnte nicht mehr auftreten. Aber niemand war in der Lage, ihm zu helfen, denn wir bogen uns trotzdem alle vor Lachen, mich eingeschlossen.

Alarmiert durch das laute Gebrüll meines Mannes, eilte nun auch Oma herbei. Als sie Gottfried sich vor Schmerz krümmend am Boden liegen sah, wurde sie böse und begann zu schimpfen:

»Also alles was recht ist, schämt euch alle miteinander.« Besonders böse sah sie mich an, als sie sagte: »Wann wirst du endlich erwachsen? Hol sofort einen Krankenwagen, der Fuß ist gebrochen. Und du«, wandte sie sich an meinen Mann, »bist auch nicht gescheiter.«

»Ach, Oma, wir haben doch nur gescherzt!«, erwiderte er kleinlaut. Gottfried wurde im Krankenwagen abtransportiert, eingegipst und für eine Weile aus dem Verkehr gezogen.

Als er mit seinem Gipsfuß wieder aus dem Krankenhaus zurück war, hatte er viel Zeit und wollte sich im Haushalt nützlich machen. Er putzte, kochte und versuchte sogar zu bügeln. Das war lieb gemeint, aber Mutter und ich hatten dadurch aber eher noch mehr Arbeit, denn wir standen ständig auf der Lauer, um größeres Unheil zu verhindern.

Ohne dass ich es beabsichtigt hätte, geschah dann aber doch wieder ein Missgeschick, das nicht er ausgelöst hatte, sondern ich.

Schon lange ärgerten mich die stumpfen Fußböden in unserer Wohnung. Ich erinnerte mich noch gut an die schönen, glänzenden Böden zu Hause und nahm mir vor, etwas zu tun, um wenigstens ein bisschen Glanz in unsere bescheidene Wohnung zu bringen. Also kaufte ich Bohnerwachs und schmierte die Böden zunächst sehr dick damit ein. Ein jedes Familienmitglied warnte ich, den Boden nicht zu betreten. Das Wachs müsse erst etwas einziehen, und danach würde ich den Boden glänzend polieren.

Wer meine Warnung aber ignorierte, war mein Mann. Sorglos kam er mit seinen Krücken herein und lag eine Sekunde später unter dem Wohnzimmertisch. Sofort fing er an, loszuwettern:

»Ja freilich, gedacht hab i mirs, dass des net reicht, einen zweiten Fuß muss er sich auch noch brechen, gell, das hast dir doch gedacht bei deiner Wachserei!«, brüllte er. »Gibs zu, gefreut hätte es dich, wenn sie mich noch einmal eingipst hätten!«

Er hatte enorme Schwierigkeiten, unter dem Tisch hervorzukriechen, da er genug mit seiner Schimpferei zu tun hatte. Helfen konnte ihm auch niemand, da sich alle vor Lachen krümmten. Ich konnte nicht einmal eine Antwort geben, so sehr musste ich lachen. Selbst Mutter, die Vernünftige, zog sich hastig zurück, denn sie konnte ebenfalls nicht mehr ernst bleiben.

Eine Woche später wollte Gottfried zusammen mit den Kindern und mir die heilige Messe besuchen. Ich fand das löblich, denn für uns war der Kirchgang am Sonntag eine Selbstverständlichkeit, nur er selbst sah das eher lässig.

Bevor wir uns heute zum Kirchgang fertig machten, sagte mein Mann: »I muss mir die Hosn aufschneidn, sonst komm i mit dem Gips net hinein!« Ich trennte ihm die seitliche Naht der Hose auf. »So, jetzt gibst mir einen Sperl, sonst schlammt mir die Hosn um die Beine rum!«

»Was ist ein Sperl?«, fragte ich verständnislos.

»Halt ein Sperl, du wirst doch wissen, was a Sperl ist!«

Ratlos schüttelte ich den Kopf. »Nein, das weiß ich nicht.«

Er wurde ärgerlich und rief: »Geh, Oma, bring mir das Nähkastl, damit i deiner Tochter zeign kann, was a Sperl is'!« Provokant nahm er eine Sicherheitsnadel heraus und hielt sie mir unter die Nase. »Schau her, das is' a Sperl!«

Rasch steckte ich die Hose, so gut es ging, mit der Sicherheitsnadel zusammen, und los ging es.

Wie üblich saßen unsere vier Mädchen wie Wachspuppen in der Kirchenbank. Niemand sah ihnen an, welch böse Streiche in ihren Köpfchen ausgeheckt wurden. Fromm, mit gefalteten Händchen nahmen Eva und Christine die heilige Kommunion entgegen. Neidisch sahen Karin und Inge zu, da sie die heilige Kommunion noch nicht empfangen durften.

Hinter uns saßen die Internen der Klosterschule. Albern wie alle Teenager warteten sie stets auf eine Gelegenheit zum Kichern, und heute hatten sie Glück.

Während der Messe hatte sich der Sperl, sprich die Sicherheitsnadel, am Hosenbein meines Mannes geöffnet. Mit schlenkernder Hose ging er andächtig zum Altar, um die heilige Kommunion zu empfangen. Das Gekichere hinter ihm ließ ihn stutzig werden. Er blickte nach unten, dann sagte er, nicht etwa leise, oh nein, laut genug, dass es ein jeder hören konnte: »Jetzt is' der Scheißsperl aufganga!« Vorwurfsvoll sah er mich dabei an. Ich tat, als ob ich es nicht bemerkt hätte, und schaute stur geradeaus, um nicht laut herauszulachen. Doch das allgemeine Gekichere steckte mich an, und der Lachreiz wurde so übermächtig, dass ich aus der Kirche rannte.

Hinter mir hörte ich meinen Mann rufen: »Schauts hin, Kinder, das is' eure Mutter, statt dass sie hilft, rennt sie hinaus!« Eva bückte sich lachend und schloss besagten Sperl.

Als wir nach der heiligen Messe nach Hause kamen, war das das Erste, was er Mutter erzählte. »Heut hättst die Tochter sehen solln, wie sie gelacht hat. Man muss sich schämen, sogar der Pfarrer hat herg'schaut zu uns!«

»Ja, Papa, das stimmt, aber bloß, weil du so laut geschimpft hast!«, rief Eva.

»Ja, ja, helfts nur zu eurer Mama, habts schon recht, dann bin halt i wieder der Depp!«, grantelte er.

Nach dem gemeinsamen Mittagessen machten wir uns auf, um wie jeden Sonntag zum Grab meines verstorbenen Sohnes zu gehen. Unser kleiner Ali wurde nie vergessen, darum war es für alle eine heilige Pflicht, ihn so oft wie möglich zu besuchen.

Allein das Herrichten der quirligen Kinder war ein Chaos. Die vier Mädchen nahmen ihre Puppenwägen, Fritzi seinen Roller – alles Geschenke von Oma, die ihre kleine Rente für nichts lieber verwendete, als den Kindern eine Freude zu machen – und ich den Sportwagen mit Klein-Hansi.

Wie so oft, wenn wir spazieren gingen, fielen wir auf. Ein älterer Herr blickte uns nach und meinte: »Möchte man nicht für möglich halten, dass diese dünnen kleinen Mädchen so schnell laufen können!«

»Was hat der gesagt?«, fragte Gottfried aggressiv.

»Jetzt geh weiter und frag nicht lange!« Das hätte mir gerade noch gefehlt, wenn er am Sonntag mit jemandem Streit angefangen hätte. Gut, dass er die

Lästerung über seine vier Mädchen nicht verstanden hatte, denn er ärgerte sich selber oft über ihre Zierlichkeit und nannte sie manchmal »spintige Weiber«. »Du musst zugeben, dass wir lustig aussehen: die vier Mädchen mit ihren Puppenwägen und du mit deinem eingegipsten Bein«, konnte ich mir aber nicht verkneifen hinzuzufügen.

Wie meistens entwickelte sich der Spaziergang zu einer Nervenprobe. Abwechselnd verloren die Mädchen die Räder ihrer Puppenwägen, Klein-Fritzi fiel mit dem Roller hin und schlug sich ein Knie wund, und zu guter Letzt verlor der Sportwagen, in dem Hansi saß, ebenfalls ein Rad. Die Kinder fanden das lustig und quietschten vor Vergnügen. Ich schwitzte. Mein Mann jammerte: »Wenn man mit euch spazieren geht, dann büßt man seine Sünden ab!«

Nach dem Besuch bei unserem Ali wanderten wir zum Hofberg, einem beliebten Ausflugsort unserer Kinder. Ein großer Garten lud dort zu einer kleinen Rast ein. Mein Mann bestellte sich eine Limonade. Man kannte uns dort bereits und wusste, dass nur der Papa eine Erfrischung bekam. Für die Kinder gab es eine Tüte voller Äpfel. Aber deren fruchtiger Geruch lockte die Bienen an, und vor denen hatte Gottfried panische Angst. So frech, wie die Bienen um seinen Kopf herumschwirrten, wussten sie das vielleicht auch. Schließlich wagte es eine sogar, in die Limonadenflasche zu kriechen. Eilig schloss mein Mann die Flasche, nahm die Äpfel und hinkte den Berg hinunter, und wir alle liefen hinterher. Aber nicht nur wir, auch die Bienen folgten dem Duft und ließen Papa einfach nicht in Ruhe. Wild schlug er um sich und ließ am Ende die Tüte mit dem Obst fallen. Die Äpfel kullerten den Berg hinab.

Unsere vorlaute Eva konnte natürlich wieder einmal ihren Mund nicht halten und foppte Papa: »Sag mal, Papa, was hast du eigentlich gemacht, als du in feindliche Linien gesprungen bist und ein Schwarm Bienen mit dir?«

»Da hat es keine Bienen gegeben, du vorlauter Rotzlöffel du! Sag deiner Tochter, sie soll net so frech sein«, giftete er.

Ich giftete zurück: »Also weißt du, du hast aber auch ein Getue wegen der paar Bienen. Die wollen gar nichts von dir, du musst sie nur in Ruhe lassen!«

»I weiß ja eh, du hast die Äpfel bloß gekauft, damit deine Rotznasen wieder etwas zum Lachen haben!«

Die Kinder amüsierten sich in der Tat auf dem ganzen Heimweg über die herunterrollenden Äpfel und ihren tapferen Vater.

Als wir dann endlich wieder nach Hause kamen, wollte jedes der Kinder der Omi zuerst berichten, wie ihr Papa mit den Bienen gekämpft hatte. Nur Karin, die Drittälteste, hatte ein noch dringenderes Anliegen.

»Sag, Omi, gibst du mir ein Blatt von dem frischen Salat für meine Fiffi?«

Fiffi war eine Schnecke, die mitsamt ihrem Häuschen auf unserem Balkon logierte. Irgendwann hatte Karin sie von wo auch immer mit nach Hause gebracht und versorgt. Wie es schien, hatte sie die Schnecke dressiert, denn wenn sie auf den Balkon ging und »Fiffi« rief, kroch die Schnecke aus ihrem Häuschen heraus und drehte den Kopf suchend umher.

Die Fiffiaffäre lief bei uns bereits einige Monate, an diesem heiligen Sonntag sollte sie sich aber erledigen. Wir anderen saßen alle gemütlich in der großen Wohnküche und aßen zu Abend. Karin war hinausgelaufen, um ihrer Fiffi ein Schmankerl zu bringen, und dann wurden wir durch einen schrillen Schrei aufgeschreckt, so durchdringend, wie nur Karin das beherrschte. »Fiffi! Meine geliebte Fiffi ist tot! Jemand hat sie ermordet!«

Wenn Karin so markerschütternd schrie, rannten alle Familienmitglieder, obwohl ein jeder wusste, dass sie stets übertrieb. Aber diesmal war es anders, davon konnten wir uns überzeugen. Karins Schnecke war eindeutig eines gewaltsamen Todes gestorben. Mit todtraurigem Gesicht hielt sie demonstrativ eine Stricknadel hoch, die offensichtlich an dem Tatort des Verbrechens liegengeblieben war.

»Fritzi, das kann nur Fritzi gewesen sein!«, schrie sie hysterisch. Dieser Verdacht lag nahe, denn der Junge hatte nie eine Geheimnis daraus gemacht, dass er sich von der Schnecke ekelte. Ich sah ihn an und brauchte ihn gar nicht erst zu befragen, denn er sah aus wie das leibhaftige schlechte Gewissen. Im Übrigen hielt der Kleine es sowieso nie für nötig, irgendetwas abzustreiten, sondern sagte grundsätzlich die Wahrheit.

Er sah mich an und meinte dann fast triumphierend: »Ekelhafte Fiffi!« Das war alles, was er dazu zu sagen hatte.

»Musstest du denn gleich mit der Stricknadel auf sie einstechen?« fragte ich, doch etwas verstört über so viel Kaltschnäuzigkeit. Ernst sah er mir in die Augen und nickte nur mit dem Köpfchen.

Oma mischte sich ein: »Lasst den Jungen erst einmal in Ruhe, ich werde heute Abend, wenn er im Bett ist, mit ihm reden.«

Was Oma sagte, wurde respektiert. Karin jedoch zog sich schmollend und ihrem Bruder böse Blicke zuwerfend zurück.

Böse Blicke, das war etwas, was wiederum meinen Mann zur Weißglut bringen konnte. »Schau net so giftig, sonst fangst ein paar!«, brüllte er Karin an.

Sie fing zu weinen an und rief, ihren Vater dabei hasserfüllt ansehend: »So ist es recht, jetzt soll ich sogar noch dafür bestraft werden, weil man meine geliebte Fiffi umgebracht hat.«

Sie wollte aus dem Raum laufen, aber Papa lief ihr hinterher, so gut es mit seinem eingegipsten Bein möglich war, und wollte nach ihr greifen. Dabei blieb er jedoch an der Türklinke hängen und fiel der Länge nach hin.

Vergessen waren Fiffi und der Kummer. Alle lachten, sogar Karin, denn wenn Papa hinfiel und seine bayrischen Schimpfkanonaden losließ, konnte niemand von uns mehr ernst bleiben.

»So, seid's jetzt wieder glücklich, ihr Bengel?«, giftete Gottfried. »Und du, Mama, schau mein Bein an, i glaub, i hab ihn mir ein zweit's Mal gebrochen!«

»Was hast du gesagt?«, fragte ich, denn auch ich hatte manchmal Probleme, ihn zu verstehen, besonders wenn er ärgerlich war.

»O mei, nix. Sag mal, wie lang wirst du noch brauchen, bist mich mal verstehst, das kanns doch net geb'n!«

»Du weißt genau, wenn du so schnell sprichst, dass dich dann kein Mensch verstehen kann, gib dir doch ein wenig Mühe, wie zum Beispiel am Anfang unserer Ehe.«

»Ja mei, da bin i grad aus der amerikanischen Gefangenschaft zurück kommen, da haben wir Hochdeutsch red'n müss'n. Hier bin i aber daheim. Aber jetzt bittschön schau mein Bein an, ob es noch heil ist!«

Geduldig hob ich das Hosenbein hoch und tastete sein Bein ab. »Geh, da fehlt gar nichts, sei doch nicht so empfindlich. So einen kleinen Sturz wird doch ein Mann wie du aushalten können!«

»Empfindlich wär i! Habt's das gehört, Kinder, i wär empfindlich. Ja muss i mir noch das zweite Bein brechen, ha?«

»Jetzt hört einmal euer Gezanke auf, ich werde jetzt die Kinder zu Bett bringen«, sagte Oma.

»Lass nur, Mutti, das mache ich jetzt«, schritt ich ein. »Morgen muss ich wieder zur Arbeit, dann hast du genug mit den Kindern zu tun.«

Dass Mutter so wenig Ruhe bekam, gefiel mir gar nicht. Schon lange, bevor sie ins Krankenhaus gekommen war, war ich mir nicht mehr sicher gewesen, ob ich ihr wirklich einen Gefallen damit getan hatte, sie nach Vaters frühem Tod zu mir zu nehmen. Aber das Warnsignal, das ihre schwere Erkrankung gewesen war, nahm ich ernst. Nun setzte ich alles daran, den täglichen Stress mit den Kindern auf das unvermeidliche Minimum zu beschränken. Die Kinder jedoch liebten ihre Oma über alles, und diese Liebe baute sie immer wieder auf. Manchmal erzählte sie ihnen von Potporowo, unserem Gut. Andächtig hörten sie dann zu und konnten gar nicht genug bekommen, nur allzu lange konnte Mutter nicht erzählen, denn meistens schossen ihr nach einer Weile die Tränen in die Augen.

17

Wieder einmal war eine anstrengende Woche in der Fabrik vergangen. Am Sonntagmorgen fragte ich Mutter: »Was meinst du, sollte ich vielleicht Klein-Fritzi mit in die Kirche nehmen?«

»Wenn du meinst, aber das sage ich dir gleich, der kann keine fünf Minuten stillhalten, und eine ganze Stunde schon gar nicht. Glaub mir, das wird anstrengend.«

Aber irgendwann musste ich doch damit anfangen! Fritzi bekam also seine Lederhosen angezogen, dazu die selbst gestrickte Trachtenjacke, die auch die Mädchen besaßen, und los ging es. Treuherzig sah er mich an, als er versprach: »Ehrlich, Mama, ich werde ganz brav sein.«

»Oh mei, da tust du dir etwas an, Mama!«, grinste der Papa.

Was das Stillsitzen betraf, hatten sich aber alle getäuscht. Klein-Fritzi saß wie eine Wachspuppe in der Kirchenbank. Aber dann musste er auf einmal ganz plötzlich austreten.

»Pieseln muss ich, Mama!«, flüsterte er mir ins Ohr. Aber er hatte so laut geflüstert, dass hinter mir das übliche Internengekichere hörbar wurde. Ich nahm ihn bei der Hand und ging mit ihm hinaus.

Da es kurz vor der Wandlung war, beeilten wir uns. Das Material der Lederhose war aber ziemlich hart, und die Knöpfe ließen sich schwer öffnen.

Immer wieder fielen die Hosenträger herunter. Kurz, ich hatte mich wohl zu sehr beeilt, denn als Fritzi wieder brav in der Kirchenbank saß, fiel plötzlich die Lederhose herunter und er saß in Unterhöschen da. Er selbst hatte das gar nicht bemerkt. Seine Andacht war echt. Als er aber dann die Kirchenbank missbrauchte, um seine Klimmzüge zu machen, waren die Internen ringsum nicht mehr zu halten.

Fritzi verstand die Welt nicht mehr, als er bemerkte, dass er die Ursache der allgemeinen Belustigung war. Mir war jedoch klar geworden, dass ich ihn wohl doch zu früh in die Kirche mitgenommen hatte, darum bat ich die Mädchen, zu Hause Stillschweigen zu bewahren und die Angelegenheit nicht sofort ihrem Vater auf die Nase zu binden.

Das hätte ich mir sparen können! Kaum hatten wir die Wohnungstür geöffnet, rannte Inge auf Papa zu und rief: »Papa, Fritzi hat Klimmzüge in der Kirchenbank gemacht, und seine Lederne ist ihm runtergerutscht!«

»Das hab i mir doch gleich gedacht, dass der Bub net stillhalten wird!«, grinste mein Mann.

Ich sah Inge streng an. »Oh je«, rief sie erschrocken aus. »Mama hat gesagt, dass wir dir nichts erzählen sollen!«

Das machte seine Laune noch besser. »I weiß schon, Inge, dass du den Mund net halten kannst, Gott sei Dank, sonst tät i sowieso nix erfahren!«

Wir setzten uns zu Tisch und waren gerade mit dem Essen fertig, als es an der Tür klingelte.

»Oh mei, das wird der Schorsch sein!«, jammerte Gottfried. Schorsch war ein, wie auch ich fand, recht lästiger Freund meines Mannes. Gottfried lief ins Nebenzimmer und rief: »I bin net da!«

Inge öffnete die Tür. Es war tatsächlich der Schorsch.

»Ist der Papa da?«, fragte er gleich. Noch bevor jemand anders etwas sagen konnte, stellte Inge sich breitbeinig vor ihm auf, wies mit dem Zeigefinger zur Tür, hinter der mein Mann gerade verschwunden war, und rief: »Papa hat gesagt, dass er nicht da ist!« Mutter und ich standen wie versteinert da. Was nun?

Schorsch dagegen lachte nur und rief: »Komm raus, Fritz, i weiß, dass du da drinn bist, die kleine Wilde hat dich verraten!«

Mit hochrotem Kopf, mühsam seinen Zorn verbergend, trat mein Mann heraus. Um die Situation zu retten fragte ich den Besucher aggressiv: »Wo ist hier eine Wilde?«

Er grinste unverschämt und antwortete: »Ja, schaut sie doch an, die Haare hängen ihr ins G'sicht, und eine freche Gosch'n hat sie auch, dass d' meinst, sie kommt aus'm Wald!«

Wider Willen musste ich dem unsympathischen Schorsch recht geben. Inge konnte ich kämmen, so oft ich wollte, ihre Haare hingen stets wirr um ihr Köpfchen, und auf den Mund war sie wahrlich nicht gefallen.

Jetzt war es mein Mann, der die Situation rettete, indem er rief: »Was willst denn überhaupt am heiligen Sonntag von mir, Schorsch? I will danach mit meinen Kindern spazieren gehen!«

»Das kannst ja, i wollt' bloß fragen, ob du heut auf d'Nacht mit auf'n Fußballplatz kommst, es gibt ein gutes Spiel!«

»Nein, solang i ein Gipsbein hab, möcht i net«, rief mein Mann.

»Aber spazieren gehen mit die Kinder kannst schon«, nörgelte der Schorsch.

»Das ist immer noch meine Sache, merk dir das, Schorsch!« Der Schorsch machte sich grantig murmelnd von dannen.

Kaum hatte der unwillkommene Besucher die Tür hinter sich zufallen lassen, da stellte mein Mann sich drohend vor Klein-Inge auf, stemmte die Hände in die Hüften und schrie:

»Sag mal, spinnst du, wie kannst du dem Deppen sagen, dass i da drinn bin!«

Inge stellte sich genauso frech hin. »Hab ich nicht! Ich hab gesagt, dass du gesagt hast, dass du nicht da bist!« Ihr Tonfall klang monoton und herausfordernd.

Mein Mann wirkte, als würde er jeden Moment platzen. Zornig rief er: »Irgendwann bring i dich um, du Rotzlöffel, wenn du den Mund net halten kannst!«

Frech erwiderte Inge: »Ja, dann lüg doch nicht immer, Papa!«

»Muss i mir das sagen lassen?«, tobte er.

»Ja, das musst du!«, riefen Mutter und ich da wie aus einem Munde.

»Oh mei, die Preußen sind sich wieder einig!«, giftete er.

Ich rief den Kindern zu: »Bitte, Kinder, geht ein wenig hinunter in den Hof zum Spielen.«

»I geh mit!«, rief mein Mann und wollte sich schleunigst von dannen machen.

»Du bleibst da!«, hielt ich ihn zurück. »Ich will mich mit dir unterhalten.« Dann wandte ich mich an Mutter: »Bitte, Mutti, gehst du auch mit hinunter zu den Kindern?« Sie verstand sofort, nickte und ging.

Als sich die Tür hinter ihr geschlossen hatte, wandte ich mich meinem Mann zu. Der hatte längst begriffen, was die Glocke geschlagen hatte. »Oh, oh, wenn du so heilig schaust, dann weiß i schon, dass du mir den Marsch blasen willst!«

»Davon kannst du ausgehen«, erwiderte ich ehrlich erzürnt. »Sag mal, wie sollen aus unseren Kindern einmal ehrliche Menschen werden, wenn du vor ihnen so eine verlogene Geschichte abziehst? Kinder richten sich nie nach dem, was ihnen die Eltern erzählen, sondern nur danach, wie ihnen die Eltern das Leben vorleben!«

Er machte ein zerknirschtes Gesicht. »Tut mir ja leid, Mama, i weiß schon, dass das alles ein Schmarrn war, i tu es auch nimmer, aber der blöde Schorsch hat mich ganz narrisch gemacht!«

Immer wenn er sich im Unrecht wusste, nannte er mich Mama. Er wusste genau, dass mich das versöhnte, denn er tat mir dann unendlich leid. Hatte er doch mit nur sechs Jahren seine Mutter verloren und durch die Stiefmutter keine gute Kindheit gehabt! Also verzieh ich ihm wieder einmal.

Die Tür ging auf. Inge steckte ihren zerzausten Kopf herein und fragte: »Seid ihr schon fertig, können wir wieder hereinkommen?«

»Du wartest jetzt erst einmal, mit dir will ich mich auch noch unterhalten!«, hielt ich sie zurück.

»Was is'n Mama?«

»Inge, wenn wir Besuch bekommen, würde ich dich bitten, mit deinen Äußerungen etwas Zurückhaltung zu üben. Lass bitte die Erwachsenen die gestellten Fragen beantworten. Hast du mich verstanden?«

Ich konnte ihr nicht in das erhitzte Gesicht sehen, sie sah schon wieder so unendlich frech aus, als sie antwortete.

»Du, Mama, hast gesagt, dass wir immer die Wahrheit sagen müssen, egal, ob es uns schadet oder nützt. Das habe ich getan, willst du mich jetzt dafür bestrafen? Dann kenne ich mich mit dir auch nicht mehr aus!« Leidenschaftlich hatte die Kleine gesprochen.

»Kind, Kind du hast ja nichts Unrechtes getan, außer etwas zu voreilig gesprochen«, versuchte ich sie zu beschwichtigen. »Ich habe dich doch nur gebeten, die Erwachsenen antworten zu lassen!«

»Aha, du hättest also für Papa gelogen, stimmt's?«

»Natürlich nicht«, antwortete ich verlegen.

»Siehst du, Mama, also liegt der Fehler eindeutig bei Papa, der lügt, und das nicht nur beim Städte raten. Und uns will er erziehen!«

Was sollte ich jetzt dazu sagen? Die Kleine hatte ja eindeutig recht. Das befand auch mein Mann, der die ganze Zeit über still zugehört hatte, und so stellte er sich jetzt schuldbewusst vor die Kleine hin, schlug mit der Hand an seine Brust und rief theatralisch: »Mea culpa, ich habe gesündigt!«

»Schau, schau, er kann ja doch Hochdeutsch sprechen, wenn er will!«, rief Mutter, die inzwischen ebenfalls eingetreten war. Erlösendes Gelächter, der Familienfrieden war wiederhergestellt.

Mutter klatschte in die Hände und rief: »So, Kinder, jetzt zieht euch um und geht mit den Eltern ein wenig spazieren. Ich werde inzwischen ein erholsames Nickerchen machen!«

Auf solche Weise ging unser Familienleben seinen turbulenten Gang, Tag um Tag, Woche um Woche. Dauernd gab es mit den Kindern etwas Neues, manchmal Gutes, manchmal nicht so Gutes.

Eines Abends, als ich gegen 23 Uhr aus der Fabrik nach Hause kam, sah ich eine Schüssel voller Tomaten auf dem Küchentisch stehen. Eva, meine Älteste, hatte einen Zettel dazugelegt.

»Liebe Mami, lass dir die Tomaten gut schmecken«, stand da zu lesen. Aber ich dachte gar nicht daran, denn die unangenehmsten Gedanken schossen mir bei diesem Anblick durch den Kopf. Woher hatte Eva die Tomaten? So selten, wie ich den Kindern Taschengeld geben konnte, waren sie sicher nicht gekauft. Oh Gott, sie hatte sie sich doch nicht etwa schenken lassen? Lange lag ich noch wach und grübelte darüber nach.

Gleich am Morgen, nachdem ich die Kinder geweckt hatte, stellte ich Eva zur Rede. »Sag mal, Kind, woher habt ihr die schönen Tomaten?«

Statt zu antworten, bemerkte sie nur enttäuscht: »Ja, Mama, du hast ja nicht eine einzige gegessen, wo wir uns doch alle so bemüht haben!«

»Was heißt bemüht, habt ihr etwa dafür gearbeitet?«, fragte ich befremdet.

Eva lachte nur und meinte: »Na ja, so kann man es auch nennen, Mama, aber jetzt müssen wir zur Schule gehen!« Und schon war sie weg, ohne dass ich erfahren hatte, wie sie an die Tomaten gekommen war. Voller Ungeduld wartete ich, bis sie wieder nach Hause kam.

Es gab wieder einmal Reibertatschi, wie mein Mann sie zu nennen pflegte, also Kartoffelpuffer, wie meine Mutter sagte. Eine Wahnsinnsarbeit! Meine Hände waren an den Knöcheln danach immer total aufgerieben. Die Kinder aßen sie aber so gerne, also wurden die Kartoffeln halt gerieben.

Als Erste stürmte Inge herein, dasjenige unter meinen Kindern, das bekanntlich nie den Mund halten konnte, aber noch ehe ich sie mir vorknöpfen konnte, ging sie sich schon umziehen. Ich bestand darauf, dass sich die Kinder nach der Schule Spielkleidung anzogen, um die Schulkleidung zu schonen.

Im Vorbeirennen rief sie: »Mama, morgen muss ich achtzig Mark mitbringen!«

»Wofür denn das?«, rief ich ihr erschrocken hinterher.

Auch wenn meine häufigen doppelten Schichten bei uns die Geldsorgen merklich verringert hatten: Unsere Ausgaben wurden auch immer höher. Etwa für das Fernsehgerät, auf dessen Anschaffung mein Mann vor einiger Zeit bestanden hatte, obwohl wir es nur auf Raten bezahlen konnten. Seine eigenen Einnahmen waren aber, solange er wegen des gebrochenen Beins nicht arbeiten konnte, auf das Krankengeld beschränkt. Mein Wirtschaftsgeld war deshalb wieder einmal ganz genau eingeteilt. Wo sollte ich jetzt also so nebenbei achtzig Mark hernehmen?

»Oh, Mama, es riecht so gut nach Reibertatschi, kann ich schon einen haben?«, fragte Inge, als sie umgezogen wieder in die Küche kam. Eigentlich pflegten wir stets gemeinsam zu essen, aber wenn es die Puffer gab, ließ sich das nicht einrichten. Immer wenn eine Pfanne mit den verführerisch gut riechenden Puffern fertig war, bekam sie eines der Kinder. Am Ende war ich dann selbst an der Reihe.

»Zuerst würde ich gerne erfahren, wofür du die achtzig Mark brauchst, Inge!« Aber sie bekam von mir trotzdem einen der Kartoffelpuffer.

Mit vollem Mund rief sie: »Hab 'ne Lampe erschlagen!«

»Wie erschlägt man denn eine Lampe?«, wollte ich wissen.

»Ach, die blöde Hanna vor mir hat sich umgedreht und mich so schrecklich doof angeschaut. Da habe ich meine Brottasche nach ihr geworfen und bin zu hoch gekommen. Na ja, und da ist die Lampe auf einmal heruntergeflogen gekommen. – Mmmh, Mama, die Reibertatschi sind vielleicht wieder gut!«

Auf solche Ablenkungsmanöver ließ ich mich aber nicht ein.

»Liebe Inge, du wirst morgen deiner Lehrerin sagen, dass sie warten muss, bis unsere Haftpflichtversicherung den Schaden bezahlen wird.«

»Aber Mama, willst du mich blamieren? Da schäme ich mich vor der ganzen Klasse zu Tode!«

»Da brauchst du dich nicht zu schämen, Inge, dafür haben wir die Haftpflichtversicherung ja abgeschlossen: damit sie für ungezogene Kinder, wie du eines bist, die Schäden bezahlt.«

»Glaub mir, Mama, wie ich dich kenne, hättest du der auch etwas raufgeschmissen, so blöd wie die geglotzt hat«, versicherte das Mädchen.

»Schluss jetzt, Inge!«, verfügte ich energisch. »Nun zu etwas anderem: Woher habt ihr die schönen, großen Tomaten?«

»Kann ich nicht sagen, Mama, das ist unser Geheimnis.«

»Stopp, Inge – raus mit der Sprache!«

Inge wand sich. »Bitte, Mama, frag die Eva, ich muss jetzt Hausaufgaben machen!« Und schon war sie wieder fort und hatte mich mit der Pfanne und dem Kartoffelteig alleine gelassen.

Inzwischen war Klein-Hansi erwacht, Mutter wickelte ihn und gab ihm sein Gemüsetellerchen. Nacheinander kamen auch die anderen Mädchen aus der Schule.

»Oh, Reibertatschi«, riefen sie wie aus einem Munde. So schnell kam ich gar nicht mit dem Backen nach, wie sie sie verschlangen.

Sofort nach dem Essen griff ich mir meine Große. »Eva, ich muss mit dir reden!« Ich sprach betont streng. Sie versuchte sofort, sich vor dem Gespräch zu drücken.

»Ich habe so viel Hausaufgaben auf und muss damit sofort anfangen, denn um 14 Uhr habe ich schon wieder Turnstunde! Geht das nicht morgen?«

Ich schüttelte den Kopf. »Nein, heute, hier und jetzt will ich, dass du mir Rede und Antwort stehst!«, sagte ich energisch.

Betreten sah sie mich an. Ihr war klar, dass ich sie jetzt nicht gehen lassen würde, bevor die Tomatengeschichte geklärt sein würde. Also trat sie die Flucht nach vorne an. Sie stemmte die Hände in die Hüften und sah mich kampflustig an: »Na, dann fang mal an zu fragen!«

Das kleine Luderchen wusste genau, womit sie mich auf Hundert bringen konnte, aber ich übersah einfach ihr provozierendes Gehabe. Betont gelassen fragte ich: »Also: Woher sind die Tomaten?«

»Vom Gärtner Keck!«

»Gekauft oder geschenkt?«, fragte ich weiter.

»Nichts von alldem!«

»Ja zum Donnerwetter!«, brauste ich auf. »Lass dir doch nicht alles aus der Nase herausziehen!«

Inge war gerade zur Tür hereingekommen und antwortete für Eva: »Nee, Mama, bloß mitgenommen!«

»Halt bloß du die Klappe«, brüllte Eva die Kleine an. Aber ich war schon hellhörig geworden.

»Was heißt da mitgenommen, Inge, ihr werdet doch die Tomaten nicht gestohlen haben, oder?«

Eva verdrehte die Augen gen Himmel.

»Mein Gott, Mama, wie du wieder einmal alles grauenvoll ernst nimmst. Mensch, Mamachen, das nennt man schlicht und einfach Mundraub!«

Ich musste mich setzen, so übel war mir geworden. Streng befahl ich: »Setzen, und zwar alle!«

Meine beiden Töchter Gicka und Karin waren ebenfalls gerade hereingeschlichen und hatten sofort begriffen, um was es gerade ging. Ängstlich sahen sie Eva an und flüsterten: »Die Tomaten und die Hühner, ha?«

Eva nickte nur.

»Was denn für Hühner?«, rief ich erschrocken. »Habt ihr etwa auch noch Hühner gestohlen?«

»Geh, Mama«, rief Eva empört. »Siehst du hier Hühner? Die armen Viecher haben wir doch nur gerettet!«

»Ruhe jetzt! Eva, erzähl der Reihe nach!«, befahl ich.

Unter dem ständigen Gekichere ihrer Schwestern fing Eva endlich mit ihrem Bericht an. Einem schöngefärbten natürlich.

»Weißt du, Mama, die Hühner von der Frau Maas benutzen unseren Hof als Durchgang, um zum Gärtner Keck zu gelangen und sich dort die feinsten Leckerbissen einzuverleiben. Solltest mal sehen, wie die dort glücklich herumpicken!«

Ich schüttelte ungeduldig den Kopf. »Erzähl keinen Blödsinn, Eva, wie sollen die da durch die beiden Zäune kommen?«

»Na ja, Mama, dafür haben wir eben gesorgt, wir können die lieben Tierchen nicht hungern lassen. Die Frau Maas gibt ihnen viel zu wenig zu futtern, und dann wundert sie sich, dass die Tierchen nicht genügend Eier legen …«

Ich unterbrach sie abrupt und rief zornig: »Jetzt hör endlich mit den Umschweifen auf und komm zur Sache!«

Eva seufzte theatralisch auf. »Na gut, Mama, komm mit, wir machen einen Lokaltermin, dann kannst du dir vor Ort selber ein Bild von der Sachlage machen!«

Es ärgerte mich schon wieder, wie altklug sie über der Situation zu stehen schien. Aber um dahinterzukommen, was nun genau geschehen war, blieb mir nichts anderes übrig, als mit in den Hof zu gehen. Natürlich liefen alle Mädchen mit hinunter. Wenn es ernst wurde, hielten sie wie Pech und Schwefel zusammen.

Mein Mann hatte den Kindern im Hof ein Tischchen gezimmert, dazu sechs Holzklötze, damit ein jedes seine Sitzgelegenheit hatte. Unter diesem Tisch, sah ich nun, hatte die kleine Bande ein großes Loch in den Drahtzaun geschnitten und ein ebensolches auf der anderen Seite des Zaunes, welcher zum Garten des Gärtners Keck führte. Somit konnten die Hühner ungehindert von einem Nachbarn zum anderen gelangen und sich nach Herzenslust vollfuttern.

»Siehst du, Mamachen, welche Freude wir den lieben Tierchen bereitet haben? Und Frau Maas freut sich jedes Mal, wenn wir ihre Hühner zurückscheuchen. Danach gibt sie uns immer eine Tüte voller Bonbons und bittet uns, niemandem davon zu erzählen, dass ihre Hühner wieder einmal beim Räubern waren. Na ja, und wenn die Hühner sich schon satt essen dürfen, dann werden die Kecks nicht gleich verarmen, wenn wir auch ein paar Tomaten mitgehen lassen, oder?«

Ich war so entsetzt über die Selbstverständlichkeit, mit der sie gerade Diebstahl als etwas völlig Normales dargestellt hatte, dass ich die Mädchen einfach stehen ließ und in die Küche zurücklief, um mir die ganze Angelegenheit erst einmal durch den Kopf gehen zu lassen, bevor ich irgendetwas unternahm.

Mein Mann saß im Wohnzimmer und schaute wie üblich eine Fußballübertragung an. Sein Bein war immer noch eingegipst. Kurz sah er auf.

»Was schaust denn so erschreckt? Ist etwas mit den Kindern, ha?«

Wieder einmal ärgerte ich mich, weil ich meine Erregung nicht verbergen konnte. Stets bemerkte er, wenn mich etwas bedrückte.

Mutter mischte sich ein: »Erzähl, Kind, was ist los?«

Aber ich hatte nur noch zwei Stunden Zeit, bis ich in die Fabrik zur Arbeit musste, darum zog ich es vor, nichts zu sagen. »Wir werden morgen darüber reden, Mama!«, versprach ich.

Die Kinder kamen herein, sie wirkten betreten. »Habt's etwas angestellt, weil die Mama so wild schaut?«, fragte mein Mann die Eva.

»Kennst sie doch, aus jeder Mücke macht sie gleich einen Elefanten«, rief das Mädchen verärgert.

Ich kochte innerlich über ihre respektlose Bemerkung, ging aber nicht näher darauf ein. Betont ruhig sagte ich daher: »Würdest du diese Angelegenheit bitte etwas ernster nehmen? Das wird noch ein Nachspiel haben, das verspreche ich dir.«

Die Kinder schwiegen. Sogar Eva bemerkte, wie diese Situation mir zu schaffen machte, und dass ich mit den Tränen kämpfte. Ich wandte mich an Mutter: »Bitte, Mutti, würdest du während meiner Abwesenheit darauf achten, dass die Kinder ihre Hausaufgaben ordentlich erledigen?«

»Ist doch selbstverständlich, Kind, sorg dich nicht.«

Um keinen Preis wollte ich Mutter beunruhigen, wusste ich doch, dass sie am Nachmittag gern ein Stündchen ruhte. Ich nahm an, dass die Kinder in dieser Zeit nichts als Unsinn trieben, aber diese Ruhezeit brauchte Mutter dann eben doch.

Während der Schicht an der Maschine versuchte ich, meine Gedanken zu ordnen. Ich dachte über meine Kinder nach – und mich selbst. Alle Kinder stehlen ja manchmal, selbst wir, die wir alles am Gut hatten, konnten es nicht lassen, ab und zu am Nachbargut Obst zu stehlen. Es schmeckte besser, das bildeten wir uns jedenfalls ein. Und ebenso stahlen die Nachbarskinder auch bei uns. Vater war außer sich, wenn er uns dabei erwischte. Die Folge für uns war unweigerlich Stubenarrest. Aber wir taten es trotzdem immer wieder. Was war ihm damals wohl über uns durch den Kopf gegangen?

Am nächsten Morgen ging ich zum Gärtner Keck, um mit ihm über die leidige Angelegenheit zu sprechen. Aber Frau Keck lächelte nur.

»Ach, regen Sie sich doch darüber nicht auf, ich weiß doch längst, dass ihre Kinder ab und zu mal einen Apfel oder eine Birne mitnehmen. Aber ehrlich, ich gönne es ihnen, ja, ich schaue grundsätzlich weg, wenn sie in unserem Garten die Hühner jagen. Wie sollten Sie denn bei sechs Kindern das nötige Obst kaufen können? Das ist in der heutigen Zeit fast unmöglich!«

Gott, wie schämte ich mich. Weinend schlich ich nach Hause.

»Mama weint«, hörte ich Karin sagen. Alle sechs Kinder hingen auf einmal an mir.

»Bitte, Mama, weine doch nicht. Nie, nie wieder werden wir etwas nehmen, was uns nicht gehört. Nur bitte weine nicht mehr!«

Fritzi und Hansi wussten gar nicht, worum es ging, aber sie streichelten mich mit, gewissermaßen prophylaktisch.

Jetzt hatte ich schon mal mit der Aufklärung der Angelegenheit begonnen, also machte ich mich auch gleich auf, um Frau Maas, die Hühnerbesitzerin, zu fragen.

Diese wehrte gleich energisch ab: »Nein, da dürfen Sie Ihre Kinder doch nicht schimpfen, wenn sie mir meine Hühner zurückbringen!« Dass die Kinder ihren Hühnern überhaupt erst einen Fluchtweg gebahnt hatten, schien sie nicht bemerkt zu haben.

Aber bevor ich dazu etwas sagen konnte, fuhr sie schon fort: »Viel schlimmer ist, dass sie auf dem Schuppendach herumklettern, wenn die Oma am Nachmittag ihr Schläfchen hält. Das könnte einmal böse ausgehen!«

Ich erschrak. »Was denn für ein Schuppendach?«

»Na da, wo ihr Holz und Kohlen drin habt.«

»Ja, wie sollen die Kinder denn da hinaufkommen?«, fragte ich ungläubig. »Das ist doch viel zu hoch, das schaffen sie doch nie!«

Frau Maas lachte nur: »O mei, haben Sie eine Ahnung, wie die kraxeln können! Die sind doch wie die Gämsen!«

Ich ließ Frau Maas einfach stehen, lief nach Hause und stellte meine Kinder zur Rede.

»Stimmt das, dass ihr auf dem Dach des Holzschuppens herumlauft?«

Eva sah mir tief in die Augen. Sie legte ihre ganze Seele in diesen Blick, als sie voller Unschuld antwortete: »Ehrlich, heilig, Mama, das haben wir nie getan!«

»Ehrlich, heilig« hatte sie gesagt, also hatte sie nicht gelogen. So dachte ich.

Wutschnaubend ging ich noch einmal zur Nachbarin. Nur ein einziger Gedanke beherrschte mich: Das darf ich nicht auf meinen Kindern sitzen lassen. Wenn sie etwas nicht getan haben, dann muss ich sie verteidigen.

Ich glaubte mich völlig im Recht, als ich mich vor Frau Maas stellte und rief: »Sie haben sich getäuscht, meine Kinder gehen nie auf das Dach. Sie sollten sich vielleicht einmal eine Brille kaufen!«

»So, haben Ihre Kinder das gesagt, Ihre Engelchen?«, gab sie spöttisch zurück. »Dann muss ich gleich morgen zum Doktor gehen, wenn ich Ihre Kinder schon sehe, wo sie gar nicht sind!« Hochrot, voller Zorn ließ sie mich stehen. Wer log jetzt? Auf einmal war ich wieder unsicher.

Aber diese Frage beantwortete sich am Sonntag von ganz allein. Als Eva und Karin die heilige Kommunion empfangen sollten, blieben sie in der Kirchenbank sitzen und ließen mich allein zum Altar gehen.

Nach der Messe verschwanden beide in der Sakristei. Geduldig wartete ich mit Inge und Christine, bis die beiden reuigen Sünderinnen wieder herauskamen. Noch einmal setzten sie sich in die Bank und warteten, bis der Geist – so nannten wir den Pfarrer, weil er manchmal wirklich geisterhaft wirkte – herauskam, sie zum Altar bat und ihnen lächelnd die heilige Kommunion darreichte. Wir alle liebten diesen alten Herren. Er war unser aller Beichtvater.

Als wir uns auf den Heimweg machten, konnte ich mir die Bemerkung nicht verkneifen: »Hoffentlich habt ihr die Tomaten gleich mitgebeichtet!«

»Ham wir, Mütterchen, ham wir«, grinste Eva unverschämt.

Es wurde ein schöner Sonntagnachmittag mit all den üblichen Spielen, der Singerei und schließlich dem Spaziergang auf den Friedhof zu unserem Ali. Aber damit der Tag hätte ruhig enden können, hätte es nicht meine Chaotenfamilie sein dürfen!

Gegen 17 Uhr schickte ich die Kinder in den Hof, damit sie sich noch ein wenig austobten, bevor es Abendbrot gab.

Plötzlich schoss Karin mit ihrem üblichen nervenzerreißenden Schreien herein: »Mama, Mama, die Inge hat den Briefkastenschlüssel verschluckt! Glaub mir, die muss jetzt sterben!«

»Mensch, so dramatisiere doch nicht immer alles«, fuhr ich sie an. Ich schob sie zur Seite und rannte in den Hof hinunter.

Inge, meine kleine freche Inge, stand da mit todtraurigem Blick, klammerte die Hand um ihr Hälschen und schluchzte.

»Mama, muss ich jetzt wirklich sterben?«

»Quatsch! Aber bist du dir sicher, dass es der Schlüssel war, den du verschluckt hast und nicht irgendetwas anderes? Und warum hast du den Schlüssel überhaupt in den Mund genommen?«

»Weiß auch nicht«, brachte sie unter Tränen heraus. Ich nahm sie bei der Hand, lief mit ihr ins Haus und bestellte ein Taxi, um sie ins Krankenhaus zu bringen.

Der diensthabende Arzt beruhigte dort mein verängstigtes Kind. »Das kriegen wir schon wieder hin!«, versicherte er ihr. »Erst einmal werden wir dich röntgen, damit wir sehen, ob du den Schlüssel wirklich verschluckt hast. Und wenn ja, müssen wir auch feststellen, wo er steckt. Das verstehst du doch, oder?« Freundlich streichelte er ihr verweintes Gesicht.

Ängstlich fragte Inge: »Wird mir jetzt der Bauch aufgeschnitten? Der Schlüssel war ja so lang!« Mit ihren Händchen deutete sie an, wie lang er sei, und in ihrer Angst machte sie ihn dabei doppelt so groß, wie er wirklich war.

»Wer hat dir denn den Blödsinn erzählt?«, fragte der Doktor.

»Na, meine große Schwester!«

»So groß kann die Schwester aber nicht sein, wenn sie dir solche Schauermärchen erzählt!«

Inge hob die Hand weit über ihr Köpfchen hinaus. »So groß ist sie schon.«

»Aber sie hat dir trotzdem Blödsinn erzählt. Der Schlüssel kommt von ganz alleine wieder raus«, beruhigte der freundliche Arzt.

»Ach, du meinst, ich kack den einfach wieder aus?«

Der Arzt verzog keine Miene angesichts dieser drastischen Ausdrucksweise. »Na klar kackst du den wieder aus«, versicherte er ihr. Er übergab sie einer Schwester, um die nötigen Röntgenaufnahmen machen zu lassen.

»Mama, du wirst mich jetzt doch nicht alleine lassen«, nörgelte Inge, als der Arzt mich zur Tür winkte.

»Die Mama kommt gleich wieder zu dir, ich muss mich nur noch kurz mit ihr unterhalten«, beruhigte sie der Doktor.

Er nahm mich mit in das Ärztezimmer. »Also, wir werden Inge in den nächsten Tagen mit Sauerkraut ernähren, damit der Schlüssel auf natürliche Weise den Ausgang findet. Sollte das allerdings nicht gelingen, wird die Kleine nicht um eine Operation herumkommen. Ihr wollte ich das freilich nicht sagen, denn ich wollte sie nicht verängstigen. Und mit ein bisschen Glück ist es ja gar nicht nötig.«

Ich erschrak. Inge war doch noch so klein, und dann schon eine Operation!

»Sagen Sie«, fuhr der Arzt fort. »Wie kam die Kleine überhaupt dazu, den Briefkastenschlüssel zu verschlucken?«

»Ich müsste lügen, um Ihnen dazu eine Erklärung bieten zu können«, gab ich zu. »Ich weiß es wirklich nicht. Für mich war es erst einmal wichtig, dass sie in ärztliche Behandlung kommt. Die näheren Umstände werde ich hoffentlich herausfinden, wenn ich wieder zu Hause bei meinen anderen Kindern bin!«

»Wie viele Kinder haben Sie denn?«, wollte er wissen.

»Sechs!«

»Na, dann gehen Sie mal schnell nach Hause, damit nicht noch mehr passiert!«

Rasch wollte ich noch einmal nach Inge sehen, aber sie war bereits beim Röntgen. Voller Sorge rannte ich heimwärts. Ich machte mir bittere Vorwürfe. Wie hatte das nur geschehen können? Wo hatte sie überhaupt den Schlüssel her?

Kaum dass ich zur Haustür hereinkam, wollte ich mir Eva vorknöpfen, aber was sah, ließ mich verstummen. Alle fünf weinten. Hansi wusste nicht, um was es ging, aber er weinte mal vorsorglich mit. Selbst Mutter wischte sich die Tränen ab.

Ein Verhör war nicht nötig, Eva kam von selber auf mich zu. »Mami, wir haben nur Vater und Mutter gespielt«, schilderte sie die Sache. »Die Inge hat den Schlüssel vom Schlüsselbrett geholt, sie sollte mir die Haustüre aufschließen, dabei hat sie den Schlüssel in den Mund genommen, aber warum, weiß ich nicht. Sie hat ihn dann gleich verschluckt. Wie das möglich war, ist mir ein Rätsel!«

Ich konnte mich auch nur noch wundern, denn der Schlüssel war wirklich sehr lang.

Täglich wurde Inge geröntgt, aber der Schlüssel bewegte sich einfach nicht vorwärts. Die Kleine jammerte: »Bitte, Mama, versprich mir, dass ich nie im Leben wieder Sauerkraut essen muss, ich kann es nicht mehr riechen!«

Das konnte ich mir denken. Aber es musste nun einmal sein.

Der Arzt bat mich erneut in sein Behandlungsraum und sagte ernst: »Einen Tag werden wir noch abwarten, aber wenn der Schlüssel dann die Position nicht ändert, werden wir wohl oder übel schneiden müssen.«

Ich rannte zu meinem Beichtvater und bat ihn, für Inge zu beten.

»Es liegt alles in Gottes Hand, er wird es schon recht machen!«, sagte er. Er wollte mich damit trösten, aber es gelang ihm nicht. Voller Angst stellte ich mir vor, wie meine kleine freche Inge so eine schwere Operation überstehen sollte.

An diesem Abend klingelte es aber an unserer Haustür, und als ich aufmachte, stand eine Schwester vom Krankenhaus davor, die in unserer Nähe wohnte. Sichtlich erfreut über die Nachricht, die sie mir überbringen durfte, sagte sie: »Der Schlüssel bewegt sich zum Magenausgang hin, wir dürfen hoffen!«

Mutter weinte vor Freude. In den letzten Tagen war sie fast wortlos umhergeschlichen und hatte sich aus unbegreiflichen Gründen die alleinige Schuld an allem gegeben, obwohl sie mit der Angelegenheit doch nicht das Geringste zu tun hatte.

Bereits am nächsten Morgen klingelte es schon wieder bei uns, und eine Schwester brachte die geheilte Patientin wieder nach Hause. Die Kleine fiel mir überschwänglich um den Hals.

»Mama, ich habe heute Nacht den Schlüssel ausgekackt, was sagst du jetzt zu deiner Inge?«

»Willst du das wirklich wissen?« Ich nahm sie ganz fest in die Arme und sagte. »Wenn du noch einmal etwas in den Mund nimmst, was nicht essbar ist, dann gibt es Haue, und zwar von der ganz groben Art!«

»Da brauchst du keine Angst zu haben, Mama!«, versicherte das Mädchen. »Ich will aber jetzt eine

Wiener Wurst haben, dass ich den ewigen Sauerkrautgeschmack loswerde!«

Das Gebet, welches ich an diesem Abend sprach, war eines der dankbarsten in meinem ganzen Leben.

Meine Inge hielt ihr Wort, die Schlüsselaffäre war wohl eine Lehre für sie gewesen.

Dafür entwickelte sie aber eine andere, noch weitaus schlimmere Unart. Sie prügelte sich, wann immer es eine Möglichkeit dazu gab. Von Zeit zu Zeit geschah es, dass Inge arg zerrauft oder gar mit blauen Flecken von der Schule nach Hause kam.

»Brauchst keine Sorgen haben, Mami!«, beruhigte Eva mich dann. »Die Inge teilt bloß aus. Sie selber erwischt selten eine!«

»Was meinst du damit?«, wollte ich wissen.

»Na ja, die Buben von der Nikolaschule ärgern die Gicka immer, weil sie so klein ist und trotzdem so eine große Fresse hat!«

»Eva, um Gottes willen, was ist denn das für eine Ausdrucksweise! Würdest du dich bitte etwas gewählter ausdrücken!« Ohne es zu merken, sagte ich genau das, was meine Mutter immer zu mir gesagt hatte.

Eva nahm wie üblich ihre provozierende Haltung ein, als sie fortfuhr: »Nun, Mütterchen, Gicka beschimpft die Buben, und wenn sie sie dann schlagen wollen, haut sie ab und überlässt Inge das Schlachtfeld. Die besorgt es den Lümmeln dann. Bisher ist sie immer noch mit ihnen fertiggeworden!«

Einige Tage später kam Inge als Erstes meiner Kinder von den Schule nach Hause. Sie sah aus, als wäre sie unter die Räuber gefallen: die Augen geschwollen und blau unterlaufen, Hände und Gesicht zerkratzt.

Ich schrie vor Schreck auf. »Um Himmels willen, was ist denn dir passiert?«

»Warum?«, fragte sie und lief ins Bad. Nachdem sie ihr Spiegelbild gesehen hatte, hielt sie es aber für ratsam, mir eine Erklärung abzugeben.

»Ich hab mit den feigen Bengeln von der Nikolaschule gerauft!«

»Mit mehreren?«

»Ja!«

»Wie viele waren es denn?«

»Sechs, vielleicht auch mehr!«

Sechs oder mehr Buben gegen mein kleines Mädchen! Ich war empört.

»Also, wie ist es dazu gekommen?«

»Weiß es selber nicht«, murmelte Inge. »Ich glaub, mich hat einer angerempelt!«

Eva und Gicka, die ebenfalls unserer Unterhaltung zuhörten, konnten sich vor Lachen nicht mehr halten. Wenn ich nicht so ärgerlich gewesen wäre, hätte mich das stutzig machen müssen.

»Morgen gehe ich mit dir in die Nikolaschule und lass die Buben rausholen«, entschied ich. »Raufen ist schon recht, aber wie du aussiehst, nein, das geht entschieden zu weit!«

Am nächsten Morgen sah Inge, wie das meistens so ist, noch verschwollener aus als am Tag davor. Die Kleine baute sich ängstlich vor mir auf:

»Mama, ich bitte dich, gehe nicht in die Nikolaschule, es ist wirklich nicht gut für dich, du wirst es sehen, du erlebst eine riesengroße Enttäuschung!«

Wieder hatte ich kein Ohr für Zwischentöne, wohl weil ich so wütend war. »Nichts da«, verfügte ich. »Die Bengel knöpfe ich mir vor!«

Inge verstummte. Sie ließ sich von mir zur Nikolaschule führen mit einer Miene, als wäre sie ein Lamm, das zur Schlachtbank geführt wird. In der Schule angekommen, bat ich sie, mir die Buben zu zeigen, denen sie ihre Veilchen verdankte, und als sie bockig und stumm wie ein Fisch blieb, ging ich kurz entschlossen zum Herrn Rektor, zeigte ihm meine Tochter und verlangte, die Missetäter zu sehen.

Der Rektor war so empört über Inges Aussehen, dass er mich begleitete. Mit wehendem Kittel und einem Gang, der Sturm verriet, raste er neben mir her zum Klassenzimmer, in dem die Übeltäter saßen. Er sprach nur kurz mit dem Klassenlehrer, dann kam er zu mir, schaute Inge ganz merkwürdig an und wies dann auf die erste Bankreihe.

»Das sind die sechs Buben, die Sie suchen!« Ach, wenn sich doch jetzt die Erde aufgetan und mich verschlungen hätte!

Wie von weit her hörte ich den Direktor fragen: »Wollen Sie wirklich etwas unternehmen?«

»Nein, entschuldigen Sie bitte!«, stammelte ich verlegen. Ich war wie vom Donner gerührt. Die sahen vielleicht aus! Mit Pflastern beklebt, einer war sogar an der Augenbraue genäht worden.

Den holte ich mir her und fragte: »War das die Inge ganz allein?«

Er nickte nur.

»Was haben denn deine Eltern dazu gesagt, werden die sich beschweren?«, forschte ich weiter.

Er schüttelte den Kopf. »Ich habe mich nicht zu sagen getraut, dass das ein Mädchen war und dass wir zu sechst waren«, bekannte er. »Das hätte mir mein Papa nie und nimmer geglaubt. Die ist ja 'ne Bestie!«

Die Bestie war inzwischen in Tränen aufgelöst, vielleicht war das ihren geschundenen Gegnern ein kleiner Trost. Darum also hatte das kleine Luderchen nicht gewollt, dass ich in die Schule ging. Irgendwie tat sie mir jetzt leid.

Auf dem Heimweg fragte ich sie: »Warum hast du mir denn nicht gesagt, wie du die Buben zugerichtet hast?«

»Ach Mami, du willst uns doch immer so zart und fein, wie du bist. So bin ich aber nicht, und so werde ich auch nie werden! Ich wollte dich nur schonen, du solltest nie erfahren, dass ich so eine Bestie bin!« Ihre Augen wurden schon wieder verdächtig feucht.

Alle Untaten, die ich selbst als Kind begangen hatte, sah ich auf einmal wieder ganz deutlich vor mir. Gut, dass meine Kinder davon nichts ahnten! »Bist ein Dummerchen, Inge«, sagte ich weich. »Geh jetzt, und schone dich wenigstens in den nächsten Tagen ein wenig.«

Erleichtert fiel sie mir um den Hals. »Bist du mir nicht mehr böse, Mami?«

»Nein, aber sei jetzt brav!«

Mittags, als die anderen Mädchen aus der Schule zurückgekommen waren und wir alle gemeinsam das Mittagsmahl einnahmen, fragte Mutter teilnahmsvoll, an Inge gewandt: »Na, wie geht es dir, tut dein Gesicht noch weh?«

»Wer rauft, muss das aushalten können«, mischte sich mein Mann ein. »Mei, da hättest mich sehen sollen. I hab dem Meßmerbuben ein Schnappmesser in die Wadl geworfen, als mir der davonlaufen wollte. Erst wollte er mich schlagen, aber da hat er sich getäuscht. Dass ihm das Messer im Wadl steckengeblieben ist, dafür hab ja i nix können!«

»Wirst du wohl gleich still sein und den Kindern nicht so schreckliche Dinge erzählen«, mahnte ich, denn Inges Augen hingen voller Bewunderung an Papas Lippen, während er von seinen Missetaten erzählte. »Man kann sich auch verbal wehren, man muss nicht gleich die Fäuste sprechen lassen«, sagte ich.

»Was heißt da verbal, wenn mir einer eine Watschn gibt, dann sollt' i Dankeschön sogn, ha? Das wirst du in Bayern net erleben«, regte mein Mann sich auf. »Nein nein, Inge, du hast schon recht, wehr dich nur! Und du, Mama, find dich endlich damit ab, dass du in Bayern wohnst, bei uns, da ist das der Brauch!«

Mutter machte jetzt der leidigen Diskussion ein Ende, indem sie mahnte: »Jetzt fangt mit dem Essen an, es wird ja alles kalt!«

Papa war an diesem Abend so kribbelig, als hätte er Ameisen unter seinem Gips. Er hatte Angst, denn am nächsten Tag sollte der Gips entfernt werden. »Meinst, Mama, dass i dann gleich wieder gehen kann? I möcht' wieder das Arbeiten anfangen, die Sporerei macht mich noch ganz verrückt!«

»Erwarte nur nicht zu viel«, warnte ich ihn. »Zuerst wird man deine Muskeln wieder aufbauen müssen, das geht alles nicht so rasch. Das Bein war zu lange ruhiggestellt.«

Ich behielt in diesem Punkt recht, täglich musste er zu Massagen und Bewegungstherapien, was ihm auf die Nerven ging und ganz furchtbar langweilte.

18

Langsam wurde es kälter, die Tage wurden kürzer, und wie jedes Jahr um diese Jahreszeit konnte man sich in der Wohnung oft kaum noch umdrehen, weil das Wetter die Kinder daran hinderte, draußen zu spielen.

Ich beschloss, das Wohnungsamt aufzusuchen und dort ein bisschen Druck zu machen. Wir waren immerhin neun Personen, dafür war die Wohnung viel zu klein. Überall wurden Wohnungen gebaut, da musste es doch möglich sein, auch uns zu einer größeren Wohnung zu verhelfen?

Ich hatte Glück, der Beamte, den ich dieses Mal traf, nahm sich ernsthaft meiner Sache an. Er versprach, mit dem Wohnungsausschuss eine Besichtigung meiner Wohnverhältnisse zu veranlassen, damit die Angelegenheit als dringend dargestellt werden konnte. Vor allem sollte festgestellt werden, ob der Wohnraum tatsächlich ungenügend war und wir Anspruch auf eine Neubauwohnung hatten. Zufrieden ging ich nach Hause. Zumindest war endlich ein Anfang gemacht.

Für unsere Kinder war der Advent immer eine geheimnisvolle, wunderbare Zeit. Fast jeden Abend wurden bei uns Weihnachtslieder gesungen, und ich genoss es, ihre glockenreinen Stimmen zu hören. Aber nicht nur ich: Oft blieben sogar die Leute auf der Straße stehen und lauschten. In der Schule durften unsere Kinder stets bei den Weihnachtsfeiern singen und an allen Veranstaltungen teilnehmen, und so sprach es sich langsam herum, wie talentiert sie waren. Schließlich trat der Bund der Kinderreichen an mich heran und bat mich, die Kinder bei einer großen öffentlichen Veranstaltung mitwirken zu lassen. Tagelang wurde geprobt, und ich hatte sicherlich das meiste Lampenfieber.

Der Auftritt war ein großer Erfolg, und etliche Erwachsene fingen vor lauter Rührung zu weinen an. Der Stolz meines Mannes kannte keine Grenzen, und wenn man ihn auf die guten Stimmen seiner Kinder ansprach, pflegte er zu sagen: »Ja mei, die kommen ganz nach mir!«

Wie recht er damit hatte, sie kamen wahrlich nach ihm, jedenfalls wenn es darum ging, irgendetwas zu zerstören. Gerade jetzt in der Winterzeit! Niemand konnte zählen, wie viele Schlitten sie bereits zu Bruch gebracht hatten, es waren etliche. Darum kam Papa eines schönen Tages mit einem aus Eisen gefertigtem Schlitten daher.

Freudestrahlend rief er: »Den werdet nicht mal ihr zerstören können, den hat mir der Schorsch geschenkt!« War es die Tatsache, dass der Schlitten von dem bei uns nicht sonderlich beliebten Freund des Vaters war, oder waren sie wirklich so rabiate kleine Zerstörer?

Einige Tage später kam mein Mann wutentbrannt in die Küche, fuhr sich immer wieder über beide Hände und rief: »Schau her, Mama, solche kleine Hände haben sie, dass man Angst hat, sie zu brechen, aber den Schlitten haben sie zerstören können, was sagst jetzt dazu?« Er wandte sich an die Oma: »Und du, Oma, was sagst du zu deinen Enkeln? Das sind doch keine Menschen!«

Mutter lächelte nur, »Was soll ich sagen? Ich habe sowieso nur die Hälfte verstanden von dem, was du gesagt hast, gib dir doch bitte Mühe, wenn du mir etwas erzählen willst!«

Verzweifelt winkte er ab: »I bin schon ein armer Hund, keiner versteht mich!«

Er tat mir richtig leid, darum versuchte ich ihn zu trösten: »Es sind doch Kinder, du weißt doch, wie lebhaft sie sind!«

»Kinder, Kinder, das sind keine Kinder, das sind Wilde!«

»Jetzt beruhige dich nur wieder, du wirst als Kind auch nicht viel besser gewesen sein. Wo hätten sie es sonst her?« Das sagte ich, weil er ja immer behauptete, ihre schönen Stimmen hätten sie von ihm.

Aber Mutter sah mich ganz merkwürdig an und meinte: »Na ja, ein Kind von Traurigkeit warst du aber auch nicht. Wenn ich nur daran denke, was du deinen Geschwistern alles angetan hast, da würde mir auch einiges einfallen!«

Da wurde mein Mann aber hellhörig. Sanft schob er sie zum nächsten Stuhl und fragte in vollendetem Hochdeutsch: »Erzähl, Oma, was hat sie alles angestellt? Gell, so brav, wie sie tut, war sie sicher nicht immer!«

»Schau, schau! Wie schön deutlich du sprechen kannst, wenn du dir Mühe gibst!«, rief Mutter aus. Sie sah mich mit einem nach Entschuldigung heischendem Blick an und fing dann an, mein Sündenregister herzusagen: dass ich meine Geschwister gebissen und meiner ältesten Schwester Annelies einmal vor lauter Zorn die Gartenharke auf den Kopf geschlagen hatte. Und dann die Sache mit den Maikäfern im Schulbriefkasten, die sogar am nächsten Morgen in der Zeitung gekommen war.

»Nicht einmal mit der Wimper gezuckt hast du, als Vati es am Frühstückstisch vorlas! Du warst schon eine! Wenn er dahintergekommen wäre, dann hättest du zum ersten Mal eine Strafe von ihm zu spüren bekommen!«

Aber da schüttelte ich den Kopf. »Vati hätte mir nie etwas getan, der hatte immer großes Verständnis für mich«, sagte ich überzeugt.

»Verwöhnte Göre«, zischte mein Mann. »Mir möchte sie erzählen, wie brav sie war, da lach i ja!«

Erhitzt und mit roten Bäckchen kamen die Kinder herein und wurden sogleich mit drohender Miene empfangen.

»Stellts euch auf!«, rief er. »Jetzt will ich wissen, wie das gegangen ist mit dem Schlitten.«

Eva, die freche Eva, noch völlig erschöpft von der Toberei draußen, rief hämisch: »Geh, Papa, was willst denn mit dem Schlitten, der war so was von altersschwach, den aufzuarbeiten war ein Klacks. Aber die Inge!«

»Was ist mit der Inge?«, rief ich erschrocken.

Eva zog die Kleine hinter sich her, die ein Taschentuch ans Kinn gepresst hielt. Blut drang hindurch. Aber trotzdem behauptete sie, die Verletzung sei gar nicht schlimm.

»Geh, habts euch nicht so doof, ich bin hingefallen und gleich aufs Kinn, das wird schon wieder!«

Ich sah mir die Wunde an, sie klaffte weit auseinander. »Das muss genäht werden!«, stellte ich mit einem Seufzer fest.

»Oh Gott, Mama, muss ich etwa wieder in das Sauerkrautkrankenhaus?«, fragte Inge ganz ängstlich.

»Ach was, du musst nicht drin bleiben, das wird ambulant genäht«, tröstete Oma.

»Schwör es, Omi!«, forderte Inge. »Sonst kriegt mich da niemand hinein!«

»Jetzt glaub doch der Omi, in spätestens einer Stunde bist du wieder hier!«, beruhigte ich sie, und so war es dann auch.

Ein paar Tage später saßen Mutter und ich zusammen in der großen Wohnküche und rechneten aus, was wir bis Weihnachten noch ersparen könnten, um allen sechs Kindern eine kleine Freude zu machen. Es war nicht gerade viel, was wir erübrigen konnten.

Da ging die Tür auf und mein Mann kam herein. Er war gerade bei der Massage im Krankenhaus gewesen.

»Na, wie geht es mit deinem Bein vorwärts?«, fragte ich.

»Gesund geschrieben hat mich der Doktor«, murmelte er.

Überrascht sah ich auf, denn der niedergeschlagene Ton passte gar nicht zu dieser guten Nachricht. »Freust du dich denn gar nicht?«, wollte ich wissen.

»Hab mich auch gefreut, bis ich beim Meister war«, erklärte Gottfried. »Gleich morgen wollt' i das Arbeiten anfangen, aber er hat keine!«

»Was hat er nicht?«, wollte ich wissen.

»Arbeit hat er keine, du weißt doch, dass wir im Winter immer stempeln müssen!«

Ich schwieg und begrub unsere Weihnachtspläne, denn das Arbeitslosengeld war ja noch weniger als das Krankengeld. Das wusste ich schon aus früheren Wintern.

Mutter hatte stumm zugehört. »Ein bisschen habe ich gespart, wenn ich euch damit helfen kann, dann sollt ihr es haben«, bot sie an.

Traurig sagte mein Mann: »Lass gut sein, Oma, i hab schon lang vor, dass i mich um eine andere Arbeit umschau, so kanns net weitergehn!«

Kurz darauf zeigte er mit ein Inserat in der Zeitung: Eine Lebensmittelfirma suchte einen Gebietsverkäufer.

»Was meinst, Frau, soll i da mal nachfragn?«, suchte er meinen Rat, und ich fand, er sollte es ruhig versuchen.

Gesagt, getan. Mein Mann bewarb sich um die Stelle und bekam sie. Zunächst musste er allerdings 14 Tage lang auf eine Schulung, und das sehr weit weg von seinem geliebten Bayern.

Täglich fand ich einen Brief von ihm im Briefkasten, in dem er klagte, wie sehr ihm die Einsamkeit zusetzte und wie sehr wir ihm alle fehlten.

»Aber, Mama, i bin sehr fleißig, damit i den Posten annehmen kann. Bloß die vielen Preußen hier gehen mir schon auf d' Nerven!« Aber auch die längsten 14 Tage gehen vorbei.

Stolz rief er, als er nach Hause kam: »So, Kinder! Jetzt hab i 's gschafft, jetzt geht's aufwärts!«

In der darauffolgenden Woche wurde er jeden Morgen von seinem Chef abgeholt, der ihn die erste Zeit begleiten wollte, um ihn mit der Arbeit eines Reisenden vertraut zu machen.

Gleich am ersten Morgen, die Kinder und wir Erwachsenen saßen am Frühstückstisch, ereignete sich eine höchst peinliche Situation.

Als noch sehr junger Mann hatte Gottfried durch einen Sportunfall zwei Schneidezähne verloren und musste daher eine Brücke tragen, die er zu unser aller Leidwesen beim Essen herausnahm. Als aber dann der Chef unten hupte, nahm mein Mann voller Arbeitseifer seine Jacke und lief hinunter. Geistesgegenwärtig riss Inge – natürlich Inge! – das Fenster auf und rief, so laut es ging:

»Papa, du hast deine Zähne vergessen!«

Erschrocken drehte er um, rannte gehetzt die Treppe hinauf, stürmte zur Tür herein, stürzte zu Inge und schrie: »Irgendwann bring i dich vorlautes Luder um!«

»Schäm dich!«, sagte ich zu ihm und stellte mich schützend vor die Kleine.

»Ja, was heißt da schäm dich, den Deppen da unten hättest sehen sollen, wie der gelacht hat, gleich geh i 'nunter und schmier ihm ein paar!«

»Geh, Papa, da muss man ja lachen, wenn du zahnlos herumläufst. Vielleicht ersparst du uns ja in Zukunft den unappetitlichen Anblick. So angenehm ist das bei Tisch wirklich nicht«, rief die vorlaute Eva grinsend.

Böse sah er Eva an. »I muss jetzt gehen, wir redn am Abend weiter, dann werden wir schon sehen, wie appetitlich ich sein kann!«

Ich mischte mich ein: »Jetzt fahr zu und droh den Kindern nicht. Wie lange meinst du denn, dass sie dir deine Drohungen noch glauben? Sie wissen längst, dass Hunde, die bellen, nicht beißen!«

»Das werden wir dann schon sehen, ob i beißen kann!«, wütete er.

»Aber vorne nur schlecht«, rief jetzt auch noch Karin, und damit gab sie Papa endgültig den Rest. Wutschnaubend rannte er zu seinem Chef hinunter, der sich große Mühe gab, seine Belustigung zu verbergen. Freundlich winkte er hinauf und lachte dann laut heraus, als ihm vier kleine Kobolde lustig zurückwinkten.

Eva sah besonders lange hinunter und meinte dann: »Der ist sympathisch, und gut aussehen tut er nebenbei auch noch.«

Ich fragte mich, ob meine Älteste vielleicht schon in die Pubertät kam.

In diesen Tagen machte klein Hansi seine ersten Schritte, obwohl er erst zehn Monate alt war. Mein Mann war stolz auf ihn. »Der Bub kommt ganz nach mir, i bin auch so schnell gelaufen und so ein Bandit war i auch!«

Alle Familienmitglieder waren ständig damit beschäftigt, hinter dem Kleinen herzulaufen und aufzupassen, dass er nichts herunterriss. So lebhaft war keines der anderen Kinder gewesen. Wehe, wenn er wach war und eine Schüssel mit vorbereitetem Plätzchenteig erwischte! Blitzschnell stieg er dann auf den nächsten Stuhl und versuchte, mit seinen kleinen Fingerchen hineinzugrabschen.

Mutter und ich bastelten alles selbst, was nur möglich war, denn unsere Mittel waren knapp. Trotzdem machte es uns sehr viel Spaß, aus alten Lumpen Puppen herzustellen. Als dann der Heilige Abend kam, hatten wir für alle Kinder Überraschungen parat.

Der Vormittag des Heiligen Abends ist für eine Mutter von sechs Kindern eine fast nicht zu ertragende, nervliche Belastung, und diesmal brachten sie mich an den Rand des Wahnsinns.

Heute ist es mir klar, die Kinder hatten sich verabredet, um mich noch zusätzlich zu ärgern. Alle halbe Stunde kam eines der sechs und fragte: »Mama, wie spät ist es? Können wir schon ins Weihnachtszimmer?« Wenn ich dann wütend reagierte, kamen sie mit einer anderen Taktik. Sie schlugen sich. Welche Mutter rennt nicht, wenn sie aus dem Kinderzimmer Schmerzensschreie hört?

Karin, hauptsächlich Karin wurde geschlagen, denn sie hatte die schrillste und lauteste Stimme.

Mir wurde es dann alles zu viel, und ich rief: »Mir reicht es jetzt, wenn ich nur noch einen Mucks höre, geht ihr alle ins Bett, und Weihnachten fällt aus!« Das wirkte, aber nur sehr kurz.

Als Mutter und ich dann endlich mit dem Baumschmücken und Geschenkeaufbauen fertig waren, die bunten Teller aufgefüllt hatten und so weiter, ließ Papa das Glöckchen läuten. Dann mussten sie sich vor der Tür aufstellen, die Kleinsten ganz vorne.

Als dann die Tür des Weihnachtszimmers aufging und ich in die leuchtenden Augen meiner Kinder sah, fühlte ich mich für all die Mühe der vergangenen

Tage und Wochen entschädigt, auch wenn ich mich, psychisch und physisch total zermürbt, etwas hinsetzen musste. Eigentlich bekamen sie nicht viel, aber sie waren zu sechst, und dadurch schien das Weihnachtszimmer für sie märchenhaft reichlich beladen. Und dazu gab es ja noch den geschmückten Christbaum.

Zuerst wurden Weihnachtslieder gesungen. Es war rührend, wie sie schon während des Singens Ausschau hielten, ob sich das Gewünschte bei den Geschenken befand.

Endlich führte Papa dann ein jedes Kind zu seinen Geschenken. Die bunten Teller hatten es ihnen besonders angetan, so glaubte ich wenigstens. Aber der Grund, warum sie sich zuerst auf diese stürzten, war blanker Futterneid: Alles wurde gezählt und verglichen. Sie zählten jeden Apfel, jede Apfelsine, jedes Plätzchen und jeden Schokokuss.

Gerade wollte ich mich ein wenig zurücklehnen, um mich von den Strapazen des Tages auszuruhen, als Karin kam, mich mit großen Augen ansah, und schon fast weinend fragte: »Mama, liebst du mich nicht mehr?«

»Wie kommst du auf so einen dummen Gedanken?«, wollte ich wissen.

»Die Inge hat ein Vanillekipferl mehr in ihrem bunten Teller.«

Noch bevor ich antworten konnte, rief Inge: »Halt bloß den Mund, dafür hast du einen Schokokuss mehr als ich!«

»Ich hab einen Apfel weniger und mein Schokoladenkeks ist kleiner als der von der Eva!«, rief Gika.

»Jetzt kommt einmal alle her, ich schäme mich für euch!« Ich hielt inne und musste meine Strafpredigt wieder abbrechen, denn nun bemerkte ich, dass Klein-Fritzi nicht auf seinem Stühlchen vor dem kleinen Tisch saß, welchen Papa ihm gezimmert hatte.

»Wo ist denn Fritzi geblieben?«, fragte ich beunruhigt. Alle rannten, um ihn zu suchen, und in der Küche fanden wir ihn. Er stand auf einem Küchenstuhl und leckte die Reste des selbst gemachten Eierlikörs aus den Gläsern, den wir Erwachsenen getrunken hatten, bevor wir ins Weihnachtszimmer gegangen waren.

»Schau deinen Buben an, heut am Heiligen Abend hat er seinen ersten Rausch!« Das kam von Papa.

Im selben Moment rief die Oma: »Um Gottes willen, wie sieht der Junge aus«, und nahm ihn auf den Arm. Das Kind verdrehte die Augen.

»Man kann die kleinen Luder nicht einen Augenblick aus den Augen lassen«, stöhnte ich und brachte den Kleinen zu Bett. Noch bevor ich ihn ausgekleidet hatte, schlief er mir in den Armen ein.

Ich wollte gerade die Tür hinter dem schlafenden Missetäter zumachen, da hörte ich meinen Mann aus dem Weihnachtszimmer rufen: »Na ja, das hätt mich gewundert, wenn du einmal ohne Verband rumlaufen tätst!«

Ich beschleunigte auf der Stelle meinen Schritt und sah schon an der Tür, dass Inge wieder einmal im Gesicht blutete.

»Reg dich bloß nicht auf, Mama«, wiegelte sie sofort ab. »Ich hab mit Karins Puppenküche gespielt und Karin mit meinem Puppenschlafzimmer. Ich wollte den kleinen Puppen eine Suppe kochen und bin mit der Lippe auf einen Kochtopf gefallen. Da sind so scharfe Kanten an dem Topf, da habe ich mir die Lippe ein wenig aufgerissen. Ist aber gar nicht schlimm!« Sie wollte gleich weiterspielen, aber als ich die weit auseinanderklaffende Wunde ansah, schüttelte ich den Kopf.

»Das, liebe Inge, muss genäht werden!« rief ich.

»Heut fahr i mit ihr ins Krankenhaus. Die Doktors sollen auch mal eine Abwechslung haben«, dröhnte mein Mann.

Neuerdings hatten wir nämlich ein Auto. Diese kostspielige Anschaffung hatten wir nicht vermeiden können, denn er brauchte es für seine neue Arbeit. Er freute sich wie ein Kind darüber und nutzte jede Ausrede, um sich ans Steuer setzen zu können. So kam Inge wieder einmal mit einem Verband vom Krankenhaus zurück.

Mutter hatte mir in den letzten Wochen wieder große Sorgen gemacht. Immer stiller war sie geworden, und sie hatte fast nichts mehr gegessen.

Kurzerhand hatte ich deshalb noch im Herbst unseren Hausarzt um einen Besuch gebeten. Er verschrieb ihr appetitanregende Medikamente, und vorübergehend half das auch. Aber nun, nach den Feiertagen, musste ich wieder arbeiten, und ich wollte auf keinen Fall, dass die Belastung für sie zu groß wurde.

Weil bis zum Heilige-Drei-Könige-Tag noch Schulferien waren, bat ich die Kinder, der Oma ein wenig zur Hand zu gehen, während ich arbeiten war. Sie befolgten meine Bitte ganz brav.

Um ihre Omi hatten sie immer noch Angst, erinnerten sie sich doch noch an jene traurige Zeit, als sie im Krankenhaus lag und niemand wusste, ob sie je wieder gesund werden würde.

Fast täglich schwärmte Mutter mir vor: »Weißt du eigentlich, welch brave Mädchen du hast? Jeden Mittag spülen sie das Geschirr ab, und anschließend muss ich mich zwei Stunden lang in ihr Kinderzimmer legen und schlafen.«

Das vernahm ich natürlich gerne, nur eines daran machte mich stutzig. »Wieso eigentlich ins Kinderzimmer?«, fragte ich.

»Ja weißt du, Kind, die Fenster der Küche führen zur Straße hinunter, und sie schauen halt zu gern, wer da alles vorbeigeht. So haben sie es mir zumindest erklärt.«

»Wenn da nur nicht wieder irgendein Blödsinn dahintersteckt«, sagte ich zweifelnd.

Einige Abende später, als ich nach Hause kam, fiel mir auf, dass der Bürgersteig vor unserem Haus voller Papierschnitzel war. Zunächst dachte ich mir nicht viel dabei und vergaß es wieder. Als ich aber dann am nächsten Morgen die Blumen gießen wollte und die Fenster öffnete, fiel mir auf, dass die vorbeigehenden Passanten alle vor unserem Haus blitzschnell auf die andere Straßenseite wechselten.

In der kleinen Straße kannte man sich. Darum ging ich hinunter und fragte den Nächstbesten, der vorbeikam, ob er mir etwas über die herumliegenden Papierschnitzel sagen könnte. Er lachte nur, aber mehr bekam ich aus ihm nicht heraus. So ging mir das noch mit einigen anderen Leuten. Schließlich ging ich hinüber zum Bäcker, bei dem ich immer meine Einkäufe tätigte, um ihn nach seinen Beobachtungen zu fragen.

Der Bäcker war ein mit viel Humor gesegneter Mann und lachte laut auf.

»Mei, Ihre Kinder sind vielleicht welche!«

Das klang beunruhigend. »Wieso?«, wollte ich wissen. »Was haben sie angestellt?«

»Ja wissen Sie, meinen Schlaf am Nachmittag haben sie mir bereits geraubt, weil ich ihnen so gerne zuschaue, wenn sie die Leute anspucken!«

Ich war wie vom Donner gerührt. »Was tun die?« Aber ich hatte mich nicht verhört. Wenn jemand vorbeikam, berichtete der Bäcker mit sichtlicher Belustigung, spuckten sie von oben herunter und zogen dann blitzschnell die Köpfe wieder ein, damit sie nicht gesehen wurden, wenn ihre Opfer dann böse hinaufschauten.

Mir war schon wieder, als wollten meine Füße mich nicht mehr tragen. »Ja, warum haben Sie mir das nie gesagt?«, fragte ich ganz verzweifelt. »Das geht doch sicher schon länger so!«

Der Bäcker lachte laut: »O mei, das haben wir als Kinder doch auch gern gemacht, die Leute ärgern. Das glauben Sie gar nicht, wie viel Spaß das macht!« Ich ließ ihn einfach stehen und rannte nach Hause.

Eva hatte zum Fenster hinuntergesehen und warnte die Mädchen.

»Oh mei, die Mama kommt beim Bäcker heraus, und sie ist schrecklich zornig.«

Inge trat prompt die Flucht nach vorne an, als ich hereinkam.

»Na, Mama, hat der blöde Bäcker gepetzt?«

Ich setzte mich erst einmal hin. Anscheinend wirkte ich wieder einmal völlig verzweifelt, denn plötzlich hingen sie alle an mir.

»Geh, Mama, hab dich nicht so, das waren doch bloß kleine Scherze.«

»Geht mir jetzt erst einmal alle aus den Augen!«, brach es aus mir heraus. »Da geht ihr am Sonntag in die Kirche, wagt es auch noch, zur heiligen Kommunion zu gehen, und dann erfahre ich so etwas!«

Mutter kam herein. »Was schimpfst du mit den Mädchen? Habe ich dir nicht erzählt, wie lieb sie zu mir sind?« Das hatte mir gerade noch gefehlt. Ich wusste genau, würde ich ihr von der Spuckerei erzählen, dann würde sie wieder sich die Schuld daran geben.

»Ja, Mama, ich weiß. Es hat ja auch nichts mit dir zu tun«, sagte ich deshalb rasch.

Aber ganz überzeugend kann das nicht herausgekommen sein, denn sie hörte nicht zu bohren auf. »Habe ich etwas falsch gemacht? So sag es doch!«

»Nein, Mama, du hast alles richtig gemacht«, versicherte ich ihr. »Mit dir hatte diese Auseinandersetzung nichts zu tun.«

Aber dann machte Gicka, die kleine Hinterlistige, alle meine Bemühungen zunichte.

»Du, Mama, Papierschnitzel haben sie auch noch hinuntergeworfen«, schaltete sie sich ein.

»Petze, du ekelhafte!«, schrie Inge und wollte sich mit geballten Fäusten auf die Kleinere stürzen.

Obwohl Karin und Inge jünger als Gicka waren, hatten sie die Kleine bereits im Wachstum überholt.

»Wirst du wohl die Gicka in Ruhe lassen!«, hielt ich Inge auf. Aber jetzt hatte sich auch Eva vor die Kleine gestellt und schrie: »Du Heilige hast ja nicht gespuckt und mit Papierschnitzeln geworfen, und jetzt willst du uns verpetzen: Aber warte nur, irgendwann kommt der richtige Moment, dann werde ich es dir zeigen!«

Noch bevor ich eingreifen konnte, schrie Gicka leidenschaftlich zurück: »Nein, gespuckt habe ich nicht. Ich habe euch nur die Papierschnitzel zurechtgeschnitten. Ihr habt mich ja nicht einmal ans Fenster gelassen!«

Rasch drehte ich mich um, denn unwillkürlich musste ich lachen.

Die kleinen Teufel bemerkten es dennoch sofort und riefen durcheinander: »Ach, Mami, du bist doch die liebste und beste Mami der Welt. Gell, du bist uns nicht mehr böse? Wir werden uns auch ab jetzt ordentlich benehmen. Uns wird schon etwas anderes einfallen, womit wir spielen können!«

Fassungslos hatte Mutter nun doch alles mitbekommen und natürlich fühlte sie sich wieder dafür verantwortlich.

»Das alles habt ihr während meines Mittagsschläfchens gemacht? Ich darf mich nicht mehr hinlegen. Das ist eine Pflichtverletzung von mir.«

Zornig wandte ich mich den Kindern zu. »Da seht ihr, was ihr eurer Oma angetan habt. Das könnt ihr nicht wieder gutmachen, denn nun fühlt sie sich wieder schuldig!«

Karin brach in Tränen aus. »Aber Omi kann doch überhaupt nichts dafür!« Sie hing ganz besonders an ihrer Oma.

»Das weiß ich auch, aber ihr seht ja, wie sehr Oma sich eure Streiche zu Herzen nimmt. Lasst euch mal etwas Harmloseres einfallen! Wie wäre es, wenn ihr euch einige Papierpuppen aus dem Katalog ausschneiden würdet und dazu gleich die passenden Kleidchen? Dann könntet ihr Modeschau spielen.«

»O ja, Mama, welchen Katalog dürfen wir zerschneiden?«

Ich holte einige alte Versandhauskataloge. Voller Begeisterung fingen sie sogleich an, die Püppchen auszuschneiden, und nun waren sie einige Tage mit der Modenschau voll und ganz beschäftigt. Ich nahm in Kauf, dass die Papierschnitzel überall herumlagen, und hoffte auf das nächste Wochenende und den damit verbundenen Stöbertag. Sicher würden sie ohnehin bald wieder etwas anderes gefunden haben.

O ja, das hatten sie nur allzu bald. Eva, natürlich Eva, fand die Spielerei mit den Papierpuppen rasch langweilig und brachte sie auf eine neue Idee.

Eigentlich hätte es mir auffallen müssen, wie gierig sie nun immer darauf warteten, dass ich mich gegen 14 Uhr aufmachte, um in die Fabrik zu gehen. Kaum war ich aus der Tür, zogen sie all meine Kleider, Röcke und Blusen aus dem Schrank, zogen den Küchentisch aus und benutzten ihn als Laufsteg. Hansi und Fritzi waren ihr Publikum. Immer, wenn eines der Mädchen über den Küchentisch lief, mussten die Buben applaudieren.

Mutter bemerkte davon nichts. Begeistert erzählte sie mir, dass die Mädchen nun nicht mehr mit Papierschnitzeln spielten, sondern brav an ihren Hausaufgaben arbeiteten, wenn sie von ihrem Mittagsschlaf aufgewacht war.

Eines Tages fand ich dann mein einziges Ballkleid – ein wunderschönes schwarzes Tüllkleid, mit gelber Seide unterlegt – zerschlissen und verschmutzt im Kleiderschrank. Es war ein Geschenk von Mutter gewesen, die gewollt hatte, dass ich einmal ausgehen sollte, vielleicht auf einen Ball oder ein Konzert. Aber dafür hätte ich nie Geld ausgegeben, denn in unserer Situation war an unnötige Ausgaben ja gar nicht zu denken. Gerade deshalb schätzte ich dieses Kleid aber ganz besonders. Als ich es so verschmutzt sah, konnte ich nichts mehr sagen. Mir tat es so leid darum, obwohl ich nie eine Gelegenheit gehabt hatte, es zu benutzen. Manchmal hatte ich es nur angezogen und den Kindern vorgeführt, das genügte mir schon, um mich an dem Kleid zu freuen.

Trotz ihrer Wildheit hatten meine Mädchen überraschend viel Feingefühl. Sie merkten, wie sehr mich gerade diese Missetat schmerzte.

Eva kam zu mir und weinte. »Mama, ich kaufe dir ein neues Kleid, ein noch viel schöneres!«, versprach sie mir. »Sei doch nicht mehr traurig. Ich bin am Tisch hängen geblieben und da ist es gleich zerrissen. Es war mir etwas zu lang.«

Wenn eines der Kinder weinte, griff Mutter sofort ein. »Sag, ist es das wert, dass du so ein Gesicht machst? Du ziehst das Kleid ja sowieso nicht an, und auf einen Ball kommst du auch nicht. Du solltest dich um wichtigere Dinge kümmern als um so ein Kleid.«

Aber das wollte ich nicht gelten lassen. »Mama, für mich ist das keine Kleinigkeit. Es war ein Geschenk von dir«, widersprach ich. »Ich werde mir sowieso nie so etwas leisten können. Du vergisst immer, dass wir jeden Pfennig zweimal umdrehen müssen, um zurechtzukommen.«

Dass ich solche Sätze immer noch aussprechen musste, trotz all meiner gut bezahlten doppelten Schichten und der neuen Tätigkeit meines Mannes! Aber es war wie verhext mit unseren Ausgaben, immer wenn mehr Geld hereinkam, kletterten sie auch nach oben. Nach dem Fernseher und der Waschmaschine – von der werde ich später noch mehr zu berichten haben – war nun auch noch das Auto abzustottern, und ich musste mein Haushaltsgeld genauso streng einteilen wie zuvor. Wann würde das nur endlich besser werden?

Mutter war inzwischen etwas anderes eingefallen. »Ist dir eigentlich schon einmal aufgefallen, wie deine Eva geht?« Ganz vorwurfsvoll sah sie mich an.

»Was meinst du damit?«, wollte ich wissen, etwas perplex über den Themenwechsel.

»Siehst du, so etwas fällt dir nicht einmal auf!«

Ich nahm meine Älteste noch einmal mit gerunzelter Stirn in Augenschein. »Aber Mutter, sie geht doch wunderbar!«, wandte ich ein. »Sie hat gesunde Füße, und laufen kann sie wie ein Wiesel!«

Mutter stöhnte auf. »Als Elfjährige hast du auch diesen Entengang gehabt! Kannst du dich nicht mehr daran erinnern? Jede Woche kam Herr Frazkoviak und hat dir Bewegungsunterricht gegeben, damit dein Gang graziöser wurde!«

Jetzt endlich fiel bei mir der Groschen. »Ach, du meinst, als ich damals stundenlang mit dem dicken Buch auf dem Kopf herumlatschen musste? O weh, daran erinnere ich mich nicht so gerne!«

»Wie du dich nur wieder ausdrückst!«, rügte mich meine Mutter. »Diesen Ton haben wir dir trotz bester Erziehung nie abgewöhnen können!«

»Sei froh, Mama, sonst könnte ich mich in der jetzigen schweren Zeit ja nicht durchsetzen!«, hielt ich dagegen. »Du wirst deine rosarote Brille wohl nie mehr absetzen können!« Ich brach ab, denn Mutter hatte schon wieder bedenklich feuchte Augen. Darum lenkte ich jetzt schnell ein. »Weißt du, Mama, einen Frazkoviak kann ich mir nicht leisten, aber ich erinnere mich noch an verschiedene Übungen, die er mit mir gemacht hat. Wenn es dich beruhigt, dann werde ich mit Eva etwas arbeiten.«

Die Mädchen hatten natürlich alles mit angehört, und Eva fragte nun skeptisch, was für Übungen das sein sollten.

»Soll ich vielleicht mit einem dicken Buch auf dem Kopf herumlatschen? Entschuldige Oma, ich meine gehen!«

Mutter holte ein dickes Lexikon, legte es Eva auf den Kopf und sagte: »So, nun geh mal auf und ab damit und pass auf, dass es nicht herunterfällt!«

Ernst und konzentriert meisterte sie ihre Aufgabe, und nun sah ich, was meine Mutter damals wohl gesehen hatte, als ich selbst diese Übungen machen musste: Es war wirklich verblüffend, wie sich ihre Art zu gehen auf diese Weise veränderte.

»Ich auch, ich auch!«, riefen die Mädchen wie aus einem Munde.

Stundenlang, bis zum Mittagessen, liefen sie mit den dicken Büchern herum, und so absolvierten sie ganz freiwillig die Übungen, die ich damals so gehasst hatte. Für sie war es nur ein Spiel. Aber auch dieses Spiel wurde irgendwann langweilig.

19

Wie froh war ich, als die Ferien vorbei waren und dann allmählich auch die Tage wieder länger wurden und die Luft draußen milder. Nun kamen die Kinder später vom Hof herein und waren bedeutend ausgeglichener, vor allem aber viel müder. Kaum dass sie das Abendessen zu sich genommen hatten, gingen sie zu Bett.

An einem für die Jahreszeit viel zu milden Frühlingstag setzte ich mich mit dem kleinen Hansi in den Hof hinaus. Ich wollte mich ein wenig sonnen, nahm eine Decke mit und legte mich in die Wiese. Wenigstens ein halbes Stündchen ruhen, dachte ich. Den Kleinen ließ ich dabei nicht aus den Augen.

Hansi, unser verwöhntes Nesthäkchen, beobachtete mich ebenfalls kritisch, denn schließlich meinte er, dass sich alles um ihn zu drehen hatte, ausschließlich um ihn. Inzwischen marschierte er bereits sehr sicher mit seinen Windelhöschen umher. Es passte ihm ganz und gar nicht, dass ich es wagte, dazuliegen und mich nicht mit ihm zu beschäftigen.

Und dann war es doch passiert: Ich war in der wärmenden Sonne ein wenig eingenickt. Wach wurde ich durch einen heftigen Schmerz im Gesicht. Hatte der Kleine wahrhaftig einen herumliegenden Ziegelstein hergeschleppt und auf mein Gesicht fallen lassen! Ein langes »Sooo!« aus seinem Munde sagte mir, dass das keineswegs ein Versehen gewesen war.

Ein Schneidezahn wackelte und musste raus. So erwarb ich mir meine erste Zahnlücke und neue Kosten, die nicht eingeplant gewesen waren.

Als die Mädchen das erfuhren, ging das Gezeter los.

»Na warte, du verwöhnter Lümmel!«, wetterte Karin. Wie ich erst viel später erfuhr, lief sie fortan alle Morgen, bevor sie zur Schule ging, zu dem Kleinen hin, der dann bereits in seinem Sportwagen im Hof stand, und gab ihm eine Ohrfeige. Er gewöhnte sich mit der Zeit so diese Handlung, dass er schon fast darauf wartete.

Die Reaktion meines Mannes war nur: »Mei, Mama, du weißt doch, dass der Kleine ein Bandit ist, das musst du halt einsehen!«

Klein-Hansi war bereits gerissen genug, um sich die Worte seines Vaters zu merken. So geschah es dann wiederholt, dass er sich absichtlich die Treppen hinunterrollen ließ und triumphierend lachte, wenn ich voller Angst zu ihm lief, »Hansi, Hansi« rief und ihn dann von oben bis unten abfühlte, ob er auch noch heil wäre. Den ganzen Tag lang hinkend, natürlich hinkend, ließ er sich dann ausgiebig von mir verwöhnen.

Eines Tages geschah es dann, dass er den Sturz wohl doch nicht so heftig geplant hatte, wie er dann ausfiel, und sich zwei Vorderzähne ausgeschlagen hatte. Das anschließende Gebrüll war echt.

Entsetzt war ich über die Reaktion der Mädchen, die schadenfroh riefen: »Ja, ja, die kleinen Sünden bestraft der liebe Gott sofort!« Aber diese Schadenfreude bedeutete nicht, dass sie ihrem jüngsten Bruder wirklich übel wollten. Fehlte dem Kleinen einmal ernstlich etwas, so lief die gesamte Familie Amok.

Hansi war sich sicher, er wurde geliebt, und Fritzi, sein großer, nun schon vierjähriger Bruder war sein Beschützer. Zusammen heckten sie ihre Dummheiten aus.

So geschah es einmal, dass Papa sich einen Kasten Bier auf den Balkon stellte und anschließend, ohne Oma Bescheid zu geben, wieder zur Arbeit fuhr. Zu der Zeit hatten die Bierflaschen noch keine Kronkorken, sondern waren mit einem Metallbügel verschlossen, den mit ein bisschen Anstrengung auch ein kleineres Kind öffnen konnte. Während Oma ihr Mittagschläfchen hielt, unterhielten sich Hansi und Fritz auf dem Balkon damit, jede, aber auch wirklich jede einzelne Flasche zu öffnen und daraus einen kräftigen Schluck zu nehmen. Als Oma dann nach ihnen sah, schliefen sie am blanken Boden liegend tief und fest.

Wie sehr die Arme sich deshalb schuldig fühlte, zeigte sich, als ich spät abends aus der Fabrik nach Hause kam. Steif aufrecht sitzend wartete sie in der Küche auf mich. Noch bevor sie etwas gesagt hatte, wusste ich schon, dass sie sich Vorwürfe machte, denn so musste wohl das personifizierte schlechte Gewissen aussehen. Unwillkürlich musste ich über ihre Haltung lächeln.

»Was ist, Mutti, sind noch alle am Leben?«, fragte ich.

»Mach dich nur lustig«, antwortete Mutter. »Am Leben sind sie noch alle, aber die Jungens haben Bier getrunken, und das finde ich gar nicht lustig!«

»Bier? Wo hatten sie denn das her?«

»Dein Mann hat in seiner Mittagspause einen ganzen Kasten auf den Balkon gestellt und mir nicht Bescheid gegeben.«

»Da kannst doch du nichts dafür, Mutti!«, rief ich aus. »Reg dich bitte nicht über die Sünden meines Mannes auf. Ich muss sowieso mit ihm einmal über seinen Alkoholkonsum reden!«

Noch bevor mein Mann am Morgen aus dem Haus ging, stellte ich ihn zur Rede.

»Wenn du schon einen Kasten Bier im Haus haben musst, dann bewahre ihn bitte so auf, dass die Buben nicht drankönnen!«, verlangte ich von ihm.

Entsetzt klopfte er sich an die Stirn: »O mei, Mama, wir sind in Bayern, da gehört eine Kiste Bier in jedes Haus!«

»Aber nicht so, dass es für Kinder erreichbar ist!«, beharrte ich. »Und wenn wir schon dabei sind, du trinkst mir in letzter Zeit viel zu oft und zu viel!«

»Ja mei, i bin halt immer noch net über Alis Tod hinweg!«

Jetzt wurde ich sehr ernst: »Ja, sag einmal, glaubst du denn, nur du hast einen Sohn verloren? Was meinst du denn, wie es mir geht? Nie werde ich darüber hinwegkommen, dass Ali gestorben ist, und trotzdem werde ich mich deshalb nicht betrinken und meinen anderen Kindern ein schlechtes Beispiel geben. Und du solltest das auch nicht tun! Das fehlt mir gerade noch, dass du zum Alkoholiker wirst!«

Er sah, dass ich mir ernsthaft Sorgen machte, und nahm mich in den Arm: »Da brauchst keine Angst haben, Mama, das tue i dir net an!«

Erst als ich wieder in der Fabrik an der großen Maschine saß, kam mir voll zum Bewusstsein, dass es so beim besten Willen nicht mehr weitergehen konnte. Mutter war nun einmal nicht mehr gesund genug, um die Belastung auszuhalten, die ich ihr immer noch zumutete. Das galt auch dann, wenn Gottfried sein Versprechen halten und sich in Zukunft ein bisschen zusammenreißen würde. Ich holte die Frau, die über uns wohnte und in Notfällen schon öfter eingesprungen war, nun regelmäßig herunter, um Mutter ein wenig Erleichterung zu schaffen.

Am Wochenende wenigstens konnte sie sich ausruhen, denn dann fuhren wir, seit wir das Auto hatten, bei schönem Wetter oft mit den Kindern in die Berge.

Gottfried vor allem war es ein dringendes Bedürfnis, von Zeit zu Zeit seine geliebten Berge zu sehen. Mit weit ausgebreiteten Armen pflegte er an jedem kleinsten Gipfel zu schwärmen: »Mei, ist die Luft gut!«

Diese gute Luft wurde ihm dann aber meistens auf der Heimfahrt von Gicka verdorben. Die Kleine vertrug das Autofahren nicht. Leichenblass und schweigsam saß sie auf dem Rücksitz, bis sie sich dann schließlich erbrach.

Das machte meinen Mann fuchsteufelswild. Mitleidlos beförderte er die Übeltäterin mit unflätigen Bemerkungen hinaus:

»Bring es raus. I kann den sauren Geruch net riechen, da wird mir auch schlecht. Die kommt mir nimmer ins Auto!«

Als Gicka dann auch noch zu weinen begann, nahm ich mir vor, diesem Theater ein Ende zu machen.

»Was meinst du, Mutti, soll ich die Kleine lieber bei dir zu Hause lassen?«, fragte ich sie.

»Lass sie doch selber entscheiden«, schlug Mutter vor.

Wir ließen Gicka kommen.

»Macht es dir Spaß, mit uns in die Berge zu fahren, oder würdest du lieber zu Hause bei Omi bleiben?«, fragte ich.

Sofort fiel sie mir um den Hals: »Ach bitte, Mami, lass mich hier bei Omi bleiben, ich werde auch ganz brav sein und werde ihr helfen, und dann brauch ich auch nicht mehr in Papa Auto brechen. Glaub mir, Mama, ich vertrag das Autofahren nicht, und wenn Papa dann auch noch schimpft, möchte ich am liebsten sterben!«

Ich erschrak und nahm mir vor, ein ernstes Gespräch mit meinem Mann zu führen. Zu Gicka sagte ich: »Weißt du, der Papa hat nur eine derbe Art, aber er meint es nicht so böse, wie es manchmal klingt!«

»Ja, ja, daran musste ich mich auch erst gewöhnen«, sagte Mutter mit einem Seufzer.

»An was habt's euch gewöhnen müssen, ha?«, fragte mein Mann. Er war soeben eingetreten und hatte den letzten Satz unseres Gespräches mit angehört.

Ich schob das Mädchen hinaus und nickte ihr beruhigend zu. »Geh jetzt, Gicka, und spiel mit den anderen.«

Dann wollte ich mich meinem Mann zuwenden, aber noch bevor ich etwas sagen konnte, begann Mutter: »Jetzt hör mir einmal gut zu, Gottfried, wie du mit mir umgehst, ist mir egal, mir macht deine derbe Art schon lange nichts mehr aus, aber wenn es um die Kinder geht, da werde ich ungemütlich. Wenn ein zehnjähriges Mädchen lieber sterben als mit dir im Auto mitfahren möchte, dann muss man sich wohl oder übel Gedanken über dich machen!«

»Was, hat sie das etwa gesagt?«, fragte mein Mann erschrocken.

»Ja, das hat sie gesagt!«, mischte ich mich ein.

»Ja, dann lass doch den Rotzlöffel daheim«, gab er beleidigt zurück. »Da meinst du, du tust ihnen etwas Gutes, und dann möchtens lieber sterben als mitfahrn, da hört sich doch alles auf!«

Mutter ging hinaus. Ich stellte mich jedoch drohend vor meinen Mann hin: »Sag mal, könntest du deinen Wortschatz etwas wählerischer gestalten? Bekommst du eigentlich noch mit, was du so von dir gibst, oder schaltest du dein Gehirn total aus?« Ich hatte meine Stimme kräftig erhoben.

Verwundert fragte er: »Möchtest jetzt du streiten, Mama?«

Ich schüttelte den Kopf. »Nein, gewiss nicht, aber seitdem du ständig in jenen stinkenden Lokalen verkehrst, drückst du dich immer gewöhnlicher aus!«

Er machte ein Gesicht wie ein Kind, das ausgeschimpft worden war. »I werd mi bessern Mama, i versprichs!« Versöhnlich fragte er: »Du, wenns Wetter so schön bleibt, fahrn wir dann mit den Kindern zum Chiemsee?«

Ich konnte mich nur wundern, wie rasch er umschalten konnte. Aber ich wollte nicht länger streiten und lenkte ein.

»Ja, wenn du meinst, frag doch die Kinder, ob es ihnen Freude bereiten würde.«

»Was heißt da, frag die Kinder, wenn wir fahren, dann fahren wir, und die Bälger haben zu parieren!«

»Fängst du schon wieder mit deinen Grobheiten an?«, mahnte ich.

»Na, na, i frag deine heiligen Bälger schon, obs mögen!« Ich schüttelte nur den Kopf, er würde sich wohl nie mäßigen.

Am nächsten Samstagmorgen weckte mich strahlender Sonnenschein, und bereits in aller Früh begannen die Kinder mich zu nerven.

»Mama, meinst du, dass Papa Wort hält und mit uns zum Chiemsee fährt?«

»Fragt ihn doch selber«, gab ich zur Antwort.

Mein Mann war bereits aufgestanden und rief, bevor er die Tür hinter sich zuwarf, zu mir hinüber: »I hol den Wagen aus der Werkstatt, hoffentlich hat der Sepp ihn fertig!«

Er hatte am Tag zuvor einen kleinen Unfall gehabt, bei dem der Kotflügel Schaden genommen hatte, und so wollte er nicht wegfahren.

Eine halbe Stunde später fuhr er stolz mit seinem blank geputzten Fahrzeug vor: »Schau her, Mama, sauber hat er ihn wieder hingebracht, ha, was sagst? Geh, da schaust!«

»Jetzt gib nur Obacht, dass du nicht gleich wieder einen Schaden verursachst!«, mahnte ich.

Inzwischen rannte Gicka aufgeregt in der Küche umher.

»Was hast du denn, warum rennst du wie eine aufgescheuchte Henne herum?«, fragte ich.

Ängstlich sah sie ihren Papa an, als sie mich fragte: »Sag, Mama, darf ich wirklich zu Hause bei Oma bleiben, wenn ihr heute zum Chiemsee fahrt, oder hat das nur für das letzte Wochenende gegolten?«

Ich nahm sie in den Arm: »Wenn du gern mitfährst, darfst du immer mitfahren, aber wenn glaubst, wieder erbrechen zu müssen, und deshalb lieber nicht mitfahren willst, dann darfst du natürlich bei Omi zu Hause bleiben.«

»Juhu«, jubelte sie, als auch Gottfried mit einem Nicken sein Einverständnis gegeben hatte. »Dafür mache ich euch eine Brotzeit, die sich gewaschen hat!«

»Was sagts da, eine Brotzeit, die sich gewaschen hat? Das kenn i net, ist das was Preußisches?«, fragte mein Mann.

»Geh, Papa, das ist doch bloß ein Ausdruck für etwas ganz besonders Gutes«, lachte die Kleine befreit.

Im Nu hatte sich die Kinder zur Abfahrt fertig gemacht. Ich brauchte mich um nichts kümmern. Erstaunt stellte ich fest, dass sie nichts, aber auch gar nichts vergessen hatten. Vom Badeanzug bis zur Brotzeit hatten sie an alles gedacht.

Papa mahnte. »Seids vorsichtig beim Einsteigen und macht mir mein Auto net dreckig!«

Mutter rief uns nach: »Kommt gesund wieder!«

Gut gelaunt fingen die Kinder sogleich ihre schönsten Lieder zu singen an, und Gottfried und ich sangen mit.

Ein gutes Stück des Weges fuhren wir die Isar entlang, als mein Mann Inge plötzlich fragte: »Was ist das für ein Fluss da?«

Inge antwortete spontan: »Das ist der Inn, Papa!« Klein-Fritzi, der wirklich noch nicht wissen konnte, wie der Fluss hieß, plapperte nach: »Das ist der Inn, Papa, der Inn!«

Papa drehte fast durch: »Das ist die Isar, ihr Rindviecher, die Isar!«

KRRRR machte es. In seiner grenzenlosen Wut ob der Dummheit seiner Kinder hatte er das Steuer herumgerissen und krachte seitlich gegen das Brückengeländer. Jetzt schien er völlig auszurasten und schrie: »Mein Gott, was bin i gestraft, die eine speit sich tot, wenns mitfahren soll, und die andern sind so dumm, dass d' weinen kannst!«

Ich schwieg.

»Warum sogst jetzt nix, Mama?«, schrie er mich an.

»Was soll ich dazu sagen?«, fragte ich in frostigem Ton zurück. »Vor den Kindern werde ich mich nicht äußern. Aber denk einmal über das nach, worüber wir uns kürzlich erst unterhalten haben, du scheinst wieder alles vergessen zu haben.«

Schuldbewusst klopfte er sich an die Stirn. »Mei, Mama, entschuldige bitte, aber du siehst es doch selber. Ein Tag hab i jetzt den Wagen, und schon ist er wieder hin!«

»Und warum ist er wieder hin? Weil du ohne Grund ausgerastet bist«, antwortete ich ihm betont sachlich. »Wenn du den Kindern in aller Ruhe erklärt hättest, dass das die Isar und nicht der Inn ist, wärst du ganz sicher nicht gegen die Mauer gefahren und hättest die Kinder und mich nicht unnötig in Gefahr gebracht. Mit deiner Aggressivität machst du nichts besser, sondern alles nur noch schlimmer. Werde doch endlich einmal gelassener.«

Darauf fiel ihm dann nichts mehr ein. »Ja, ja, Mama«, sagte er endlich in sehr viel ruhigerem Ton. »Ist schon recht, jetzt lass uns nimmer an die blöden Dellen denken, jetzt fahren wir zum Baden!«

Als wir am Chiemsee angekommen waren, konnten die Kinder gar nicht schnell genug ins Wasser kommen, und auch Papas Laune war wiederhergestellt. Da einer immer bei Klein-Hansi bleiben musste, ließ ich die Kinder zuerst ins Wasser laufen und beobachtete sie vom Strand aus. Papa ging mit, er wollte ihnen ja seine Schwimmkünste zeigen. Weit schwamm er auf den See hinaus. Dabei dachte ich mir nichts, denn ich wusste ja, dass er ein guter Schwimmer war. Auch als mir die zwei Schwäne auffielen, die hinter ihm herschwammen, merkte ich noch nicht, dass er in Schwierigkeiten war.

Schwäne sind ja friedliebende Tiere, das jedenfalls glaubte ich damals. Irgendwann fiel mir aber doch auf, dass Gottfried immer schneller wurde und die Schwäne hinter ihm ebenso. Dann sah ich, dass einer der beiden einen langen Hals machte und meinem Mann hinterherfauchte. Schließlich hackten sie mit ihren langen Schnäbeln nach ihm. Jetzt hatte Papa es sichtlich sehr eilig. Er kraulte sogar, um möglichst rasch ans Ufer zu gelangen. Das war aber kein Problem für die beiden Federviecher, da konnten sie locker mithalten. Nun fing ich doch an, mir

Sorgen zu machen, und lief mit Hansi ans Ufer. Dabei war mir erst gar nicht zum Lachen zumute. Als aber dann mein Mann endlich aus dem Wasser stieg und die beiden Schwäne fauchend und hackend hinter ihm herkamen und erst wieder abdrehten, als er bei mir stand, konnte ich mich nicht mehr halten und lachte los.

Mein Mann begann zu schimpfen: »Hast das gesehen, Mama, wie die mich verfolgt haben. Nicht einmal im Wasser hast die Ruh. Ich glaub, heut is net mein Tag. Geht's weiter, Kinder, fahren wir wieder heim.«

»Aber Papa, wir sind doch erst gekommen!«, wandte Eva entrüstet ein. »Und warum hast du denn die schönen Schwäne ärgern müssen?«

»Was hab i?«, regte der Papa sich auf. »I hab denen nix getan, sie haben mich gejagt und gebissen!«

»Vielleicht hat ihnen deine Badehose nicht gefallen«, mischte sich Karin ein.

»Geh, Papa, geh doch noch einmal ins Wasser, das war zu lustig, wie die Schwäne hinter dir her waren. So schnell habe ich dich noch nie schwimmen sehen!«, amüsierte sich Inge.

Total erschöpft ließ Papa sich auf die Decke fallen und rief entrüstet: »Siehst du das, Mama, denen ist das wurscht, ob mich die Deppen beißen!«

»Ruh dich jetzt ein wenig aus, und pass auf den Kleinen auf«, sagte ich. »Jetzt geh ich mit den Mädchen ins Wasser. Mal schauen, ob die Schwäne mich auch angreifen.« Aber die Schwäne schwammen bereits weit draußen auf dem See und scherten sich überhaupt nicht um uns.

Das veranlasste auch meinen Mann, wieder ins Wasser zu gehen und die Mädchen zu bitten, nun auf Klein-Hansi aufzupassen.

In ruhigen Zügen schwammen wir beide nebeneinander weit auf den See hinaus. Schwäne begegneten uns keine, aber auf einmal kam ein kleiner Bub mit seinem Schlauchboot dahergefahren. Er war schon ganz in unserer Nähe, als wir erkannten, dass er sein Boot nicht so recht steuern konnte. Kurz bevor er meinen hastig abtauchenden Mann überfuhr, schrie er aus Leibeskräften um Hilfe.

Gottfried wurde wieder wild. Als er auftauchte, schrie er: »Schau den Deppen an, da überfährt er mich mit seinem Nordseedampfer und schreit um Hilfe, da hätt doch i um Hilfe schreien solln!«

Jetzt schaute ich, dass ich eiligst ans Ufer kam, denn sonst wäre ich vor lauter Lachen ertrunken. Wie ein Rohrspatz schimpfend schwamm mein Mann hinter mir her.

»Jetzt weiß ich auch, wo die Kinder ihr blödes Lachen herhaben. Um kein Haar bist du besser als die. Lachen tätets noch, wenn mir der meinen Schädel weggefahren hätt, gibs doch zu, Mama!«

»Bitte sei jetzt still und warte mit dem Schimpfen, bis wir am Ufer sind, ich muss sonst wirklich ertrinken«, bat ich ihn. »Ich habe einfach keine Kraft, wenn ich lachen muss!«

Als wir dann endlich heil das rettende Ufer erlangt hatten, fragte er sogleich die Kinder: »Na, ist es euch entgangen, wie mich der Depp überfahren hat?«

»Was? Papa, erzähl, wer hat dich zusammengefahren, haben wir was verpasst?«, fragte Eva sogleich.

Er wandte sich wieder an mich. »Siehst du das, Mama, wie deine Kinder sind, die Hauptsach is, sie haben etwas zum Lachen!«

»Jetzt komm, sei nicht so empfindlich«, versuchte ich ihn zu besänftigen. »Sie sind halt im Kicheralter!«

»Und du, Mama, wann kommst du aus dem Kicheralter raus?«, fragte er jetzt und schmunzelte selber. Ich vermied es, darauf eine Antwort zu geben, schließlich kannte ich meinen Drang, über alles lachen zu müssen, gar zu gut.

Gut gelaunt, jedoch todmüde fuhren wir erst heim, als es bereits zu dämmern begann. Es war still auf der Heimfahrt, alle fünf Kinder waren eingeschlafen. Gicka hatte Wort gehalten und uns daheim eine gute Brotzeit hergerichtet. Mutter dagegen sah etwas genervt aus. Darum fragte ich sie auch sogleich, wie sie mit Gicka zurechtgekommen war.

»Frag mich lieber etwas Leichteres«, stöhnte sie. »seit 14 Uhr schmiert sie bereits Brote und schaut immer wieder zum Fenster hinaus, ob ihr nicht bald nach Hause kommt. Aber schließlich musste ich sie ja gewähren lassen, ich griff nur ein, wenn einer ihrer kleinen Finger in Gefahr war. Du, das war anstrengend.«

Ich war ehrlich zerknirscht. »Da habe ich dir wieder einmal viel zu viel zugemutet, Mutti.«

Aber wie immer wiegelte sie ab. »Ach lass nur, sie hatte viel Freude dabei.«

Als wir dann zu Tisch gingen und Gicka vor lauter Aufregung rote Bäckchen hatte, war selbst bei

Mutter der Stress vergessen. Wohl an die zehn Mal fragte das Mädchen: »Na, schmeckt es euch auch?«

Dann wurde es Papa zu viel, und in seiner bekannt drastischen Art antwortete er: »Jetzt halt mal den Mund und lass uns essen. Wenn du uns einmal fragst, das reicht!«

Gicka war zu Tode beleidigt und rief: »Euch mach ich noch mal eine Brotzeit! Da stellst dich den ganzen Nachmittag hin und schmierst und schmierst, und dann darf man nicht einmal fragen, ob es schmeckt!«

»Darfst du ja, aber einmal reicht wirklich, schließlich haben wir Hunger, oder sollen wir vielleicht warten, bis uns der Magen bis in die Kniekehlen hängt, du dumme Pute?«, rief Eva.

An diesem Abend wollte mein Mann die Kinder zu Bett bringen. Er wollte seinen Mädchen noch einen Gutenachtkuss geben. Stattdessen tat er aber einen wilden Aufschrei, als er das Mädchenzimmer betrat. »I glaub, i spinn!«

Als ich herbeitrat, stand er wie angewachsen an der Tür und sah sich entsetzt die Wände an. Er packte mich am Arm.

»Mama, sag, wie lang ist es her, dass i den Weibern das Zimmer geweißelt hab?«

Das wusste ich nicht mehr so genau. So um zwei Monate herum war es her, schätzte ich. »Warum?«, fragte ich ihn zurück.

»Ja, sag mal, bist du blind?«, regte er sich auf. »Siehst du nicht, was die für Figuren an die Wände gemalt haben? Das schaut ja aus, als wenn i zehn Jahr schon nicht mehr gweißelt hätt.«

Die Malereien der Mädchen hatte ich selbstverständlich schon gesehen. Ich hatte mir nur nichts dabei gedacht. Es war ja kein Schmutz an der Wand, sondern Bilder. Ob man Bilder nun an der Wand aufhängte oder gleich direkt darauf malte, was machte das denn für einen Unterschied?

Gottfried sah das ganz anders. »Da muss man sich ja schämen«, fuhr er fort.

Den ganzen Abend brabbelte der Papa ärgerlich vor sich hin, was er doch für unmögliche Weiber hätte und dass er sogleich in der nächsten Woche das Zimmer neu weißeln würde. Gesagt, getan.

Eine Woche später machte er sich daran, das Mädchenzimmer zu renovieren. Nach getaner Arbeit rief er mich.

»Jetzt schau hin, Mama, jetzt ists wieder ein Zimmer, was sagst?« Die Mädchen holte er ebenfalls herbei und warnte: »Kein Strich will i mehr an die Wänd sehen, habts mich verstanden?«

»O Papa, schön hast du es wieder gemacht«, riefen sie wie aus einem Munde. Aber sie müssen sich schon vorher verabredet haben, die Wände wieder selbst zu verschönern. Ich sah Inge schelmisch lachen und der Eva zuzwinkern.

Papa jedoch glaubte an seine Autorität und war rundherum zufrieden.

Am nächsten Morgen sagte er zu mir: »Jetzt muss i schnell nachschaugn, ob die Wänd trocken geworden sind!«

Sekunden später schreckte der vertraute wilde Aufschrei Mutter und mich auf, und wir eilten ihm hinterher. Wie versteinert stand er an der Tür.

»Das ist net wahr, na, das glaub i einfach net, das kanns net geben! Mama, geh her, i glaub net, was i seh. Diese Mickymäuse halten sich an den Händen, schau hin, Mama!«

Was ich sah, ließ auch mich erschrecken. Eine ganze Reihe Mickymäuse unterschiedlicher Größe, die sich an den Händen hielten, verzierte die frisch geweißte Wand. In den verschiedensten Farben hatten sie die Mäuslein gemalt.

»Was sagst jetzt, Papa, sind wir nicht künstlerisch begabt? Auf der weißen Wand kommen sie erst so richtig zur Geltung«, rief Inge. Sie hielt den Stift noch in der Hand.

»Hast du die gemalt?«, fragte jetzt der Papa.

»Die anderen haben auch gemalt, bloß ich nicht«, rief Gicka schlotternd vor Angst.

»Aufstellen«, rief Papa zornig.

»Du wirst doch wegen so einer Bagatelle jetzt nicht etwa die Mädchen schlagen wollen!«, rief Oma. Als Gicka das Wort »Schlagen« hörte, fing sie sofort an, das Vaterunser zu beten, und das in rasender Geschwindigkeit.

»Sag, die soll ihren Mund haltn und 's Beten aufhörn, sonst vergess i mich wirklich«, schrie Papa. Aber Gicka konnte niemand stoppen, sie betete und betete, bis Papa genervt den Raum verließ. Selbst die Mädchen waren total fertig, wenn Gicka betete.

»Mensch, sei doch endlich still, wegen deiner blöden Beterei dreht Papa wirklich noch durch. Und ich auch!«, schrie Eva die Kleine an.

Wie auf Zehenspitzen kamen die Mädchen in die Küche geschlichen, um ihr Frühstück einzunehmen, und stellten erleichtert fest, dass Papa bereits außer Haus war.

Oma aber hielt ihnen jetzt eine Standpauke, die mich um meine letzte Beherrschung brachte: »Also wisst ihr, ein paar Tage hättet ihr schon warten können, bis ihr erneut mit eurer Malerei anfangt!« Ich lachte, bis mir die Tränen kamen, und die Mädchen mit.

Als Papa am Abend heimkam, ließ er die Mädchen wissen, dass es ihm wurscht sei, ob sie in ihren Zimmern vergammeln würden, von ihm würden sie jedenfalls keine Weißerei mehr erwarten können. Betroffen ob dieser Äußerung schlichen die Mädchen in ihr Zimmer.

»Ob der das ernst meint?«, fragte Karin die Eva.

»Geh, da brauchst du dir nichts denken«, meinte die Ältere, »der kann doch das Weißeln nicht lassen. Irgendwann kommt er ja doch wieder mit Pinsel, Leiter und seiner komischen Zeitungsmütze daher. Das können wir abwarten!«

»Was könnts abwarten?«

Papa war eingetreten. Ihm tat es schon wieder leid, dass er die Mädchen geschimpft hatte. Die beiden Buben waren ihm ebenfalls nachgelaufen, und von Zeit zu Zeit hörte man die Bande lachen und scherzen. Mir war es recht. Wenn sie lachten, brauchte ich mir keine Sorgen machen, und ich konnte mich um die wöchentliche Wäsche kümmern.

In einer Familie mit sechs Kindern die Wäsche von Hand waschen zu müssen, das war eine solche Sträflingsarbeit gewesen, dass ich die erste – und stolze – Waschmaschinenbesitzerin in unserer Straße geworden war.

Dieses Gerät war ein unmögliches Ungetüm, und der Aufwand war immer noch groß. Sollte die Wäsche sauber werden, so musste ich sie zuvor mindestens eine Nacht lang einweichen. Im Gang hatte ich dafür eine große Zinkwanne stehen. Am nächsten Tag dann wurde die Wäsche in das Ungetüm eingefüllt und zum Kochen gebracht. Oben an der Maschine befand sich eine Kurbel, durch welche man die kochend heißen Wäschestücke durchzog, danach ins kalte Wasser tat und etliche Male spülte. Aber das mühsame Rubbeln auf dem Waschbrett blieb mir dank diesen Unikums immerhin erspart.

Die Nachbarn kamen zuhauf, um sich auch dem Gebilde zu bedienen, das war ihr einziger Nachteil. Aber wie sollte ich es ihnen verwehren, wo es doch eine solche Erleichterung war! Auf den nächsten Tag freute ich mich aber auch deshalb, weil mir die Maschine da wieder einmal ganz allein gehören würde.

Aus dem Kinderzimmer drang immer noch das fröhliche Gelächter an mein Ohr. Offensichtlich hatten die Mädchen viel Spaß mit ihrem Papa. Plötzlich rannten sie alle heraus, und Papa eilig hinter ihnen her. Aber dabei übersah er die Wanne mit der eingeweichten Wäsche und stolperte. In letzter Minute vor dem Fall hielt er sich noch rasch an der Wanne – natürlich an der Wanne! – fest. Dann ging alles blitzschnell. Die Wanne kippte nach oben, das Wasser goss sich über ihn und die nassen Wäschestücke flogen hinterher. Ärgerlich versuchte er, die nasse Wäsche von seinem Kopf herunterzuziehen. Anschließend gab er wieder einmal seine bayrischen Schimpfkanonaden zum Besten und sorgte für allgemeines Gelächter. Auch bei mir, obwohl ich natürlich dann die Arbeit mit dem verschütteten Wasser hatte.

Am nächsten Morgen kümmerte ich mich gleich um das Waschen, denn schließlich sollte die Wäsche spätestens bis um 14 Uhr auf der Leine hängen. Danach musste ich mich aufmachen und in die Fabrik zur Schicht gehen. Mein Mann war an diesem Tag zu Hause geblieben, um seine Monatsabrechnung zu machen, das gehörte zu seinen Aufgaben in der Arbeit als Gebietsvertreter. Die neue Betätigung schien ihm Freude zu bereiteten, was mir Sorgen machte, war nur, dass er, seit er sie angefangen hatte, noch häufiger als zuvor auf seine Sauftouren ging.

Nachdem ich die Wäsche sorgfältig in der Maschine verstaut hatte, wartete ich normalerweise ab, bis das Wasser warm wurde. Aber es wurde nicht warm! Ich sah nach, ob ich die Maschine überhaupt eingesteckt hatte, denn sonst hatte immer alles tadellos funktioniert. Aber der Stecker war in der Steckdase. Während ich ratlos dastand und überlegte, was ich jetzt machen sollte, begann es auf einmal unangenehm nach verbranntem Gummi zu riechen.

Mutter kam heraus. »Sag einmal, was stinkt denn da so verbrannt?«

Besorgt sah ich die stinkende Maschine an. »Ich weiß es nicht, Mutti. Das Wasser will sich auch nicht erwärmen. Irgendetwas ist nicht in Ordnung!«

»Mach die Maschine lieber aus, nicht dass uns noch etwas durchbrennt!«, riet sie.

Jetzt kam auch noch mein Mann herausgeschossen: »Sag mal, Mama, was stinkt da gar so meineidig? Lass mich einmal nachschaun!«

Nach gründlicher Untersuchung erklärte er: »Die müssen wir zum Richten bringen. Warte mal, ich hol den Schorsch, der kann mir tragen helfen!"

Gesagt, getan. Unter Flüchen schafften sie das schwere Ding hinunter zum Auto.

»Fährst mit, Mama?«, fragte mein Mann.

»Natürlich, du kannst ja nicht beschreiben, was der Maschine fehlt.«

Das kränkte ihn in seiner Ehre. »Was kann i nicht?«, fuhr er mich an. »Da hast du noch in die Windeln gemacht, da hab i schon gewusst, wie das mit den Maschinen geht!«

Offensichtlich hatte ich wieder einmal etwas Falsches gesagt. Ich sagte nichts mehr, aber ich stieg mit ihm ins Auto, und dann fuhren wir zum Kundendienst. Ja, so war es. Früher musste man mit den Waschmaschinen noch selber in die Werkstätten fahren, da kam niemand ins Haus.

Gottfried kannte die Werkstatt und auch den Meister, der dort tätig war. »I werd einmal nachschaun, ob etwas da ist, bleib du derweil sitzen, Mama!«, sagte er, als wir vor einem Gartentor angehalten hatten. Ich lehnte mich ein wenig zurück, glaubte ich doch, dass das alles eine Weile dauern würde.

Inzwischen öffnete mein Mann das Gartentor und ging einige Schritte in Richtung Werkstatt.

Plötzlich jedoch drehte er sich auf dem Absatz um und flog förmlich zurück. Er rannte so schnell, dass sein Binder waagerecht in der Luft flatterte, und schlug das Gartentor hastig hinter sich zu. Hinter ihm hergerannt kam in der gleichen Geschwindigkeit ein Schäferhund. Zähnefletschend steckte er seine Schnauze durch den Zaun in der Hoffnung, wenigstens noch einen Teil der Hose des Eindringlings zu erwischen. Keuchend und nach Luft ringend kam mein Mann zu mir ins Auto und schimpfte:

»Schau ihn an, den Deppen, der wollt' mich beißen, hast du das gesehen, Mama?« Vor lauter Lachen konnte ich nicht antworten. Voller Zorn rief mein Mann: »Gib nur Obacht, dass da nix auskommt und dass du alles deinen Kindern erzähln kannst!«

Ich schob ihn einfach zur Seite. »Bleib du im Auto sitzen, ich mach das schon«, sagte ich immer noch lachend und öffnete das Gartentor. Entsetzt wollte er mich zurückhalten, aber der Hund knurrte sofort wieder, als mein Mann näher kam. Dann kam er zu mir. Ich hielt ihm meine Hand hin, und er beschnupperte mich. Ohne sich noch weiter um mich zu scheren, ließ er mich danach in die Werkstatt gehen. Ich bat zwei der Arbeiter, mit mir mitzugehen, denn mir war die Maschine zu schwer. Der Hund kam mit. Knurrend schlich er zum Auto, um sich zu überzeugen, ob mein Mann auch brav drinnen sitzen blieb. Der rührte sich nicht vom Fleck.

Der Meister des Betriebes erklärte mir, dass die Reparatur eine ganze Woche in Anspruch nehmen würde, was für mich bedeutete, ich musste diesmal wieder zur alten Waschmethode, nämlich mit Waschbrett und Wurzelbürste, zurückkehren.

Auf der Heimfahrt konnte sich Gottfried gar nicht beruhigen.

»Was hat der Depp bloß gehabt? I hab ihm nix getan. Dir hätt er am liebsten die Händ abgschleckt, und mich wollt er gleich fressen!«

»Das war ein Hund und kein Depp«, wies ich ihn zurecht. »Er hat eben gespürt, dass du ihm nicht gut gesinnt warst. Tiere haben dafür ein feines Gespür. Aber bitte drück dich doch nicht immer so gewöhnlich aus!«

»Lässt du jetzt wieder deine Herkunft raushängen, ha?«, spöttelte er.

Von Zeit zu Zeit ließ er mich das gerne spüren, dass meine Herkunft jetzt nichts, aber auch gar nichts mehr wert war. Ich war immer froh, wenn Mutter solche herabsetzenden Worte nicht anhören musste, denn dann war sie immer schwer gekränkt und zog sich traurig zurück. Manchmal hörte ich sie dann auch nachts in ihre Kissen weinen. Er wiederum wurde aggressiv, wenn sie ihm tagelang aus dem Weg ging. In letzter Zeit war es häufiger zu solchen unnötigen Sticheleien gekommen, und ich hatte mir bereits vorgenommen, ihn deswegen einmal zur Rede zu stellen. Aber immer, wenn ich ihn um eine Aussprache bat, wich er aus.

An jenem Abend nach der Schicht in der Fabrik konnte ich einfach nicht einschlafen, so sehr beschäftigte mich das. Ich warf mich hin und her, bis mein Mann fragte: »Was hast denn, kannst du net wenigstens eine Minute ruhig liegen?«

Abrupt setzte ich mich auf: »Ich muss dringend mit dir reden!«, sagte ich.

»Was, mitten in der Nacht? Du spinnst wohl! I möcht jetzt schlafen, also sei ruhig!«

Jetzt wurde ich aggressiv. »Du wirst mir jetzt zuhören, ob es dir gefällt oder nicht!«

So sprach ich selten mit ihm, und vermutlich wirkte es genau deshalb. Erstaunt setzte er sich auf. An meinem Gesichtsausdruck erkannte er wohl, dass er heute nicht darum herumkommen würde, sich anzuhören, was ich zu sagen hatte.

»Dann red, aber machs kurz!«, knurrte er ärgerlich.

Ich begann: »Ich will nicht, dass du in Mutters Gegenwart kränkende Bemerkungen machst und uns immer und immer wieder fühlen lässt, dass all das, was wir vor der Flucht besessen hatten, nun nichts mehr wert ist. Das wissen wir selber auch, und es ist schlimm genug, speziell für Mutter. Es scheint dir aber eine besondere Freude zu bereiten, es ihr bei den unangenehmsten Gelegenheiten immer und immer wieder ins Gedächtnis zurückzurufen. Manchmal glaube ich, dass du sadistisch veranlagt bist. Und wenn wir schon bei der Sache sind, warum hast du mich denn überhaupt geheiratet, wenn ich dir zu arm war?«

Er wurde ärgerlich und steigerte sich während des Redens immer mehr in eine Wut hinein.

»Ha, euch kann man ja net beleidigen. Die Mama, die Frau Gräfin, schaut mich dann an, als ob i einer ihrer Knechte wär. Des beleidigt mich ohne Worte. Aber schauen kann sie, dass man sich fürchten muss. Und wenn wir schon dabei sind, dann kannst ihr gleich sagen, dass sie sich morgen ein Zimmer suchen soll. I will nicht mehr länger, dass sie bei uns wohnt!«

Zutiefst gekränkt sagte ich: »Du wirst doch nicht im Ernst glauben, dass ich Mutter, die sich bei uns krank gearbeitet hat, jetzt rausschmeißen werde. Dann gehe ich mit ihr, und die Kinder nehme ich mit!«

Laut schrie er jetzt: »Du kannst dich entscheiden, entweder für die Mutter oder für mich. Bis Morgen möcht i eine Antwort von dir!«

»Da brauche ich keine Zeit zum Überlegen. Mutter lasse ich nie allein!«, kam postwendend meine Antwort.

»Und wenn i geh, was sagst dann?«

»Wenn du meinst, dass du gehen musst, dann geh!«

Das hatte er nicht erwartet. Voller Zorn stand er auf, zog sich an und ging hinaus. Ich hörte die Tür gehen, und ich wusste, wohin er jetzt unterwegs war: natürlich in seine Stammkneipe.

Einige Tage kam er nicht mehr nach Hause, und auch zur Arbeit ging er nicht.

Mutter schlich bleich umher. Mir war klar, dass sie einen Teil unserer Auseinandersetzung mitbekommen hatte. Die Wände waren hellhörig, und mein Mann hatte laut genug gebrüllt. Darum schmeichelte ich:

»Bitte, Mutti, sei doch nicht so traurig!«

Jetzt weinte sie sogar, was nur ganz selten geschah. »Ach Kind, ich will euch nicht zur Last fallen, ich will doch nur helfen!«, brach es aus ihr heraus. »Wenn du willst, dass ich gehe, dann sag es bitte. Dein Bruder Horst bittet mich immer wieder aufs Neue, dass ich zu ihm ziehe. Bei ihm hätte ich es sehr gut. Aber ich weiß, dass du alleine nie zurechtkommen kannst. Wie solltest du zur Arbeit gehen können, die Kinder sind noch zu klein, du könntest sie nicht alleine lassen!«

»Bitte, Mutti, bleib bei mir!«, bat ich. »Ich brauche dich dringend! Was Gottfried verdient, reicht nie und nimmer für unsere große Familie. Aber nicht nur darum, ich bin doch deine Kleinste, ich könnte ohne dich nicht leben!«

Jetzt weinte auch ich vor lauter Angst, sie könnte mich verlassen.

»Wenn Gottfried sich nur mit dem Alkohol mäßigen würde«, fuhr ich fort. »So war er doch früher nicht! Mutti, seine häufigen Trinktouren fangen an, mich sehr zu beunruhigen. Glaubst du, er wird zum Alkoholiker?«

»Kind, Kind, mit derlei Dingen habe ich auch keine Erfahrung. Ich weiß aber, dass man das in Bayern nicht so tragisch nimmt. Hier gehört doch ein Bier zu jeder Mahlzeit. Frag doch mal deinen Hausarzt!«

Am Nachmittag dieses Tages kam mein Mann sturzbetrunken nach Hause, legte sich ins Bett und schärfte mir ein, seinem Chef zu sagen, dass es ihm nicht gut ginge und er erst morgen wieder zur Arbeit erscheinen würde.

Am nächsten Morgen kam er quietschvergnügt zum Frühstückstisch, küsste Mutter auf die Wange und entschuldigte sich artig bei mir ob seines schlechten Benehmens.

»Ich verspreche dir, Mama, das wird nicht wieder vorkommen. Und du, Oma, bist das Liebste, was sich unsere Kinder wünschen könnten!« Mutter und ich sahen uns perplex an.

Wochenlang ging es nun wieder gut mit ihm. Langsam gewann auch Mutter ihr seelisches Gleichgewicht wieder.

20

Es war Sommer geworden, und noch immer hielt die Harmonie in der Familie weiter an, aber trotzdem fühlte ich mich unwohl. Körperlich unwohl vor allem, denn ich litt seit einiger Zeit ständig unter Morgenübelkeit. Weil die wichtigsten Anzeichen für eine Schwangerschaft fehlten, konnte das aber nicht der Grund sein, und so hoffte ich, es würde von alleine vorbeigehen, und ließ mir nichts anmerken.

Eines Sonntags bekam ich dann aber ausgerechnet in der Kirche plötzlich solche heftigen Bauchschmerzen, dass mir schwarz vor Augen wurde. Ich konnte mich nicht einmal mehr bemerkbar machen, sondern brach einfach zusammen.

Vier weinende Mädchen beugten sich über mich, als ich in der Sakristei zu mir kam.

»Mami, was ist los, musst du sterben?«, weinte Inge.

»Jetzt geht einmal hinaus!«, sagte der Arzt, der herbeigerufen worden war, zu den Mädchen, und um sie zu beruhigen, fügte er hinzu: »Ich werde jetzt einen Krankenwagen bestellen und eure Mutter im Krankenhaus gründlich untersuchen lassen!«

»Das geht nicht, ich kann doch meine Kinder nicht alleine lassen!«, schluchzte ich und dachte dabei auch an Mutter, die sich nun wieder um alles kümmern musste.

»Es wird schon alles gut werden«, beruhigte der Doktor.

Als der Krankenwagen kam, liefen die Mädchen wie aufgescheuchte Hühner umher, und am liebsten wäre ich von der Trage heruntergesprungen und mit ihnen heimgegangen. Aber es ging beim besten Willen nicht. Die Schmerzen waren zu stark.

Mit hängenden Köpfen gingen die Kinder nach Hause. Wenig später kam mein Mann zu mir ins Krankenhaus und berichtete:

»Du brauchst dich net sorgen, Mama, die Oma hat alles im Griff. Ganz brav werdens sein, bis du wiederkommst, habens gsagt!«

Diese Nachricht beruhigte mich ein wenig, und ich hätte mich nun entspannen können, wäre nicht dieser wahnsinnige Schmerz im Unterleib gewesen.

Nach gründlicher Untersuchung stellten die Ärzte eine akute Blindarmentzündung fest. Weil die Gefahr eines Durchbruches bestand, wurde sofort eine Notoperation durchgeführt.

Bereits nach zwei Tagen ging es mir besser, und ich gewann meinen Humor wieder. Als die große Visite kam, sagte ich: »Das ist das erste Mal, dass ich im Krankenhaus bin und kein Kind bekomme!«

Alle Ärzte lachten schallend. Der Chefarzt sah sich veranlasst, eine Erklärung für die allgemeine Belustigung abzugeben: »Sie haben recht, ein Kind bekommen Sie diesmal nicht, aber doch ein Lebewesen! Wissen Sie, wodurch sich Ihr Blindarm entzündet hat?«

Ich machte große Augen und schüttelte den Kopf.

»Sie haben einen Bandwurm. Ein Glied des Bandwurmes hat sich gelöst und den Blindarm entzündet.«

Ich schrie auf vor Ekel und verlangte die Brechschüssel, so übel wurde es mir bei dem Gedanken, so etwas Widerliches in mir zu haben.

»Bitte machen Sie das Vieh sofort weg!«

»Nur keine Aufregung«, beruhigte der Arzt. »Sobald Sie sich etwas erholt haben, werden wir eine Kur machen, die dem Kameraden sicher nicht schmecken wird. Danach werden Sie ihn schnell loswerden!«

»Können wir diese Kur nicht schon heute machen?«, flehte ich.

»Nein, auf keinen Fall«, sagte er bestimmt. »Einige Tage müssen wir schon noch abwarten!«

Ich heulte den ganzen Vormittag vor mich hin.

Als mein Mann mich besuchen kam, erzählte ich ihm, die wie ich fand, schreckliche Geschichte.

Aber er lachte schallend: »Geh, Mama, da brauchst du doch net weinen, das kriegen wir schon hin!«

Natürlich erzählte er es auch den Kindern. Ihre Reaktion war für mich noch viel niederschmetternder. Gerade, dass sie nicht mit einem Megaphon durch die Straßen liefen, um es allen laut zu verkünden. Aber sonst unternahmen sie wirklich alles, um die Sensation, die es in ihren Augen war, unter die Leute zu bringen. Sehr komische und fast schon makabere Genesungskarten erreichten mich im Krankenhaus, und ich bekam allmählich den Eindruck, dass die ganze Stadt von dem Bandwurm wusste.

Am stolzesten war meine Inge. Sie fragte: »Sag, Mama, krieg ich den Wurm, wenn du ihn ausgekackt hast?«

Beinahe hätte sie wegen dieses Satzes meine Bettnachbarin auf dem Gewissen gehabt. Die hatte gerade einen Schluck Tee genommen und wäre daran vor lauter Lachen beinahe erstickt.

»Ist das deine ganze Sorge, dass dir das ekelhafte Ding etwa auskommt?«, fragte ich verletzt. Niemand schien nachempfinden zu können, wie widerlich diese Sache für mich war und wie sehr ich darunter litt.

»Geh, Mama, so was gibt es schließlich nicht alle Tage«, meinte Inge unbeeindruckt. »Ich will ihn haben, nun hab dich doch nicht so!«

Gut, dass die Schwestern jetzt kamen, um das Bett zu richten, und ich Inge nach Hause schicken konnte, sonst hätten wir uns wegen dieses Parasiten noch weiter herumgestritten.

Einige Tage später wurde es ernst. Eine Schwester kam mit einer großen Tasse Rizinusöl und meinte: »Sie tun mir zwar leid dafür, aber Sie müssen jetzt das Öl in einem Zug austrinken. Das ist der Beginn der Kur!«

Sie sah mir dabei zu und verzog das Gesicht, als tränke sie selber das ekelhafte Zeug. Aber von mir aus hätte es auch noch ekelhafter sein dürfen. Ich hätte alles getrunken, um nur diesen Wurm wieder loszuwerden.

»Sie müssen jetzt den Stuhlgang so lange wie möglich zurückhalten, aber vorsorglich bringe ich Ihnen die Bettschüssel gleich!«

Anschließend saß ich die ganze Nacht auf der Schüssel. Alles ging weg, nur der ekelhafte Wurm nicht. Einige Tage später wurde ich mitsamt dem Parasiten entlassen, und eine erneute Kur durfte erst wieder nach sechs Wochen gemacht werden. Ich war todunglücklich. Mit dem Bewusstsein, dieses Tier in mir zu haben, glaubte ich nicht weiterleben zu können.

Mein Mann zeigte sich in dieser Situation von seiner herzensguten Seite. Immer wieder tröstete er mich und versuchte mir Mut zu machen.

Eines Abends meinte er: »Vielleicht solltest du mal ein Gläschen Wein trinken, damit du nicht immer daran denkst.« Mutter hieß seinen Vorschlag gut, also schenkte er mir ein Glas Rotwein ein. Aber ich trank sonst ja so gut wie nie Alkohol. Schon nach einem Glas spürte ich nicht nur einen gehörigen Schwips in mir aufsteigen, sondern auch einen plötzlichen starken Drang. Ich rannte aufs stille Örtchen, und dort verlor ich mit einem Plumps den blinden Passagier.

»Stellt euch vor, der Bandwurm ist weg!«, sagte ich, immer noch ziemlich verdattert, aber grenzenlos erleichtert, als ich ins Wohnzimmer zurückkam. »Er hat wohl den Wein nicht vertragen.«

Als Inge am nächsten Morgen davon erfuhr, baute sie sich vor mir auf und fragte: »Wo ist er, Mama?«

»Natürlich in der Kanalisation!«

Vorwurfsvoll sah sie mich an: »Aber Mama, ich habe allen meinen Schulfreundinnen gesagt, dass ich ihn mitbringen werde. Du hast mir alles verdorben. Was soll ich jetzt bloß machen?«

»Ich bin froh, dass ich ihn losgeworden bin!«, rief ich empört aus. »Wäre es dir wirklich lieber gewesen, wenn ich mich noch einige Tage damit herumgequält hätte, nur damit du deinen Freundinnen das Untier hättest zeigen können?«

»Ach, Mama, du verstehst wieder einmal gar nichts, so etwas sieht man doch nicht alle Tage!« Aber dann zeigte sie ein Einsehen. »Aber denk dir nichts, mir wird schon etwas einfallen, was ich als Ausrede hernehmen kann!« Der Frieden zwischen uns war wiederhergestellt, und sie machte sich zur Schule auf.

Schon längere Zeit dachte ich darüber nach, mich beruflich zu verändern. Einer der Gründe dafür war natürlich Mutter. Aber auch mein Mann beschwerte sich immer öfter über meine Arbeitszeiten.

»Wenn andere mit ihrer Familie abends beinander sind, dann bin i mit der Oma und den Kindern allein. I möcht auch mal etwas mit meiner Frau unternehmen, net erst am Wochenende!«

Dazu kam noch, dass die Fabrikarbeit so monoton war. Viel lieber hätte ich wieder in meinem Beruf gearbeitet, aber am Vormittag passte es halt auch nicht! Am liebsten hätte ich nachts gearbeitet, dann könnte ich tagsüber bei meinen Kindern sein. Aber in der Sprechstunde gab es solche Arbeitszeiten natürlich nicht. Deshalb überlegte ich, ob meine Ausbildung für ein Krankenhaus oder Pflegeheim ausreichen würde.

Nicht zuletzt machte mir aber auch meine älteste Tochter Eva, die langsam in die Pubertät kam, große Sorgen.

Eines Tages kam sie daher und sagte: »Ich will Frisöse werden, Mama!«

»Nie und nimmer«, rief ich. »Ein Beruf, der der Eitelkeit dient, ist nichts für dich, mein Kind!«

Ärgerlich stampfte sie mit dem Fuß auf. »Und was schwebt dir so vor? Soll ich vielleicht Ärztin werden, bloß weil in meiner Familie das Helfersyndrom herrscht? Ihr habt doch alle den Helferwahn. So blöd werde ich nicht sein!«

»Sei still, du Naseweis, mach du erst einmal deinen Schulabschluss, danach können wir weiterreden«, versuchte ich sie zu bremsen. Aber das brachte sie noch mehr in Rage.

»Ja, so bist du, du kennst nur Pflichten, hast du denn keine Lust, auch einmal etwas anderes zu erleben? Hockst dauernd zu Hause oder bei der Arbeit. So ein Leben möchte ich nicht führen müssen!«

Jetzt griff Mutter ein. Ernst sagte sie: »Ja, Eva, du hast wohl recht. Deine Mutter hat viel zu früh geheiratet. Mit 17 Jahren sollte ein Mädchen sich noch ein wenig vergnügen und nicht nacheinander sechs Kinder bekommen. Sie war ja selber noch fast ein Kind, als du zur Welt gekommen bist.«

Eva wollte etwas sagen, aber Mutter war noch lange nicht fertig. »Wir hätten uns für unser Kind auch etwas anderes erträumt«, sagte sie. »Aber die Flucht hat alle unsere Pläne zunichte gemacht. Eure Zukunft sieht schon wieder erheblich besser aus, und darum arbeitet eure Mutter auch Tag und Nacht, damit ihr einmal ein besseres Leben habt. Denn jetzt hat sie euch, ihre Familie, und es muss für euch auch gesorgt werden. Und das tut deine Mutter. Wäre es dir lieber, wenn sie stattdessen ausgehen und sich amüsieren würde?«

Mutters Worte hatten ihre Wirkung nicht verfehlt. Später, bevor ich in die Fabrik musste, kam Eva zu mir und schmeichelte: »Gell, Mama, du bist mir nicht mehr böse, weil ich vorhin so blöd dahergeredet habe!«

»Nein, Kind, wenn du nur wieder vernünftig wirst und es einsiehst, wenn du Blödsinn redest!«

»Na ja, Mama, so ein Blödsinn ist es eigentlich auch wieder nicht, denn dein Leben möchte ich weiß Gott nicht leben«, gab sie offenherzig zu. »Und die Geduld, die du mit Papa aufbringst, wenn er mal wieder über den Durst trinkt, finde ich auch nicht richtig. Dem würde ich schon den Marsch blasen!«

Ich erschrak. Hatten also die Kinder auch das längst mitbekommen, dass der Papa sich öfter betrank und die Arbeit schwänzte? Ich überlegte, ob das vielleicht der Grund war, warum Mutter manchmal wieder so still und bedrückt war. Machte sie sich Sorgen um die Zukunft der Familie? Ich nahm mir vor, sie demnächst darauf anzusprechen. In gedrückter Stimmung schlich ich zur Arbeit.

Die Tage wurden nun langsam wieder kühler und kürzer. Die Wälder rochen nach Pilzen. Das war eine Zeit im Jahr, die mein Mann liebte.

An einem Wochenende erklärte er: »Heut geh i Schwammerl suchen!«

»Die brauchst du nicht suchen«, sagte Mutter und lief hinaus. Sie brachte ihm einen großen Schwamm und meinte: »Ein paar kleine liegen auch noch draußen, aber zu was brauchst du gleich mehrere? Einer genügt doch, wenn du dich waschen willst.

Mein Mann sah sie an, als wäre sie durchgedreht: »Was möchtest jetzt mit dem Zeug da, Oma?«

Erstaunt sah sie ihn an. »Ja, du hast doch gesagt, du willst Schwammerl suchen!«

Wieder einmal ließ er seinen gefürchteten Urschrei los. »Was hab i bloß verbrochen, warum werd i so gestraft? Ja hab i 's nur mit lauter Blöden zu tun?«

Als ich das Zimmer betrat, fragte er mich: »Weißt wenigstens du, was ein Schwammerl ist?«

»Ja, ich glaube hier in Bayern nennt man die Pilze so.«

»Bravo, sie hat schon etwas gelernt«, schrie er. »Schau her, die Oma hat mir das Teil da gebracht und gemeint, das ist ein Schwammerl!« Demonstrativ schwenkte er den Schwamm hin und her, dann drückte er ihn mir in die Hand und ging sich umziehen. Wie ein Vagabund sah er anschließend aus, mit einem uralten Hut, zerrissener Hose und einem zerlumpten Hemd.

Erstaunt fragte ich: »Sag einmal, warum ziehst du dich so unmöglich an, muss das sein?«

»Das verstehst du net, Mama«, wies er mich zurecht. »Zum Schwammerl suchen kann man sich net schön machen!«

Ich sagte nichts mehr und ließ ihn ziehen. Nach erstaunlich kurzer Zeit kam er mit einem Korb zurück, gefüllt mit herrlich duftenden Pilzen. »Jetzt geh, Mama, kochs gleich, da wirst schauen, was wir in Bayern für schöne Schwammerl haben!«

»Ja sag einmal, wo hast du denn so rasch so viele Pilze her? Und den Korb kenne ich auch nicht. Der gehört mir nicht!«

»Ah, den hab ich im Wald gefunden«, erwiderte er. Er sah mich dabei nicht an, aber ich dachte mir nichts dabei.

Genau das Gleiche ereignete sich eine Woche später noch einmal. Der gleiche Aufzug, nur noch ein bisschen unmöglicher, und diesmal kam er sogar noch schneller zurück. Wieder hatte er einen Korb dabei, der uns nicht gehörte, aber nicht nur das, sondern auch ein blaues Auge. Ich verbiss mir das Lachen und fragte anteilnehmend: »Was ist dir passiert, wie kommst du zu dem Veilchen?«

»Ja, lach nur, da kannst wieder lachen. Die blöde Alte ist so schnell davon, dass mir ein Ast ins Auge geschlagen hat!«

»Was denn für eine Alte?«, fragte ich befremdet.

»Oh mei, kannst du blöd fragn. Warum glaubst, dass i mich immer so anzieh, ha? I versteck mich hinter die Büsch, und wenn eine alte Schwammerlsucherin daherkommt, dann brauch i bloß rausgehen und schon lässt sie ihr Körbl mit den Schwammerln fallen und rennt davon wie der Teufel. Siehst, dann hab i Schwammerl und ein Körbl dazu!«

Ich traute meinen Ohren nicht. »Nein, das glaube ich jetzt nicht! So gemein kannst du doch nicht sein.« Aber im selben Moment begriff ich, dass er wirklich getan hatte, was er behauptete, und ich war ehrlich entsetzt. »Wenn das wirklich wahr ist«, fuhr ich fort, »dann hast du dir das Veilchen redlich verdient! Du gehst nächste Woche in den Wald und suchst die Mütterchen auf, die du bestohlen hast. Sag, kannst du überhaupt noch ruhig schlafen? Mein Gott, und wir haben die Schwammerl auch noch gegessen!« Unter meinem ernstlich erzürnten Blick duckte er sich förmlich.

So laut war ich gewesen, dass Mutter hereinkam: »Was ist, Kind, regst du dich wegen der Pilze auf? Waren sie etwa giftig?«

»Nein, Mutti, giftig waren sie nicht, aber gestohlen!«, brach es aus mir heraus.

»Denk dir nix, Oma, die Tochter spinnt wieder ein wenig!«, warf mein Mann dazwischen.

Ich unterließ es, Mutter die näheren Umstände meiner Aufregung mitzuteilen, denn ich kannte sie und ihre Ehrlichkeit, sie hätte sich sehr aufgeregt. Mein Mann aber nahm die Gelegenheit wahr und schlich wortlos davon.

Ich rief ihm nach: »Geh nur, das letzte Wort dazu haben wir noch nicht gesprochen!«

»Geh, spinn dich aus!«, brummte er, als er die Tür hinter sich zuzog. Es war mir klar, wohin er jetzt gehen würde. Ich hatte ihn gerügt, das genügte, dass er sich erneut betrank.

Die Arbeit wollte mir an diesem Tag nicht recht von der Hand gehen, so deprimiert setzte ich mich später an die Maschine. Noch dazu hatte ich einen besonders komplizierten Kondensator herzustellen.

Immer wieder stellte ich mir vor, wie sich die alten Frauen geängstigt hatten, als da so urplötzlich eine finstere Gestalt aus dem Dickicht heraustrat. Jetzt wurde mir auch klar, warum mein Mann sich so unmöglich angezogen hatte. Seine Kleidung sollte dazu beitragen, seine Opfer zu erschrecken, und das war ihm ja auch gelungen. Ich steigerte mich in die Sache so hinein, dass mir übel wurde.

Auf einmal wurde mir schwindelig, und ehe ich mich versah, brach ich an der Maschine zusammen. Man brachte mich zum Werkarzt, und der meinte: »Sie gefallen mir überhaupt nicht!«

Ich antwortete: »Das beruht auf Gegenseitigkeit, Sie gefallen mir nämlich auch nicht. Lassen Sie mich wieder an meine Maschine, damit ich heute noch meinen Akkord schaffen kann!«

»Nichts da, für heute ist Schluss!«, bestimmte er. »Ich werde Sie jetzt nach Hause bringen lassen. Ansonsten kann ich Sie auch gleich ins Krankenhaus einweisen, denn Ihr Kreislauf lässt zu wünschen übrig. Hatten Sie heute eine größere Aufregung?«

»Nein«, log ich. »Nach Hause brauchen Sie mich auch nicht bringen lassen. Ich kann allein gehen!«

Missbilligend sah er mich an. »Na gut, damit bin ich einverstanden«, sagte er dennoch. »Etwas frische Luft kann Ihnen nicht schaden!«

Mutter erschrak, als ich so früh zu Hause eintraf. »Was ist los, Kind, warum kommst du jetzt schon nach Hause? Gib zu, dir ist wieder übel geworden. Ich weiß schon lange, dass diese Arbeit nichts für dich ist. Du bist viel zu zart dafür!«

Ich gab darauf keine Antwort, sondern fragte die Kinder: »Wo ist Papa, ist er noch nicht heimgekommen?«

Inge umschmeichelte mich und sagte: »Denk dir nichts, Mama, der ist sicher wieder beim Saufen!«

Ich war entsetzt. »Um Gottes willen, Inge, wie sprichst du denn von deinem Vater?«

»Ist doch wahr!«, beschwerte sich das Mädchen. »Wenn du da bist, tut er so, als müsste er gleich zur

Arbeit gehen, und kaum bist du weg, geht er zum Jägerwirt und bestellt eine Halbe Bier! Und da sitzt er dann bis kurz bevor du heimkommst. Manchmal bringt er aber seine Saufkumpane auch zu uns, und dann trinken sie hier im Wohnzimmer.«

»Sei still, Inge, du siehst doch, dass Mama krank ist«, mahnte Mutter.

Erschrocken wandte ich mich an Mutter: »Sag, Mutti, ist das wirklich so?«

»Jetzt geht einmal in eure Zimmer«, bat Mutter die Kinder.

Mir fiel auf, wie blass sie, aber auch die Kinder waren. Das schlechte Gewissen kam sofort über mich: Was hatten sie mit ihrem pflichtvergessenen Vater in letzter Zeit vielleicht alles erlebt, von dem ich gar keine Ahnung hatte, weil ich nicht dagewesen war? Auf einmal wurde mir klar, dass ich nun vor der Wahl stand, entweder die Arbeit aufzugeben und die Kinder hungern zu lassen oder ihnen weiterhin den trunksüchtigen Vater zuzumuten. Ja, nun gestand ich mir zum ersten Mal ein, dass Gottfried wohl wirklich ein Alkoholiker geworden war. Was sollte ich nur tun?

Mutter, die fast nie weinte, ließ jetzt ihren Tränen freien Lauf, und mir brach es fast das Herz, sie so die Beherrschung verlieren zu sehen. Was musste sie durchgemacht haben! Die Angst um die Kinder und um mich. Die eigene Schwäche und die Ohnmacht, mir nicht helfen zu können, waren wohl auch der Grund für ihr schlechtes Aussehen.

Ich nahm sie in die Arme und weinte auch: »Sag, Mutti, warum hast du mir denn nie etwas gesagt?«

Sie schluchzte: »Dein Mann hat es mir verboten, er meint, das bisschen Trinken bräuchte er dringend, um die schwere Arbeit leisten zu können.« Dann verteidigte sie ihn wahrhaftig auch noch: »Weißt du, ich glaube der Umgang mit den Kunden ist nicht so einfach für ihn. Das macht ihm schwer zu schaffen!«

Hart antwortete ich: »Dann muss er eben wieder in seinen alten Beruf als Maler zurück. Ich habe ja auch hinuntersteigen müssen, und es gibt keine Arbeit, die schändet. Die Kinder sind schließlich jedes Opfer wert. Mir ist keine Arbeit zu niedrig, wenn es ihnen nur gut geht!«

Mutter streichelte mich: »Ach, wenn ich dir nur helfen könnte!«

»Lass nur, Mutti, du hilfst mir genug, und ich werde schon einen Weg finden, dass wieder alles gut wird!«, tröstete ich sie.

Am nächsten Tag ging ich wieder in die Fabrik. Natürlich war ich nicht beim Hausarzt gewesen, denn ich war mir sicher, dass er mir das Arbeiten verboten hätte.

Gegen 22 Uhr kam der Schichtführer aufgeregt zu mir: »Da ist ein Telefonat für Sie an der Pforte, es scheint dringend zu sein!«

Ich flog förmlich zur Pforte, denn ich ahnte Schreckliches.

Eva war am Telefon. »Bitte, Mama, komm ganz schnell nach Hause«, schluchzte sie. »Oma musste ins Krankenhaus. Sie hatte einen Schlaganfall!«

»Wo ist Papa?«, wollte ich wissen.

»Papa sitzt im Wohnzimmer mit ein paar Freunden, sie trinken, aber Papa schickt sie jetzt nach

Hause. Er hat sich sehr erschrocken, als Omi abgeholt wurde!«

»Jetzt reg dich nicht auf, Eva, ich komme gleich nach Hause!« In Windeseile fing ich an, meine Maschine zu putzen.

»Was ist los, warum bist du so aufgeregt?«, fragte die Kollegin neben mir.

»Ich muss heim«, erklärte ich. »Meine Mutter wurde ins Krankenhaus gebracht. Die Kinder ängstigen sich und weinen!«

»Geh nur, ich putze deine Maschine mit!«, bot sie mir an.

Dankbar nahm ich das Angebot an und rannte nach Hause. So rasch hatte ich den Heimweg noch nie zurückgelegt. Bleich und stocknüchtern kam mir mein Mann entgegen. Heute wollte ich ihm keine Vorwürfe machen, er sah ja selber erbarmungswürdig aus. Ich sagte nur: »Bitte kümmere dich um die Kinder, ich möchte rasch noch ins Krankenhaus, nach Mutter sehen!«

»Ja, geh nur, und sag ihr ganz liebe Grüße von mir«, sagte er unter Tränen.

Als ich das Krankenzimmer betrat, erschrak ich. Leichenblass lag Mutter in den Kissen. Aber sie war bei Bewusstsein und konnte, wenn auch undeutlich, mit mir reden. Statt sie in Ruhe zu lassen, fragte ich weinend: »Sag, Mutti, haben dich die Kinder aufgeregt?«

Sie schüttelte den Kopf und flüsterte leise: »Die Kinder sind so lieb, ach wie ich sie doch alle liebe.« Ich streichelte sie nur unaufhörlich, ließ sie nun aber sonst in Frieden. Sie schien so müde zu sein.

Mein Mann erwartete mich bereits ungeduldig, als ich wieder zu Hause eintraf. »Sag, wie geht es Mutter, wird sie wieder gesund?«

»Ich weiß es nicht«, sagte ich niedergeschlagen. »Ich habe so spät keinen Arzt mehr sprechen können. Morgen werde ich mich genau informieren!«

Am nächsten Tag, einem Samstag, war ich bereits in aller Frühe im Krankenhaus und konnte mit dem Stationsarzt sprechen. Er sah mich ernst an: »Ihre Frau Mutter ist sehr schwach, ich kann Ihnen wenig, ja fast keine Hoffnung machen!«

Erneut ging ich zu Mutter. Es hatte den Anschein, als würde sie mich gar nicht wahrnehmen.

Die Kinder bestürmten mich, als ich heim kam: »Sag, Mami, wie geht es Omi, wird sie wieder gesund werden und zu uns zurückkommen?«

Ich wollte ihnen keine Hoffnung machen, die sich dann vielleicht als falsch herausstellen würde, darum sagte ich nur: »Wir werden morgen alle für sie beten!«

Eva verstand sofort. »So schlimm ist es, Mami?« fragte sie.

Ich nickte stumm, denn ich hatte einen dicken Kloß im Hals.

Als wir alle am Sonntag in der Kirche knieten, fühlte ich deutlich, dass wir wohl Abschied von Mutter nehmen mussten. Das Herz wurde mir schwer bei dieser Einsicht, aber ich machte mir nichts mehr vor. Sie war zu schwach und so ausgelaugt, dass ihr wohl niemand mehr helfen konnte. Das Schlimmste aber schien mir, dass sie selber aufgehört hatte, um ihr Leben zu kämpfen. Ohne dass wir darüber ein Wort sprachen, fühlten die Kinder ebenso, denn alle weinten.

Unser lieber Geist, wie wir unseren Pfarrer nannten, kam nach der Messe zu uns und fragte, was los sei. Zur gleichen Zeit riefen die Kinder durcheinander: »Oma ist krank, sie liegt im Krankenhaus, sie wird sterben!«

Ernst sah uns der Pfarrer an und wandte sich dann an mich: »Woher wollt ihr das wissen, haben die Ärzte das gesagt?«

»Oh nein!«, rief ich leidenschaftlich. »Wir fühlen das, und zwar alle!«

»Ich werde für Ihre Frau Mutter beten«, sagte er sichtlich erschüttert.

Aber dann schien es, als hätten wir uns alle getäuscht. Mutter ging es wieder besser. Täglich ging ich zu ihr ins Krankenhaus, und es war geradezu ein Glück, dass mein Mann in dieser Zeit heimkam und mir gestehen musste, dass er seine Arbeit verloren hatte. Sein Arbeitgeber hatte erfahren, dass seine Fehlzeiten meistens darauf zurückzuführen waren, dass er betrunken war, und hatte ihm gekündigt. Aber so konnte ich nicht nur länger bei Mutter im Krankenhaus bleiben, sondern ihn auch bitten, am Nachmittag etwas mit den Kindern zu unternehmen, damit sie nicht immer so traurig wären, und er gab sich redliche Mühe, sodass ich während der Arbeit wenigstens keine Sorge um die Kinder haben musste.

Aber ich traute der Besserung von Mutters gesundheitlicher Verfassung nicht. Immer, wenn der Schichtführer an meiner Maschine vorbeiging, zuckte ich zusammen vor lauter Angst, er könnte mir wieder eine schlechte Nachricht bringen.

Am 8. November, abends um 22 Uhr, war es dann so weit. Der Schichtführer kam zu mir und sagte ernst: »Gehen Sie nach Hause, soeben kam ein Anruf aus dem Krankenhaus. Ihre Frau Mutter ist gestorben!«

Ich saß wie versteinert da. Er musste es noch einmal sagen, bis ich endlich begriff. Mechanisch begann ich, meine Maschine zu putzen. Die Gedanken rasten wirr durch meinen Kopf. Konnte das vielleicht doch ein Irrtum sein? Heute Morgen hatte ich mich doch so gut mit ihr unterhalten. Auch sie selbst war jetzt endlich wieder zuversichtlich gewesen.

Als ich die Wohnung betrat, saß mein Mann mit etlichen von seinen Freunden da und trank. Als ich in der Tür stand, blickte er erstaunt auf.

»Mama, was tust du da, deine Schicht ist doch noch net aus?«

Aggressiv gab ich zur Antwort: »Entschuldige, aber ich wohne hier. Und jetzt alle raus hier auf dem schnellsten Wege!«

»Aber Mama, heute ist doch mein Namenstag!«, stotterte mein Mann, nachdem die anderen murrend abgezogen waren.

»Nicht nur dein Namenstag, auch Mutters Todestag!«, schrie ich ihn an.

»Wie, was?«, fragte er verdattert. »Ich denke, es ging ihr besser?«

»Das dachte ich auch. Trotzdem ist sie um 22 Uhr gestorben!«

Erschüttert ließ mein Mann sich auf den nächsten Stuhl fallen und weinte hemmungslos. Fast beneidete ich ihn um seine Tränen. Ich selbst konnte nicht weinen, nur ein dicker Kloß saß in meinem Hals, und die Frage, wie es nun weitergehen sollte, lastete wie ein Mühlstein auf mir. Die ganze Nacht konnte ich an nichts anderes denken. Meine Kinder mit dem alkoholkranken Mann alleine zu lassen, war einfach nicht zu verantworten. Es half nichts, nun würde ich meine Arbeit kündigen müssen. Wenn ich eine neue Arbeit antreten wollte, musste das eine Nachtarbeit sein.

Ich bat um Urlaub und bekam ihn. In den darauffolgenden Tagen kam ich nicht zur Ruhe. Die Geschwister mussten informiert werden. Mein Bruder Horst wohnte in Hannover, das war kein Problem, er konnte zur Beerdigung kommen, aber bei meiner Schwester Christine war es problematischer, denn sie lebte ja mit ihrem Mann in der Tschechoslowakei. Verzweifelt bemühte sie sich darum, zur Beerdigung kommen zu können, aber sie bekam keine Ausreisegenehmigung. All das fraß an meinen Nerven, aber es lenkte mich auch von dem großen Schmerz ab. Meine Schwester Annelies wohnte zum Glück nur einige Straßen weiter und half, wo es ging.

Am Tag der Beerdigung wollte mein Bruder Mutter noch einmal sehen, um, wie er sagte, Abschied von ihr zu nehmen. Der Sarg wurde geöffnet. Bleich, schön und vornehm wie zu ihren Lebzeiten lag sie da. Es war mir ein Bedürfnis, sie noch einmal zu streicheln, aber ich erschrak, als ich sie berührte.

Eiskalt, wie ein Gegenstand fühlte sie sich an. Mir fiel die Träne auf, die in ihrem Augenwinkel hing. Ob sie wohl noch geweint hatte, bevor sie gestorben war? Mir zerriss es fast das Herz. Ich hatte das Liebste verloren, was es in diesem Leben für mich gab.

Zu Hause setzten wir uns noch ein wenig zusammen und unterhielten uns ausschließlich über Mutter.

Horst meinte: »Die ältere Generation hat die Flucht nicht verkraftet. Man kann einen alten Baum nicht verpflanzen, noch dazu, wenn man so gelebt hat wie unsere Eltern und dann so weit hinabsteigen muss.« Er machte mir keinen Vorwurf, aber ich fühlte mich nun schuldig, wusste ich doch, dass Mutter von früh bis abends für mich geschuftet hatte. Erst im Alter hatte sie harte Arbeit tun müssen, und mit Selbstverständlichkeit hatte sie sich eingefügt. Nur um mich und die Kinder hatte sie sich gesorgt. Sich selbst hatte sie total vergessen.

21

Einige Tage nach der Beerdigung hatte ich ein ernstes Gespräch mit meinem Mann. Ich erzählte ihm von meinem Plan, einen Nachtdienst in einem Krankenhaus oder Pflegeheim anzunehmen.

Voller Entsetzen wehrte er ab: »Du hast doch mich, ich werde mich während deiner Abwesenheit um die Kinder kümmern. Du kannst dich voll und ganz auf mich verlassen.«

Am Ende ließ ich mich von ihm überreden, aber mir war klar: Bei der geringsten Verfehlung meines Mannes würde ich die Arbeit in der Fabrik unverzüglich kündigen. Das machte ich ihm auch deutlich.

»Solltest du die Kinder allein lassen, werde ich nur noch nachts arbeiten!«

»So, dann habe ich ja überhaupt nichts mehr von dir«, meckerte er.

Ernst erwiderte ich: »Jetzt sind die Kinder das Wichtigste, und für sie ist mir kein Opfer zu groß. Im Übrigen wird es gar nicht dazu kommen, wenn du nicht wieder in den Gastwirtschaften herumsitzt.«

Fast beleidigt erwiderte er: »Brauchst dich net kümmern, i weiß auch, dass wir für die Kinder da sein müssen!« Er hielt lange Zeit Wort, und es klappte wie am Schnürchen. Auch die Kinder hatten begriffen. Vorbildlich sorgten die Älteren für die Jüngeren. Wenn mein Mann wirklich einmal weg musste, kam eine Frau, die in unserem Haus wohnte, und beaufsichtigte die Kinder.

Die Zeit verging, Mutters Todestag jährte sich einmal, dann ein zweites Mal und ein drittes Mal. Hansi, mein Jüngster, ging nun schon Jahr in den Kindergarten. Anfänglich ging er willig, und es schien ihm auch gut zu gefallen.

Auf dem Weg zum Kindergarten mussten wir aber an einem kleinen Kolonialwarengeschäft vorbei. Ich hatte den großen Fehler gemacht und ihm dort einmal eine kleine Süßigkeit gekauft. Das hatte er sich gemerkt, und fortan schrie er wie am Spieß, sobald er dieses Geschäft sah: »Was Süßes will ich, ein Zehnerl will ich!«

Er schrie so laut, dass die ganze Straße darauf aufmerksam wurde. Oh, er wusste das ganz genau. Er machte das absichtlich, bemerkte er doch, wie peinlich mir sein Gebrüll war. Damit wollte er mich unter Druck setzen.

Ich sprach mit meinem Mann darüber, aber der meinte nur: »Ja, dann gib ihm doch das Zehnerl, bevor er das Plärrn anfängt!«

»Siehst du, genau das ist falsch, denn das will der kleine Lauser damit ja erreichen!«

Gottfried schien dieses Argument einzusehen. »Weißt was, Mama«, schlug er außerdem noch vor, »ab Morgen bring ich den Buben in den Kindergarten. Da wirst schaun, da gibt's kein Geplärr mehr!«

Tatsächlich klappte es. Wenn Papa ihn zum Kindergarten brachte, war Ruhe.

Bis Eva petzte: »Weißt du, Mama, warum der Lausfratz so brav mit dem Papa zum Kindergarten geht? Ich habe es gesehen. Der gibt ihm sofort, wenn sie aus der Haustüre hinausgehen, ein Zehnerl, und dann gibt der verwöhnte Lümmel Ruhe!«

Das ärgerte mich auch. »Ich werde mit Papa ein ernstes Wort reden, denn das ist wirklich nicht richtig!«

Eva schnaubte verächtlich. »Du glaubst doch nicht, dass du da was erreichst, Mama! Der Lümmel muss doch überall die erste Geige spielen. Karin hat recht, dass sie ihm jeden Morgen eine saftige Ohrfeige verpasst!«

Sie hatte so voller Hass gesprochen, dass ich richtig erschrak. In der letzten Zeit fiel mir öfter auf, wie aggressiv sie werden konnte. Sie war jetzt in der Pubertät, und es wurde immer ärger mit ihren ständigen frechen Antworten. Es kam mir vor, als suchte sie ihre Grenzen und wollte sehen, wie weit sie es treiben durfte. Aber mir fehlte die Kraft, ständig zu streiten. Stattdessen wurde ich immer stiller und ließ mir alles gefallen. Das reizte Eva aber nur noch mehr.

Manchmal schrie sie ärgerlich: »Na, machst du jetzt wieder auf heilig, ha?« Sie wollte endlich meinen Widerstand spüren. Ich spürte, so durfte es nicht weitergehen, denn die anderen Mädchen hörten sich öfter die Streitigkeiten zwischen uns an.

Eines Tages kam sie und sagte so nebenbei: »Ich gehe jetzt zu meiner Freundin!«

»Hast du deine Hausaufgaben schon fertig?«, fragte ich freundlich.

»Die mache ich später, ich habe jetzt keine Lust dazu«, sagte sie und hatte schon wieder ihren trotzigen Ton drauf.

»Das will ich nicht! Eva, mach bitte zuerst deine Hausaufgaben fertig, dann kannst du länger bei der Freundin bleiben!«

»Pah, ich bleibe sowieso so lange, wie ich will, das kannst du gar nicht verhindern!« Frech und herausfordernd sah sie mich an. Und dann schimpfte sie weiter: »Du verdirbst einem sowieso jeden Spaß, mit deiner Leichenbittermine gehst du mir schrecklich auf den Wecker!«

Ich hatte gerade einen Eimer Wasser an der Wasserleitung stehen, voll bis an den Rand. Urplötzlich überkam mich ein heiliger Zorn. Was erlaubte sich diese freche Göre? Ehe ich mich besann, hatte ich den Eimer genommen und ihr das kalte Wasser über den Kopf geschüttet. Im nächsten Augenblick erschrak ich über mich.

»Um Gottes willen, Eva, das wollte ich nicht!«, entschuldigte ich mich. »Aber du hast mich so in Rage gebracht, dass ich die Kontrolle verloren habe!«

Sie war aber nicht böse, sondern ich glaubte sogar Bewunderung in ihrem Blick zu erkennen. Lachend sagte sie: »Na also, du kannst ja doch!« Immer noch lachend lief sie ins Kinderzimmer und zog sich um. Das war der Tag »X«, an dem sich unser Verhältnis veränderte. Von da an kamen wir wunderbar miteinander aus.

Wie wichtig das für die ganze Familie war, bewies sich in der darauffolgenden Zeit. Von einem

Tag auf den anderen wurde uns – endlich! – eine Wohnung von der Stadt zugewiesen, die für eine kinderreiche Familie ideal war: Ein Neubau mit zwei Kinderzimmern, einem Elternschlafzimmer, einem großen Wohnzimmer und einer Küche, in der zumindest die Mahlzeiten eingenommen werden konnten. Und was auch sehr wichtig war: Bad und WC getrennt. Voller Wehmut dachte ich an Mutter. Wie hatte sie unter den engen Wohnverhältnissen gelitten. Für heutige Verhältnisse war es auch jetzt noch zu eng, denn heute würde niemand vier Mädchen in einem wenn auch großen Zimmer unterbringen wollen. Aber für uns war es damals ein Traum.

Jetzt musste erst recht weiter gespart werden, denn es mussten ja neue Möbel her. Die vier Mädchen bekamen Wandklappbetten. Das hatte den Vorteil, dass sie am Tage erheblich mehr Platz hatten. Außerdem genossen sie das Beisammensein. Oft hörte ich sie zusammen singen. Eva hatte inzwischen das Gitarrespielen erlernt. Wenn die Betten am Tage zusammengeklappt waren, saßen sie zu viert oben auf einem Schrankbett und ließen, während sie sangen, ihre Beine hinunterbaumeln. Auch die Buben gingen zu ihnen hinein und sangen mit.

Jetzt war es Karin, mit der ich täglich Auseinandersetzungen hatte. Sie hatte sich zu ihrem letzten Geburtstag einen Kamm gewünscht, der am Ende eine lange Nadel hatte. Das war wohl zu der Zeit bei den Teenagern in Mode. Mir gefiel das nicht, dass sie ihn immer in der hinteren Hosentasche stecken hatte. Oft, wenn sie mit dem Fahrrad zur Schule fuhr, rief ich ihr ängstlich nach: »Nimm den Kamm mit der Stricknadel aus der Hosentasche, du wirst dich damit verletzen!«

An einem Samstagnachmittag, ich war Gott sei Dank zu Hause, hörte ich die Kinder ein neues Lied üben. Es klang wie immer wunderschön. Doch dazwischen hörte ich plötzlich Karins unnachahmlichen, schrillen Schrei. Ich flog schier in das Mädchenzimmer. Was ich sah, ließ meinen Atem stocken. Da steckte doch die ekelhafte Nadel, die mich schon immer genervt hatte, in Karins Rücken.

»Wie ist das passiert?«, wollte ich wissen.

»Wir sind halt alle zur gleichen Zeit hinuntergesprungen, und da war der Kamm plötzlich in Karins Rücken«, weinte Inge.

»Weil du mich gerempelt hast«, schrie Karin hysterisch.

»Schluss jetzt!«, befahl ich. »Ich werde dich jetzt ins Krankenhaus bringen!«

»Aber Mama, können wir denn den Kamm nicht selber rausziehen?«, flehte Karin.

Aber das kam gar nicht in Frage. Wer konnte schließlich wissen, was das für schlimme Folgen haben würde?

Mit allen vier Mädchen im Schlepptau kam ich im Krankenhaus an. Wenn es ernst wurde, hingen sie nämlich immer wie die Kletten aneinander. Wir wurden alle sofort zum diensthabenden Arzt hineingelassen, und er sah sich Karin und den Kamm in ihrem Rücken an. »Wie ist denn das passiert?«, fragte er kopfschüttelnd.

Karin rief: »Wir sind vom Schrank gesprungen!«

Der Doktor sah sie verwundert über seine Brillengläser an und sagte dann: »Alles klar, euer Familienleben spielt sich also auf den Schränken ab! Vielleicht solltet ihr euch in Zukunft mehr am Boden bewegen.« Alle, selbst der Doktor und sogar Karin, mussten lachen.

Im Nu hatte der Doktor die Nadel wieder draußen.

Als ich Karin einige Tage später wieder mit dem Kamm in der Hosentasche umherlaufen sah, nahm ich ihn ihr kurzerhand weg.

»Mama, das kannst du doch nicht machen!«, rief sie entsetzt.

»Doch, das kann ich!«, sagte ich bestimmt. Maulend lief sie davon.

Auch wenn wir uns in der neuen Wohnung sehr wohlfühlten, war nun der Weg zur Fabrik erheblich weiter für mich geworden. Aber dafür hatte mein Mann, der wieder einmal arbeitslos geworden war, nun Arbeit in einer Brotfabrik gefunden, für die er schon früh um 4 Uhr wegfahren musste. Das hatte den Vorteil, dass er schon wieder zu Hause war, wenn ich am Nachmittag wegmusste.

Was ich aber nicht ahnte, war, dass er wieder zu trinken begonnen hatte und abends oft nicht zu Hause war, sondern in der Gastwirtschaft saß. Erst als ich eines Abends wegen Unwohlseins eher nach Hause kam und mein Mann nicht bei den Kindern war, erzählte mir Eva, was sich in letzter Zeit abgespielt hatte. Sie hatte es mir verschwiegen, weil sie auf mich Rücksicht nehmen wollte.

Ich machte mir bittere Vorwürfe, dass ich sie nicht besser beobachtet hatte. Blass und mager war sie geworden. Sie, die mir immer vorgehalten hatte, ich hätte ein Helfersyndrom, hatte sich die ganze Zeit klaglos um alles gekümmert, was ihr Vater hätte tun müssen. Ich war gerührt darüber, aber so konnte es natürlich nicht weitergehen. Nun blieb mir nichts anderes mehr übrig, als meinen Plan umzusetzen, künftig nur noch nachts zu arbeiten.

Mit meiner Ältesten unterhielt ich mich darüber, als wären wir zwei Erwachsene.

»Was meinst du, Eva? Es wäre für die Kleinen von großem Vorteil!«

Eva war skeptisch. »Schon, Mama, aber du kannst doch nicht Tag und Nacht arbeiten. Davon haben wir auch nichts, wenn du zusammenbrichst!«

»Ach, das wird schon irgendwie gehen«, erwiderte ich.

An einem der nächsten Tage sah ich die Anzeige in der Zeitung, die meine weitere berufliche Laufbahn entscheiden sollte: Da suchte ein Pflegeheim eine Nachtschwester. Sofort bewarb ich mich und war nicht wenig erstaunt, als ich trotz meiner fehlenden Kenntnisse im Pflegebereich umgehend eine Zusage erhielt. Aber bereits nach der ersten Probenacht wusste ich, warum. Die Arbeit war sehr belastend, körperlich wie seelisch, und mit einer hohen Verantwortung verbunden. Ich bereute schon, mich um diesen Posten beworben zu haben. Ein Gespräch mit dem Stationsarzt gab dann für mich den Ausschlag, dennoch Nachtschwester zu werden.

»Wissen Sie«, sagte er, »die meisten Schwestern halten die Belastung nicht aus und kündigen bereits nach kurzer Zeit. Ihnen gebe ich keine vier Wochen, so zart wie Sie sind.«

In diesem Punkt sollte er sich irren. Seine darauffolgenden Sätze waren es, die mich zum Nachdenken brachten.

»Die Menschen hier brauchen enorm viel Zuwendung«, meinte er nämlich. »Wenn ich mehr Zeit hätte, würde ich über dieses Haus ein Buch schreiben. Die Menschen da draußen sollten wissen, was sie damit anstellen, wenn sie ihre Angehörigen in ein Pflegeheim stecken, statt sie selber zu pflegen!« Er redete sich geradezu in Wut. »Aber es ist ja keine Liebe mehr unter den Menschen. Wenn ich nur schon diesen Satz höre, ›Was bringt mir das‹, dann sehe ich rot. Heute muss alles etwas bringen. Wo ist bloß die Liebe geblieben?«

Diese Frage, wo die Liebe geblieben sei, berührte etwas in mir, und ich entschied mich, zu bleiben. Von allem anderen abgesehen hatte die Arbeit im Pflegeheim nun einmal auch den Vorteil, dass ich am Tag bei meinen Kindern sein konnte.

Mein Mann reagierte allerdings sehr böse. »Na dann kann ich dich ja als meine Frau abschreiben. Nachts arbeiten und am Tag schlafen. Das kann lustig werden!«

»Dass ich nachts arbeiten muss, ist alleine deine Schuld«, erinnerte ich ihn. »Du hast mir versprochen, für die Kinder da zu sein. Stattdessen kommst du immer öfter betrunken nach Hause. Ein schönes Vorbild bist du für unsere Kinder! Mir bleibt ja nichts anderes übrig, als mich selbst darum zu kümmern, dass aus unseren Kindern einmal verantwortungsvolle Menschen werden!« Dagegen konnte er nichts mehr sagen, obwohl er immer noch unzufrieden mit meiner Entscheidung war.

Dafür waren die Kinder ganz begeistert. »Ach Mama, jetzt haben wir dich den ganzen Tag, das wird wunderschön. Du kannst mit uns Hausaufgaben machen und mit uns spielen!«

In der darauffolgenden Zeit merkte ich allerdings, dass mir der Nachtdienst über den Kopf zu wachsen drohte. Wenn ich zu Hause war, konnte ich nicht mehr abschalten, denn ich ließ die Schicksale, mit denen ich bei meiner Arbeit konfrontiert wurde, einfach zu sehr an mich heran. Irgendwann fiel mir aber der Arzt ein, der gesagt hatte, über dieses Haus sollte man ein Buch schreiben. Aber das ist eine andere Geschichte.